DROEMER

Don Winslow

MISSING. NEW YORK

Roman

Aus dem Amerikanischen von Chris Hirte

Die amerikanische Originalausgabe erscheint unter dem Titel
»Missing. New York« bei Alfred A. Knopf, New York.

Besuchen Sie uns im Internet:
www.droemer.de

© 2014 by Don Winslow
Für die deutschsprachige Ausgabe:
© 2014 Droemer Verlag
Ein Unternehmen der Droemerschen Verlagsanstalt
Th. Knaur Nachf. GmbH & Co. KG, München
Alle Rechte vorbehalten. Das Werk darf – auch teilweise – nur mit
 Genehmigung des Verlags wiedergegeben werden.
Redaktion: Antje Steinhäuser
Umschlaggestaltung: NETWORK! Werbeagentur, München
Umschlagabbildung: © Mark Owen / Arcangel Images
Satz: Adobe InDesign im Verlag
Druck und Bindung: CPI books GmbH, Leck
ISBN 978-3-426-30428-0

5 4 3 2 1

MISSING.
NEW YORK

»Jedes vermisste Kind ist eins zu viel.«
John Walsh

Der Morgen in Manhattan kam mit dem Poltern und Zischen eines Müllautos, das die Sünden der Nacht bereinigte.

Oder es versuchte.

Die Sonne ließ sich noch nicht blicken, doch die Hitze war schon da, und selbst im sechsten Stock meines Billighotels roch ich den Müllgestank, der vom Hof aufstieg. Kein Wunder – ich hatte das Fenster geöffnet, um einen Hauch frische Luft zu erhaschen.

Die Hitze dieses endlosen Sommers sammelte sich in dem Betonkasten wie alte, aufgestaute Wut.

Es war Ende August und der Herbst nur eine ferne Verheißung.

Mein weißes Hemd klebte an mir, als ich es überzog. Es war nicht frisch, aber das sauberste, das ich hatte. Ich stieg in die Khakihose, zog Socken und Schuhe an, dann streifte ich die Schussweste über, steckte die 38er Smith & Wesson ins Hüftholster und zwängte mich in den blauen Blazer, um sie zu verbergen.

Es war Zeit, Hailey Hansen nach Hause zu holen.

Mein Name ist Frank Decker.

Ich spüre vermisste Personen auf.

Als ich Haileys Namen zum ersten Mal hörte, war ich noch Ermittler bei der Polizei in Lincoln, Nebraska. Es war gegen Dienstende, ich kam gerade von einer Zeugenvernehmung und war ziemlich geladen. Crystal Meth im Rockermilieu. Das einzig Gute an solchen Verfahren: Man hört ein paar nette Umschreibungen für das Wort »Drecksack«.

Ich fuhr also Richtung Zentrale und freute mich schon auf mein kühles Bierchen, als »Code 64« über Funk kam – eine Vermisstenmeldung.

Hansen, Hailey Marie.

Afroamerikanisch, weiblich.

Fünf Jahre alt.

Ein Meter sieben, siebzehn Kilo.

Schwarzes Haar, grüne Augen.

Ermittler, bitte übernehmen.

Da ich gerade in der Nähe war, meldete ich mich und steuerte den kleinen Bungalow in dem Viertel an, das Russian Bottoms heißt.

Die Mutter des Kindes stand auf dem Gehweg und sprach mit dem Cop, der ihren Anruf entgegengenommen hatte. Sie trug eine ärmellose Bluse in Pink, weiße Shorts und Sandalen. Ihr Gesicht war verheult, ihr mittelblondes Haar schwitzig und verklebt.

Wer nicht an die globale Erwärmung glaubt, sollte einmal im August nach Nebraska fahren und aus dem klimatisierten Auto steigen. Kein Regen seit Mai, in der gnadenlosen Sonne verdorrt der Mais, während dicke Gewitterwolken dräuen – vielversprechend, quälend, ohne auch nur einen Tropfen Feuchtigkeit zu bringen.

Nur die süße Folter der Hoffnung.

Andere Mütter fanden sich ein und standen auf dem Gehweg und dem Rasen herum, die Hände fest auf den Schultern ihrer eigenen Kinder, während sie von zwei Cops befragt wurden – im Gesicht eine Mischung aus Angst und der heimlichen Erleichterung, dass es nicht sie, sondern die andere Frau traf.

Die Fragen kannte ich auswendig. Standardfragen, das kleine Einmaleins der Grundausbildung.

Wann haben Sie Hailey zuletzt gesehen? Ist Ihnen hier in der Umgebung irgendetwas aufgefallen? Gibt es einen Verdächtigen?

Und dann die entscheidende Frage.

Haben Sie eine Vermutung, was mit Hailey passiert sein könnte?

Denn wenn Angehörige – oder ein Freund der Mutter – dem Kind etwas angetan haben, rücken die Nachbarn damit heraus. Erst zögernd, dann bereitwillig. Oder es zeigt sich, dass sie schon öfter beim Jugendamt angerufen haben. Oder es liegen dort schon mehrere Anzeigen wegen »häuslicher Gewalt« vor.

Trotz achtunddreißig Grad im Schatten behielt ich meinen Blazer an, um die Pistole zu verdecken. Wozu die Kinder ängstigen? Normalerweise bleiben sie ruhig, solange die Erwachsenen die Nerven bewahren.

Ich hoffte, dass Klein Hailey gleich aus dem nahen Park

herausspaziert käme, von der Mutter ungestüm in die Arme geschlossen und mit einem sanften Klaps bedacht. Wir würden einen erleichterten Blick wechseln und uns verabschieden. *Schon gut, Ma'm, wir freuen uns, dass sie wieder da ist.* Dann ab nach Hause, unter die kalte Dusche, danach ein noch kälteres Bier, während die Bruthitze des Nachmittags in die Bruthitze des Abends übergeht.

Softball-Spiele.

Das Eisauto.

Entspanntes Plaudern auf der Veranda mit Fliegengitter.

Ein Sommerabend im mittleren Westen. Alles normal. Sogar eine Normal Street gibt es in dieser Stadt.

Hitzewellen und Gewaltwellen gehen Hand in Hand. Meiner Erfahrung nach.

Die Sicherungen brennen schneller durch, die Fäuste sitzen lockerer. Betrunkenen vor der Bar reicht ein schiefer Blick, um loszuprügeln, Liebespärchen werden zu Hasspärchen, sobald ein falsches Wort fällt, Achtzigjährige, seit sechzig Jahren verheiratet, werfen Tassen, weil er eine andere Wiederholung sehen will als sie.

Kinder reißen von zu Hause aus.

Es passiert einfach. Eine lange Hitzeperiode zermürbt selbst die wachsamsten Eltern, und Kinder sind eben Kinder. Es reicht eine kleine Ablenkung im Supermarkt, und weg sind sie. Man bleibt nur kurz stehen, will einem Freund hallo sagen, schon sind sie um die nächste Ecke.

Dass Kinder ausreißen, ist ganz normal.

So etwa drückte sich auch Cheryl Hansen aus, während ich auf sie zusteuerte.

»Ich war nur kurz im Haus«, erklärte sie dem Cop, »und als ich wieder rauskam, war sie weg.«

»Verstehe«, sagte Cerny.

Cerny, ein bulliger Böhme (ausgesprochen »Tschörny«), stammte von einer Farm zwanzig Meilen nördlich der Stadt, ich kannte ihn ganz gut. Seine Riesenpranken waren wie geschaffen für den Traktor, doch Cerny hatte sich frühzeitig entschieden, lieber durch die Straßen als über die Felder zu fahren. Ein altgedienter Officer, der nicht alles falsch machte, was man falsch machen konnte.

Wird ein Kind vermisst gemeldet, kommt es auf den »Ersthelfer« an. Obwohl das Schlimmstmögliche, die Entführung durch einen Fremden, nur in einem von zehntausend Fällen eintritt, muss man von dieser Möglichkeit so lange ausgehen, bis sie ausgeschlossen werden kann. So herum ist es nicht schlimm, wenn sich die Vermutung als falsch erweist. Andersherum setzt man das Leben des Kindes aufs Spiel.

Anzunehmen war also, dass Cerny schon auf der Anfahrt die Videokamera eingeschaltet hatte, um alles festzuhalten, was später von Nutzen sein konnte. Außerdem hatte er einen Umkreis festgelegt, der auf der schnellen Schätzung beruhte, wie weit ein fünfjähriges Mädchen in der vorgegebenen Zeit laufen konnte, und andere Streifenwagen angewiesen, sich von außen nach innen vorzuarbeiten – denn sie sollten das Kind nicht *jagen*, sie sollten es *aufhalten*.

Haileys Personenbeschreibung hatte er schon durchgegeben – den Funkspruch, den ich gehört hatte. Gleich beim Zusammentreffen mit der Mutter dürfte er sie um ein aktuelles Foto gebeten haben. Einer der wenigen Vorzüge der Smartphone-Ära, die ich ansonsten verabscheue, besteht darin, dass die Leute immer Fotos ihrer Kinder parat haben. Es reichten also ein paar Knopfdrücke, und Haileys Foto erschien auf den Monitoren aller Streifenwagen der Stadt.

Auch den Hubschrauber hatte Cerny bestellt, denn der Bell 407 schwebte schon über uns, das hackende Geräusch der Rotoren erzeugte eine Kriegsatmosphäre, die mir nur zu vertraut war. Kriegsszenen mag ich überhaupt nicht, aber sie sind mir immer noch lieber als die Szenen, die entstehen, wenn ein Kind spurlos verschwindet.

Ich trat an Cheryl Hansen heran und stellte mich vor.

Sie sah aus wie Anfang zwanzig. Eine Frau vom Typ Highschool-Schwarm, doch ihre Highschool-Zeit schien lange vorbei. Man sah es an den Ringen unter ihren grünen Augen und dem bitteren Zug um die Mundwinkel. Jede Enttäuschung hinterlässt ihre Spuren, und Cheryl sah aus, als hätte sie mehr als reichlich davon erlebt. Sie war etwa einen Meter zweiundsiebzig groß und trug an die fünfzehn Pfund überflüssiges Gewicht mit sich herum. Ihr Blick war klar – keine Anzeichen von Dope oder dem Wodka, der einem über den Tag hilft.

Jetzt sah sie völlig verängstigt aus.

»Detective Sergeant Decker«, stellte ich mich vor.

Sie hörte »Detective« und rief: »O Gott!«

»Nur eine Vorsichtsmaßnahme«, sagte ich. »Meine Leute nennen mich Deck. Darf ich Cheryl zu Ihnen sagen?«

Ich reichte ihr die Hand, sie nahm sie, und ich warf einen Blick auf ihren Unterarm. Keine Verletzungsspuren an den Knöcheln. Keine Schwellungen, keine Bissmarken. Klinge ich wie ein Zyniker? Das bringt der Beruf so mit sich. Aber Kinder, besonders Mädchen, beißen, wenn sie sich wehren.

Auch wichtig: Sie trug keinen Ehering.

»Haben Sie ein Foto von Hailey dabei?«, fragte ich.

Sie hielt ihr Handy hoch, da sah ich Hailey Hansen zum ersten Mal.

Wirklich ein süßer Fratz.

Ihr Gesicht hatte die Farbe von Karamell, das schwarze Haar war zu festen Zöpfen geflochten.

Aber ihre Augen waren es, die einen packten.

Grün und katzenartig wie die der Mutter – und mit einem Ausdruck, der für ein Kind ungewöhnlich war. Sie schaute selbstbewusst in die Kamera und schien zu sagen: *Das bin ich. Ob ihr wollt oder nicht.*

Ich mochte sie auf Anhieb.

»Cheryl«, sagte ich. »Kann es sein, dass Hailey bei ihrem Vater ist?«

Die allermeisten Kindesentführungen gehen auf das Konto von »nicht sorgeberechtigten Elternteilen«. Ich hoffte, dass es auch hier so war. Solche Fälle hatte ich öfter, und gewöhnlich ist das Kind nach ein paar Stunden wieder da.

»Tyson hat sich aus dem Staub gemacht«, sagte Cheryl. »Fünf Sekunden nachdem er hörte, dass ich schwanger war. Auf Nimmerwiedersehen.«

Ich notierte seinen vollen Namen – Tyson Michael Garnett. »Haben Sie ihn auf Unterhalt verklagt?«

»Wozu?«

Mit dieser Antwort provozierte sie eine weitere Frage. »Cheryl, sind Sie sicher, dass er der Vater ist?«

Das war nicht besonders nett, aber ich musste ausschließen, dass irgendwo ein Tatverdächtiger herumlief, von dem wir nichts wussten. Irgendein Typ, der meinte, man hätte ihm sein eigen Fleisch und Blut genommen, und nun zur Tat geschritten war.

Mit dem bösen Blick, den ich verdient hatte, erwiderte sie: »Ich habe nur mit *einem* Schwarzen geschlafen, wenn Sie das meinen.«

Genau das meinte ich, und ich fühlte mich beschissen deswegen.

»Haben Sie im Auto nachgesehen?«, fragte ich.

»Nein«, sagte sie. »Das schließe ich immer ab, und Hailey würde nie die Schlüssel nehmen.«

Sie sagte es geradeheraus, ohne zu zögern oder sich über meine Frage zu wundern.

»Können wir mal nachsehen, für alle Fälle?«, fragte ich. Es war durchaus möglich – Kinder sind fasziniert von den Autos ihrer Eltern. Ich habe Achtjährige erlebt, die sind eingestiegen, haben den Motor gestartet und die Familienkutsche auf die Straße rausgerollt. Und okay, ich hatte einen Hintergedanken. Ich wollte sehen, ob es Blutspuren in dem Auto gab und ob der Motor noch warm war.

Cheryl rannte ins Haus, kam Sekunden später zurück und hielt die Schlüssel in die Höhe.

»Haben Sie Ersatzschlüssel?«, fragte ich auf dem Weg zum Auto.

»Nein, nur diese.«

»Wann haben Sie das Auto zuletzt benutzt?«, fragte ich. »Vielleicht haben Sie es nicht abgeschlossen?«

»Gestern Abend«, sagte sie. »Ich habe es garantiert abgeschlossen.«

Der 2007er Camry parkte einen halben Block weiter auf der anderen Straßenseite. Er war abgeschlossen, und sie schaute durchs Fenster hinein, während sie aufschloss. Ich stützte die Hand auf die Motorhaube – sie war heiß von der Sonne, aber nicht vom Motor.

Dann öffnete ich die Beifahrertür.

Hailey war nicht zu sehen, und ich fand nichts Auffälliges – kein Blut, keine Anzeichen einer frischen Reinigung, keinen Putzmittelgeruch. Das Auto sah ordentlich und gepflegt aus, aber es war nicht gründlich gesäubert worden.

»Ich muss nur kurz mit Sergeant Cerny sprechen«, sagte ich. »Bin gleich wieder bei Ihnen.«

Sie nickte irritiert, was man verstehen konnte. Und ihr Kopf war ständig in Bewegung – sie hielt Ausschau nach ihrem verschwundenen Kind.

Ich nahm Cerny ein paar Schritt beiseite und holte mir die nötigen Informationen: Cheryl Hansen war auf die Toilette gegangen und hatte Hailey auf dem Rasen vor dem Haus zurückgelassen, wo sie mit ihrem Plastikpferd gespielt hatte. Als sie zurückkam, war Hailey verschwunden. Sie schaute im Haus nach, für den Fall, dass ihre Tochter hineingegangen war, dann lief sie die Straße hinab und rief ihren Namen. Um diese Zeit hielten sich auch andere Mütter draußen auf, aber Hailey war nicht zu Nachbarkindern spielen gegangen.

Jetzt bekam es Cheryl mit der Angst zu tun. Sie rannte auf die andere Straßenseite – obwohl Hailey genau wusste, dass sie nicht allein hinüberdurfte –, bis zu dem kleinen Park, der zwei Ecken weiter begann. Hailey ging gern in den Park. Mir fiel ein, dass es dort eine Schaukel und eine Rutsche gab.

Als sie Hailey auch auf dem Spielplatz nicht fand, wählte Cheryl die 911. Klein nahm den Notruf entgegen und war drei Minuten später bei ihr. Cheryl sagte aus, sie habe zwanzig Minuten nach Hailey gesucht und dann die Polizei gerufen.

Eine halbe Stunde war also schon vergangen, als wir den Fall übernahmen.

Es ist ein verständlicher Fehler, den viele Eltern in solchen Situationen begehen. Ob aus Verlegenheit oder Scham oder in der Erwartung, das Kind werde sich schon einfinden – oder weil sie niemandem zur Last fallen wollen: Meist zögern sie zu lange, bevor sie die Polizei anrufen.

Ich wollte, sie reagierten schneller.

Viel lieber mache ich mir unnötige Sorgen.

Weil ich die brutalen Fakten kenne. Fast fünfzig Prozent der Kinder, die von Entführern getötet werden, sterben in der ersten Stunde nach ihrem Verschwinden.

Die Zeit arbeitete nicht für uns.

Erst recht nicht für Hailey.

Als Erstes musste ich eine Befragung starten.

Die Befragung ist entscheidend – meist finden sich Leute, die wir als »ahnungslose Zeugen« bezeichnen. Die etwas gesehen haben, aber nicht wissen, dass es für den Fall von Bedeutung ist. Wir mussten losgehen und mit den Nachbarn reden.

»Wir machen eine Anwohnerbefragung«, sagte ich zu Cerny. »Erst die vier angrenzenden Straßen. Dann weiten wir aus.«

Die meisten Kindesentführer wohnen in der Nähe ihrer Opfer. Hailey konnte in einem dieser Häuser versteckt sein – im Keller, auf dem Dachboden, in einem Hinterzimmer.

»Keine Ausnahmen«, sagte ich. »Selbst wenn der Dalai Lama öffnet – ihr müsst ins Haus. Und keine Albernheiten. Wenn deine Leute Dope finden, stellen sie sich blind. Sie haben nur Augen für Hailey, verstanden?«

Ich wollte nicht, dass ehrgeizige Nachwuchs-Cops ihre Zeit mit dem Aufstöbern von Marihuana vergeudeten oder die Gelegenheit benutzten, die Zahl ihrer Festnahmen zu erhöhen.

»Es kriegen alle Bescheid«, sagte Cerny.

Darauf konnte ich mich bei ihm verlassen.

»Sie sollen sich an die Standardfragen halten und auf die rechtskräftige Einwilligung zur Durchsuchung achten«, ermahnte ich ihn. »Aber wenn einer protestiert und einen Durchsuchungsbefehl verlangt, hören deine Jungs ein Kind im Haus schreien, und sie gehen rein. Ich mache das dann mit dem Richter klar.«

Die meisten Richter in Lincoln kannte ich. Die waren ziemlich vernünftig, außerdem drückten sie das eine oder andere Auge zu, wenn es um Kinder ging. Trotzdem: Tauchte Hailey wieder auf, musste ich mich auf bergeweise Beschwerden über das rabiate Vorgehen der Polizei gefasst machen.

Eigentlich war es das, was ich erwartete – dass Hailey wieder auftauchte und die Nachbarn sauer auf uns waren. Mit diesem Resultat konnte ich leben.

Es macht mir nichts aus, dumm dazustehen.

Darin habe ich Übung.

Und ganz bestimmt wollte ich nicht zur Beerdigung eines Kindes gehen und mir sagen: *Wenigstens stehe ich nicht dumm da.*

»Schick eine Streife zum Güterbahnhof«, sagte ich, »die sollen dort die Penner fragen, ob sie was gesehen haben. Und Grüße von mir ausrichten.«

Als Cop war ich in der Gegend Streife gefahren und kannte viele von den Jungs. Ich hatte sie anständig behandelt, sie nicht schikaniert oder nur aus Langeweile aufgescheucht. Ein paar von denen habe ich zur Entgiftung gefahren, auch wenn das Auto tagelang nach ihnen stank.

»Und eine Hundestaffel brauchen wir«, sagte ich zu Cerny.

»Ist schon bestellt.«

»Dann beordere alle Einheiten zum Parkplatz der Prescott School.«

Was die Mutter eines vermissten Kindes zuallerletzt braucht, ist ein Zirkus vor dem Haus. Polizeistaffeln, Dienstfahrzeuge, Gaffer, vielleicht auch noch die Presse, wenn sich die Sache nicht schnell genug aufklärt. Besser, man verlegt das Ganze ein paar Straßen weiter und erspart der Mutter diese Belästigung.

»Wir müssen eine Adresse ermitteln«, sagte ich zu Cerny. »Tyson Michael Garnett. Männlich, schwarz, Ende zwanzig.«

»Der Vater?«

»Ja«, sagte ich. Dann: »Ich habe kein Spielzeugpferd vor dem Haus gesehen.«

Cerny schüttelte den Kopf.

Magic galoppiert über die Wiese.
Schnell wie der Blitz, leichter als der Wind.
Das kleine Mädchen klammert sich an die Mähne und flüstert: »Schneller, Magic, schneller!«

Nur Magic kann sie hören, sonst keiner.

Nur Magic.

Sie beide sprechen eine Sprache, die kein anderer versteht. Vor Magic hat sie kein Geheimnis und Magic nicht vor ihr.

Er ist der Hüter ihrer Geheimnisse.

Jetzt flüstert sie ihm eins zu.

Sie wird ihren Daddy besuchen. Sie weiß, dass Mom schimpfen wird.

Magic versteht sie.

»Bring mich zu meinem Daddy, Magic! Schneller! Schneller!«

Sie hält sich an der Mähne fest, aber ihr fallen die Augen zu.

Dann schläft sie ein.

Die Stunde war vorbei.
Ich musste meine Rechnung ändern.
Wenn fast die Hälfte aller entführten und ermordeten Kinder innerhalb der ersten Stunde ermordet werden, heißt das, dass mehr als die Hälfte diese erste Stunde überleben.

So sprachen die Zahlen noch für uns.

Und ich hoffte immer noch, dass Tyson Garnett sein Kind weggeholt hatte – in einem späten Anfall von Vaterliebe.

Meine neue Rechnung: Drei Viertel der ermordeten Entführungsopfer werden innerhalb der ersten drei Stunden ermordet. Wenn du das Mädchen nicht in den ersten drei Stunden findest, geht die Chance gegen null.

Drei Stunden.

Hundertachtzig Minuten.

Hundertzwanzig davon hatten wir noch.

Siebentausendzweihundert Sekunden, und sie tickten nur so weg. Die Durchsuchung des Parks und der Hubschraubereinsatz hatten nichts gebracht, die Anwohnerbefragung war bis jetzt ohne Ergebnis.

Am liebsten wollte ich los, auf eigene Faust nach Hailey suchen. Das hatte ich bei den Marines gemacht – Menschenjagd, aus völlig entgegengesetzten Gründen.

Ich war ziemlich gut darin gewesen. Aber jetzt ging das nicht. Eine Menge gut ausgebildeter Leute fahndete nach ihr, und mein Job verlangte von mir, vor Ort zu bleiben.

Es war noch ein Haus zu durchsuchen.

Das von Cheryl.

Es kommt vor.

Zu oft.

Jeden Tag werden in den USA fünf Kinder getötet. Das sind fünf Mal so viel wie in den fünfundzwanzig nächstgrößeren Industrienationen *zusammengenommen*, und ich frage mich, was das über unser Land sagt.

Selbst die ärmsten Völker schützen ihre Kinder.

Viele dieser Todesopfer gehen auf das Konto von Jugendbanden, aber bei weitem nicht alle.

Und was die jüngsten Opfer betrifft – Kinder unter sieben Jahren –, so kommen drei Viertel von ihnen durch Familienangehörige zu Tode.

Es passiert, und man muss damit rechnen.

Im Sommer eher als zu jeder anderen Jahreszeit. Das Kind ist den ganzen Tag zu Hause, es stört, es nervt. Es nörgelt und quengelt ohne Unterlass, und eine Single-Mom ist sowieso immer im Stress. Sie packt ihre Kleine und schüttelt sie. Vielleicht schlägt sie auch zu, das Kind fällt rückwärts und knallt mit dem Kopf auf einen harten Gegenstand.

Die Mutter in Panik. Sie rennt zu den Nachbarn und erzählt, ihr Kind sei verschwunden. Und du findest es hinter der Kellertreppe, unter dem Bett, manchmal in der Badewanne, weil die Mutter glaubt, ein Bad könne den Tod ungeschehen machen.

Die meisten Mütter sind keine Profis.

Sie wissen nicht, wie sie ihre Tat vor der Welt verbergen können.

»Cheryl«, sagte ich. »Ich muss Ihr Haus durchsuchen und brauche Ihre Einwilligung.«

»Hailey *ist* aber nicht im Haus!« Sie klang trotzig, gereizt. Der Mann, von dem sie verzweifelt Hilfe erwartete, wollte ihr Kind dort suchen, wo es ganz bestimmt nicht war.

Aber es musste sein.

Dass sie Hailey etwas angetan hatte, glaubte ich nicht. Sie blickte ständig umher, weil sie immer noch hoffte, Hailey würde plötzlich auftauchen. Es wäre zu schön gewesen, aber ich fragte: »Cheryl, habe ich Ihre Einwilligung?«

Sie nickte.

Der kleine Bungalow sah aus wie die meisten Häuser hier. Das Viertel lag südlich des Stadtzentrums, unweit der Polizeizentrale, und hatte schon bessere Tage gesehen. Nicht dass man von einem Slum reden konnte – so etwas gab es in Lincoln nicht –, aber hier wohnte unterer Mittelstand in Einzel- oder neueren Mehrfamilienhäusern, die meisten zur Miete, doch es gab auch ältere Leute, die hier seit Jahrzehnten im eigenen Haus lebten. Die baumbestandenen Straßen wirkten gepflegt, die Fassaden waren gestrichen, die kleinen Rasenflächen gemäht. Und es wurde gerade schick hierherzuziehen. Junge Leute mit guten Jobs kauften sich billig ein, sanierten die Häuser, trieben die Immobilienpreise und die Mieten in die Höhe. Frauen wie Cheryl würden sich ihr Haus bald nicht mehr leisten können.

Ich folgte ihr hinein.

Cheryl besaß nicht viel, aber das, was sie hatte, behandelte sie gut.

Das wusste ich zu schätzen.

Ich war in ähnlichen Verhältnissen aufgewachsen, in einem kleinen Haus und einer netten Gegend. Mein Dad arbeitete fast sein ganzes Leben im E-Werk, meine Mom als Grundschullehrerin. Meine zwei Schwestern und ich hatten alles, was wir brauchten, und einiges von dem, was wir wollten, aber was immer es war – wir hatten gelernt, es sorgsam zu behandeln und uns keine Gedanken um das zu machen, was wir nicht hatten.

Ich glaube, ich war zehn, als ich meinen Dad fragte, ob wir reich waren oder arm. Er drehte den Hahn in der Küche auf, und als das Wasser strömte, sagte er: »Reich.«

Der Grundriss von Cheryls Haus entsprach dem von Tausenden anderen Häusern der Stadt – und dem der meisten Häuser des mittleren Westens. Vorn das Wohnzimmer, das man über die schmale Veranda betrat, hinten die Küche, zwei Schlafzimmer und das Bad.

Ich ging durch das Wohnzimmer in die Küche und sah nichts Auffälliges. Der Fußboden sauber, aber nicht frisch gewischt. Es roch nicht nach Putz- oder Desinfektionsmitteln. Von der Küche führte eine Tür in den Keller.

»Ich schaue mal kurz hinunter«, sagte ich.

Cheryl sah mich an, als wäre ich verrückt.

»Manchmal spielen Kinder Verstecken«, erklärte ich ihr. »Dann merken sie, dass es deswegen Ärger gibt, und sie verstecken sich erst recht.«

Es war nur die halbe Wahrheit, und ich merkte ihr an, dass sie meinen Beschwichtigungsversuch durchschaute.

Sie führte mich in den Keller.

Er hatte einen Lehmboden wie viele dieser alten Häuser. Auch den Modergeruch. Kühl und ein bisschen feucht. Cheryl knipste die nackte Glühbirne an. »Hailey? Wenn du dich versteckst, Liebling, komm raus. Mommy ist dir nicht böse.«

Ihre Stimme zitterte.

Hier gab es wirklich kein Versteck. Ein paar alte Kartons stapelten sich in der Ecke, aber Hailey lag nicht darunter. Der alte Kohlenkasten war in die Wand eingelassen, aber Hailey steckte nicht drin.

»Andere Kontaktpersonen?«, fragte ich.

»Zum Beispiel?«

»Was weiß ich? Haben Sie einen Freund?«

Sexueller Missbrauch, Körperverletzung – oft sind es Stiefväter oder Freunde. Männer, die nicht mit dem Kind verwandt sind. Wenn es ihn gab, fuhr der Kerl wahrscheinlich gerade aufs Land und suchte eine einsame Gegend, um die Leiche zu entsorgen.

Wir waren in Nebraska. Verlässt man dort die Stadt, ist es praktisch überall einsam.

Und das gefällt mir an Nebraska.

Mein Dad hatte mir Jagen und Fischen beigebracht, und ich fuhr angeln, wann immer ich konnte. Schon länger war ich auf der Suche nach einer kleinen Jagdhütte irgendwo am Platte River. Dad hatte mir nach seinem Tod ein bisschen Geld hinterlassen – nicht viel, aber ich legte es auf die hohe Kante.

»Ich arbeite Vollzeit und habe eine fünfjährige Tochter«, antwortete Cheryl. »Für einen Freund bleibt da keine Zeit.«

Das war glaubwürdig, aber nachprüfen musste ich es trotzdem. Mir waren berufstätige Singlemütter begegnet, die sehr wohl Zeit für ihre aktuellen Lebenspartner fanden. Besonders in meinen Jahren als Streifenpolizist. Sie schlossen die Kinder ins Auto ein, wenn sie in die Bar gingen, oder gaben sie beim Nachbarn ab oder ließen sie einfach zu Hause sitzen, mit der Handynummer auf einem Zettel und dem Versprechen: »Mommy kommt gleich wieder.« Manchmal musste der Freund auf die Kinder aufpassen, während sie losgingen, um einen anderen zu treffen.

Es galt also zu prüfen, ob Cheryls Adresse polizeibekannt war, ob es Anzeigen gegeben hatte wegen häuslicher Gewalt. Ob das Jugendamt ihren Namen kannte. Das ist das Problem mit der Polizeiarbeit – du kommst an den Punkt, wo du keinem mehr traust, wo du alles hinterfragst. Laura, meine Frau, nannte das meine Berufskrankheit.

»Aber Sie waren heute nicht arbeiten«, sagte ich zu Cheryl.

»Ich hatte Spätschicht«, sagte sie. »Im Village Inn.«

»Wer passt auf Hailey auf, wenn Sie arbeiten?«

»Meine Mutter.«

»Wohnt sie in der Nähe?«

»Nein, oben in Havelock. Ich bringe Hailey hin, wenn ich zur Arbeit fahre, und hole sie danach ab. Meistens schläft sie dann schon.«

Ich sah es vor mir. Eine erschöpfte Mutter, die ihr verschlafenes Kind schultert und ins Auto trägt.

»Übernachtet sie auch manchmal bei der Grandma?«, fragte ich.

»Manchmal. Nicht sehr oft.«

Cheryl hatte ihre Mutter schon angerufen. Die war außer sich. Wollte sofort kommen, aber Cheryl bat sie, zu Hause zu bleiben, für den Fall, dass Hailey irgendwie bei ihr auftauchte oder anrief.

Ich ließ mir Haileys Zimmer zeigen.

Das typische Mädchenzimmer.

Hellrosa Wände, passende Tagesdecke, die Kissen mit Blumen bedruckt.

Pferdebilder an der Wand.

Ein kleiner Schreibtisch mit gerahmten Fotos. Hailey und ihre Mom, Hailey und ihre Grandma. Und eins mit ihrem Spielzeugpferd – ein Pinto, der den rechten Vorderfuß hob.

»Meine Mutter hat es ihr gekauft«, sagte Cheryl. »Sie liebt das Pferd.«

»War es das Pferd, mit dem sie draußen gespielt hat?«, fragte ich.

Cheryl nickte.

»Hat es einen Namen?«

»Magic«, sagte Cheryl. »Weil Hailey sagt, es ist ein Zauberpferd.«

Ich registrierte, dass sie im Präsens sprach – »Hailey *sagt*«.

Das Kinderzimmer wirkte gepflegt wie das übrige Haus.

Ich öffnete den kleinen Schrank in der vagen Hoffnung, dass Hailey drinsaß, aber fand nur einen Wäschekorb und ihre Sachen auf Kleiderbügeln.

»Ich brauche etwas, was Hailey vor kurzem getragen hat«, sagte ich. »Was nicht gewaschen ist.«

»Wozu?«

Den Spürhund verschwieg ich ihr. Sie behielt mit Mühe die Nerven – die Durchsuchung und meine Fragen hatten sie ein wenig abgelenkt, aber sie war hart am Rand des Zusammenbruchs.

Wer wäre das nicht? Laura und ich hatten keine Kinder, daher konnte ich kaum behaupten, ich wisse, wie ihr zumute sei. Daher sagte ich: »Das gehört zur Routine.«

Sie klappte den Wäschekorb auf, holte ein himmelblaues Kinder-T-Shirt heraus und gab es mir.

Wir gingen über den Flur ins Bad.

Eine Kinderzahnbürste im Keramikgestell, eine Haarbürste auf der Ablage über dem Waschbecken. An den Borsten sah ich schwarze Haare.

»Ich muss diesen Raum versiegeln lassen«, sagte ich.

Cheryl kam mir mit der Antwort zuvor.

»DNA«, sagte sie mit dünner, versagender Stimme.

Spuren ihrer Tochter mussten gesichert werden.

Um den Entführer – wenn es ihn gab – dingfest zu machen.

Das war der Punkt, an dem Cheryl die Nerven verlor.

Tiefe Schluchzer, die ihren ganzen Körper schüttelten. Und ich nahm sie in den Arm, obwohl das nicht in der Dienstordnung steht.

Aber was soll man machen?

Ich war erleichtert, als ich über ihre Schulter blickte und Willie Shaw kommen sah.

Der Erfinder des Spruchs »*Black is beautiful*« hatte bestimmt nicht an Willie Shaw gedacht.
Aber sie wäre das ideale Vorbild gewesen.

Willie – Wilhelmina vermutlich – war groß, schlank und bildschön. Jeder Zoll eine Königin. Es war die beste Strategie für eine afroamerikanische Polizistin, sich gegen die gewaltige Übermacht männlicher weißer Kollegen zu behaupten. Niemand wagte es, ihr dumm zu kommen, zumindest kein zweites Mal, und die meisten Kollegen mochten sie.

Ich mochte sie sehr.

Für einen Cop ist es leicht, hart zu sein, und es ist leicht, einfühlsam zu sein. Aber es ist schwer, beides zu vereinen.

Willie konnte das.

Wir hatten viele Fälle gemeinsam bearbeitet. Sie war großartig mit Zeugen, unnachgiebig beim Verhör und der reinste Killer im Zeugenstand. Ich war dabei, als ihr der Verteidiger in einem Vergewaltigungsprozess eine besonders widerwärtige Frage stellte, worauf sie ihn mit ihrem Blick durchbohrte und dann sagte: »Ich glaube, es hackt!«

Ein Blick in ihre Augen sagte mir jetzt, dass Hailey noch nicht gefunden war.

»Ms. Hansen?«, fragte sie.

Cheryl drehte sich zu ihr um.

»Ich bin Sergeant Shaw, zuständig für Opfer- und Zeugenschutz, und werde für Sie tun, was ich kann.«

Sie verschwieg Cheryl, in welcher Abteilung sie arbeitete: Straftaten und Gewaltverbrechen gegen Kinder.

»Danke«, sagte Cheryl.

Willie Shaw nahm sie in den Arm. »Gehen wir in die Küche und reden ein bisschen, ja?«

Ich wusste, dass Willie alles erfahren würde – Cheryls Lebenslauf, ihr Verhältnis zu Hailey, zu Garnett, zur Mutter, zu Freunden, Nachbarn, Kollegen. Und Willie war unentbehrlich für die Befragung der Nachbarkinder, die auch noch bevorstand. Sie konnten etwas gehört, gesehen haben. Sie konnten etwas wissen, was sie sich nicht zu sagen trauten. Und wenn sie es überhaupt jemandem sagten, dann Willie.

Daher ließ ich die beiden allein, ging zurück auf die Straße und sah auf die Uhr – was ich im Beisein der Betroffenen nie tun würde.

Eine Stunde, dreiundzwanzig Minuten waren vergangen.

Chris Timmons von der Hundestaffel traf ein. Mit der schwarzen Schäferhündin Nikki. Schweißhunde sind besser für die Spurensuche, aber die Polizei hat ihre Prioritäten. Bei einem potenziell gefährlichen Täter wird ein Hund gebraucht, der groß und stark genug ist, den Mann niederzuwerfen oder zumindest einzuschüchtern.

Nikki war keine gewöhnliche Hündin. Ein tierischer Bewerber hat es bedeutend schwerer, bei der Polizei angestellt zu werden, als ein menschlicher – nur einer von fünfhundert speziell trainierten Hunden schafft die Hürde, und so ein Tier ist beileibe nicht billig. Beim Bier hatte mir Timmons mal verraten, dass Nikki siebentausend Dollar gekostet hatte.

Ich begrüßte Nikki und übergab Timmons das T-Shirt. Er hielt es ihr unter die Nase und ließ sie gründlich schnüffeln. Dann gab er ihr einen deutschen Befehl. Hundeführer trainieren ihre Tiere gewöhnlich in einer anderen Sprache, damit Täter sie nicht mit englischen Befehlen verwirren können.

Nicht, dass Nikki aussah, als ließe sie sich von irgendetwas verwirren. Jedenfalls sah sie bedeutend schlauer aus als ich. Und ich war mir sicher, dass sie beide Sprachen verstand.

Wenn Hailey weggelaufen war, in den Park oder nur die Straße hinunter – Nikki würde sie aufspüren.

Ich setzte mich ins Auto und schaltete mein Notebook ein.

Wir waren eine kleine, aber moderne Truppe. Bei nur einem Beamten auf etwa tausend Einwohner mussten wir jeden Fortschritt nutzen, und der Chef zählte sich zu den großen Verfechtern der neuesten Technologie. Mein Notebook war daher mit einem Programm ausgerüstet, das die Computerfreaks der Universität für uns entworfen hatten.

Ich loggte mich ein und lud das GPS-Kartenraster der Stadt. Dann klickte ich den Suchbefehl für alle registrierten Sexualstraftäter im Umfeld des Tatorts an.

Sekunden später zeigten mir rote Stecknadeln an, dass zwei Täter in der Nähe wohnten. Mit einem Tastendruck holte ich mir die kompletten Angaben – Personenbeschreibung, Straftaten, Haftzeiten, Bewährungsstatus, Name des Bewährungshelfers.

Einer hieß John Backstrom, er war achtzehn, hatte mit seiner siebzehnjährigen Freundin geschlafen und war wegen Unzucht mit Minderjährigen verurteilt – drei Jahre auf Bewährung. Damit hatte er sich das ganze Leben versaut – er würde nur schwer einen Job kriegen, das Militär würde ihn nicht nehmen, selbst eine Ausbildung würde schwierig. Ich behielt ihn auf der Liste, aber nur pro forma.

Der andere war ein Vierundsechzigjähriger, verurteilt wegen »unzüchtiger Handlungen« und »Entblößung«. Jeffrey Devers und seine Neigung, den Passanten im Cooper Park sein bestes Teil zu zeigen, kannte ich schon. Nach seinem letzten Vergehen (»Mein Reißverschluss hat geklemmt«) hatte ihn ein genervter Richter zu sechs Monaten Bezirksgefängnis verdonnert, aber jetzt war er wieder draußen. Auch er kam kaum für so etwas in Frage, trotzdem schickte ich die Daten an Cerny mit dem Vermerk: »Bitte überprüfen.«

Backstrom tat mir leid, aber es ging um ein verschwundenes Kind, da durfte nichts dem Zufall überlassen bleiben.

Dann tippte ich Cheryls Namen ein.

Sie hatte eine Akte.

Trunkenheit am Steuer.

Ungebührliches Benehmen.

Das Jugendamt hatte sie dreimal in ihrer früheren Wohnung aufgesucht.

Ich notierte mir die Namen der zuständigen Kollegen und beantragte Akteneinsicht. Wenn die Akten gesperrt waren, brauchte ich eine Richtervollmacht.

Dann ging ich zurück ins Haus.

Willie saß auf der Couch, den Arm um Cheryls Schulter.

Cheryl schaute mich erwartungsvoll an.

»Noch nichts«, sagte ich. »Können wir Sie ein paar Minuten allein lassen? Ich möchte mit Sergeant Shaw sprechen.«

»Kein Problem.«

Willie folgte mir auf die Veranda.

»Sie hat eine Akte«, sagte ich und zählte ihr die Sachen auf.

»Das hat sie mir erzählt.«

Natürlich hatte sie das. Willie erzählten die Leute alles.

»Auch, dass das Jugendamt dreimal da war?«

»Auch das.«

»Ist sie Alkoholikerin?«, fragte ich.

Denn wenn sie am Nachmittag getrunken hatte, vielleicht weggetreten war, konnten alle Zeitangaben falsch sein. Hailey konnte Stunden vorher verschwunden sein, und Cheryl hatte es erst gemerkt, als sie wieder zu sich kam.

»Sie ist trockene Alkoholikerin«, sagte Willie spitz. »Sie geht zur Therapie und hat seit fast drei Jahren keinen Tropfen getrunken.«

»Bist du jetzt ihre Anwältin, Willie?«, fragte ich.

»Du hast mich gefragt.«

»Du glaubst ihr?«

»Ich denke, schon«, sagte Willie. »Willst du ihr auf den Zahn fühlen?«

Ich überlegte kurz. »Nein. Noch nicht jedenfalls.«

Es war sinnlos, eine Frau unter Druck zu setzen, die sowieso schon unter Druck stand. Eine Frau mit einem vermissten Kind. Das Schlimmste, was ihr passieren konnte, noch zu verschlimmern.

»Was hast du sonst?«, fragte ich.

Cheryl hatte Tyson nach Abschluss der Highschool kennengelernt. Er war hübsch und unwiderstehlich, und sie wurde schwanger. Cheryl wollte keine Abtreibung. Sie hatte romantische Vorstellungen. Sie war sicher, sie würde es allein schaffen, außerdem gab es ja noch ihre Mutter.

Natürlich merkte sie bald, dass das Leben einer Single-Mom nicht so war, wie es im Fernsehen dargestellt wurde, und fühlte sich überfordert.

»Ich hole mir die Akte vom Jugendamt«, sagte Willie. Dann, nach kurzem Nachdenken: »Ich traue es ihr nicht zu, Deck.«

»Ich auch nicht. Ich tippe immer noch auf den Vater. Irgendwelche Fortschritte in dieser Richtung?«

»Noch nicht«, sagte sie. »Ich gehe lieber wieder rein.«

Eine Minute später kam Timmons mit Nikki zurück, die hechelnd und erschöpft die Zunge hängen ließ.

Sie hatten keine Spur gefunden.

»Haileys Witterung endet an der Grundstücksgrenze«, sagte Timmons.

»Kannst du Nikki ein bisschen ausruhen lassen und dann zum Güterbahnhof bringen?«, fragte ich.

Timmons sah aus, als brauchte er selbst Ruhe. Sein Hemd war durchgeschwitzt, sein Gesicht rot gefleckt und schweißnass.

»Sie kriegt ein bisschen Wasser«, sagte er. »Dann ist sie wieder fit.«

»Danke.«

»Kein Problem.«

Ich sah auf die Uhr.

Noch eine Stunde zwanzig Minuten, sagten mir die Goldziffern.

Es war wie das Warten auf Regen.

Dann sah ich den ersten Ü-Wagen anrollen.

Ich stieg aus und ging zu Kelly Martinson rüber.

Das Wort, das am besten auf sie zutraf, war »keck«. Eine von den helläugigen, langhaarigen Reporterinnen, die von den Lokalsendern bevorzugt werden, um die Einschaltquoten hochzujagen – der Theorie folgend, dass Männer, die sich nicht für Nachrichten interessieren, scharf auf schöne Frauen sind.

Ich fand sie gar nicht mal schlecht, aber Laura konnte sie nicht leiden.

Laura steht nicht auf »keck«.

Was ich an Kelly Martinson mochte, war ihre unverblümte Art. »Sie kommen wegen der Titten, und sie bleiben wegen dem Grips«, hatte sie einmal über ihre Bildschirmpräsenz gesagt, natürlich nicht vor laufender Kamera.

Jetzt sah sie mich kommen.

»Deck, haben Sie ein Statement für mich?«

Sie hatte immerhin so viel Grips, mir das Mikro nicht ungefragt unter die Nase zu halten. Normalerweise hätte ich sie an den Pressesprecher verwiesen, aber jetzt brauchte ich sie für einen strategischen Coup.

Cops zerfallen in zwei Gruppen, was die Medien betrifft.

Die meisten verfahren nach der Devise »Klappe dicht« und halten so viel wie möglich von den Reportern fern, damit sie einem nicht in die Ermittlungen pfuschen.

Meine Philosophie ist eine andere. Sie besagt, dass Presseleute Hunde sind. Entweder du fütterst sie, oder sie fressen dich. Meinen Kollegen versuchte ich klarzumachen, dass die Zeiten der Abschottung vorbei waren – seit der Erfindung von Smartphone, Twitter und all dem verrückten Zeug.

Heute ist jeder Reporter.

Die Medien, das sind wir.

Aber eine »symbiotische Beziehung« zur Presse, warum nicht?

Das ist, glaube ich, der nette Ausdruck für die Devise »Eine Hand wäscht die andere«.

Bei der Presse herrschte schon Alarmstimmung – sie wussten, dass ein Kind vermisst wurde, Cheryls Adresse hatten sie in Sekundenschnelle herausbekommen, und sowieso stand die ganze Nachbarschaft auf der Straße und redete.

Der Vogel war aus dem Käfig.

Und ich ging den anderen Weg.

»Hier ist mein Deal«, sagte ich zu Kelly Martinson.

»Ich gebe Ihnen die Beschreibung, Fotos und ein kurzes Interview. Sie bringen die Fotos sofort und in allen Abendnachrichten. Als Gegenleistung halten Sie sich vom Tatort fern.«

»Können Sie mir Zugang zur Mutter verschaffen?«, fragte sie.

»Das entscheidet die Mutter.«

Ich sah das Bild schon vor mir. Wir alle haben es gesehen, und das viel zu oft. Die verängstigten Eltern stehen vor den Kameras und Mikrofonen, appellieren unter Tränen an die Öffentlichkeit – und an den Entführer. *Bitte geben Sie unser Kind frei! Bitte sorgen Sie dafür, dass es wieder nach Hause kommt!*

Was sie dabei vergessen, ist die Arbeitsdefinition für Soziopathen: Personen, die kein Empfinden für das Leid anderer Menschen haben.

Oder wenn sie doch etwas empfinden, dann macht sie das gerade scharf.

An ein Krokodil kann man keine moralischen Appelle richten.

Eine weitere Wiederholung dieser Szene wollte ich unbedingt vermeiden.

»Kelly, sind wir uns einig?«

»Das ist ein Deal.«

Sie nickte ihrem Techniker zu, der die Kamera schulterte, und sprach ihre Einleitung: »Hier Kelly Martinson, KFAM, ›Aktuell vor Ort‹, mit Detective Sergeant Frank Decker am Schauplatz eines tragischen Geschehens in Russian Bottoms. Sergeant, können Sie uns berichten …«

Ich machte es kurz, beschränkte mich auf die wichtigsten Angaben: Personenbeschreibung, wann und wo vermisst.

»Danke, Deck«, sagte Kelly, als ich fertig war.
»Gern. Denken Sie an unseren Deal.«

Ich war schon im Gehen, als Cerny auf mich zukam. »Wir haben Garnett gefunden, den Vater des Kindes.«

»Was sagt er?«

»Nichts. Er liegt auf einem Friedhof in Council Bluffs. Wurde vor drei Jahren von einem Betrunkenen überfahren.«

Unsere größte Hoffnung war mit ihm gestorben.

Und unsere drei Stunden waren um.

Das Mädchen öffnet die Augen.
Sie liegt nicht in ihrem Bett.
Oder auf dem Sofa von Grandma.

Sie weiß nicht, wo sie ist, und sie bekommt Angst. Greift nach Magic, umklammert ihn und hält ihn fest. Durchs Fenster kann sie nichts sehen, weil der Vorhang zu ist, aber sie spürt, dass das Auto fährt.

Dann fällt ihr ein, dass sie ihren Daddy besucht.
Doch die Angst bleibt.
Sie versucht, wach zu bleiben, und schläft ein.

Ich übergab Willie das Kommando und fuhr hinüber zur Polizeizentrale in der Stadtverwaltung 10th Street. Kripochef Bill Carter war einer dieser schlanken Männer, die immer schlank bleiben. Vermutlich weil er rauchte, aber nach dem ersten Bypass hatten ihm die Ärzte den Tabak verboten. Jetzt kaute er Kaugummi, doch ich konnte riechen, dass er gerade von einer heimlichen Zigarette auf dem Dach zurückkam.

Mitte sechzig, kurzgeschnittenes, stahlgraues Haar. Seine Pensionierung stand kurz bevor, und sein Erbe winkte mir.

Sonderlich scharf darauf war ich nicht. Ich war nicht mal sicher, ob ich den Job überhaupt wollte. Im Büro habe ich mich nie wohl gefühlt.

Laura meinte, die Beförderung zum Kripochef wäre der entscheidende Schritt auf dem Weg zum Polizeichef.

Aber ich wollte nicht Polizeichef werden.

Wie auch immer, ich setzte mich vor den Schreibtisch, den ich, wie manche meinten, erobern wollte.

»Wie ist der Stand?«, fragte Carter.

Ich berichtete ihm.

»Die Mutter?«, fragte er.

»Sieht sauber aus.« Aber ich verschwieg ihm nicht die Akte.

Mit dem Boss Verstecken spielen, das wäre das Letzte gewesen, und er hätte es so oder so rausgekriegt.

»Haben Sie die Akte vom Jugendamt angefordert?«

»Das macht Shaw.«

»Wenn da was von Kindesmisshandlung drinsteht ...«

»Ich weiß.«

Dann wurde Cheryl automatisch zur Hauptverdächtigen.

»Müssen wir eine Entführung in Betracht ziehen?«, fragte Carter.

»Ich fürchte, die wird immer wahrscheinlicher.«

Carter nickte, dachte kurz nach. »Ich glaube, dann ist jetzt Zeit für volles Kaliber.«

Er redete über das Fallmanagement. Klingt nicht spannend, ich weiß. Aber eine erfolgreiche Fahndung hängt wesentlich stärker vom Management ab als von den Geistesblitzen der Ermittler.

Man muss die Aufgaben verteilen und die Durchführung kontrollieren, den Informationsfluss organisieren und bündeln, Beweismittel sammeln und erfassen. Das klingt selbstverständlich, aber wenn es nicht klappt, fallen wichtige Erkenntnisse durchs Raster, die vielleicht über Leben und Tod entscheiden.

Beim Verdacht einer Entführung teilt man seine Leute grob in drei Gruppen ein – Kommando, Einsatzkräfte und Hilfskräfte.

»Das Oberkommando liegt bei mir«, sagte Carter. »Was die Einsatzkräfte betrifft, soll Captain Shumacher die Suchtrupps übernehmen. Sie leiten das Ermittlerteam, aber bleiben als Einsatzleiter vor Ort. Ich gebe Ihnen Sanchez und Klein für die zweite Schicht, Howarth und MacBride für die dritte. Alle Informationen laufen über

Sie. Und Sie geben mir Bericht. Wegen der Hilfskräfte telefoniere ich gleich mit dem Bezirksanwalt, damit er einen Rechtsvertreter stellt. Und ich brauche einen Medienkoordinator. Haben Sie eine Kommandozentrale eingerichtet?«

»Nur insofern, als ich alle Einheiten auf den Parkplatz der Prescott School verlegt habe«, sagte ich.

»Ich frage beim Schuldirektor an, ob wir ein paar Klassenräume bekommen.«

Carter war ein guter Chef und die Polizei von Lincoln eine gute Truppe. Wie alle Polizeidienste litten auch wir unter dem knappen Budget, aber nicht so sehr wie in den großen Metropolen. Wir waren nicht kurz vorm Ersticken, meist bekamen wir die Mittel, die wir brauchten.

Und Lincoln war eine gute Stadt.

Kam dort ein Kind abhanden, wurde alles auf den Kopf gestellt.

»Können Sie mich bis auf weiteres von dem SMC-Fall abziehen?«, fragte ich.

Der Scorpions Motorcycle Club und dessen Drogendelikte, mit denen ich befasst war.

»Schon passiert«, sagte er. »Brauchen Sie noch was?«

»Ja, Sir«, sagte ich. »FBI-Unterstützung.«

Wenn wir von einer potenziellen Entführung ausgingen, hatten wir Anspruch auf FBI-Unterstützung. Die nächste Dienststelle befand sich in Omaha, nur fünfzig Meilen entfernt, aber in St. Louis unterhielt das FBI ein CARD-Team.

CARD steht für *Child Abduction Rapid Deployment* – Schnelle Einsatztruppe bei Kindesentführungen.

Ich hatte ein Info-Seminar bei CARD besucht. Sie verfügten über erstklassige Kriminaltechnik, Nachrichtendienste und Lügendetektoren sowie eine Profilergruppe, die bedeutend mehr über Kindesentführer wusste als ich.

Hier etwas, was mir mein Vater beigebracht hat: Versuch immer, mit Leuten zu arbeiten, die mehr wissen als du.

»Ist es nicht ein bisschen voreilig, das FBI ins Boot zu holen?«, fragte Carter.

»Ich glaube nicht, Sir.«

Cops sind meist gegen die Hinzuziehung des FBI, weil es den Fall an sich reißt. Die FBI-Leute sind herrisch, arrogant und grob. Die Erfolge heften sie sich ans Revers, die Misserfolge schieben sie den Cops in die Schuhe. Ein Einstieg des FBI würde hier einige Leute sehr verärgern.

Ihr Pech.

Das FBI war weit besser ausgestattet, und bei den kriminaltechnischen Labors hatte das CARD-Team immer Vortritt.

Carter sah aus, als brauchte er dringend eine Zigarette. »Das mit dem FBI mache ich klar«, sagte er. »Aber ich verspreche nichts.«

»Danke, Captain.«

Carter zögerte kurz. »Sie kennen die Statistik, nicht wahr?«

»Die kenne ich.«

Die Statistik besagte, dass wir nicht nach Hailey suchten, sondern nach Haileys Leiche.

Sollte ich mich dieser Statistik beugen?

Drei Viertel der entführten Kinder, die ermordet werden, sterben innerhalb der ersten drei Stunden. Okay, dann standen unsere Chancen immer noch eins zu vier.

Ich stellte meine innere Uhr wieder um und setzte mir die nächste Deadline.

Fast hundert Prozent sterben in den ersten vierundzwanzig Stunden.

Also blieben uns noch einundzwanzig Stunden.

»Ich gebe nicht auf«, sagte ich.

Carter sah mir in die Augen. »Niemand gibt hier auf.«

Ich fuhr zurück nach Russian Bottoms.
Überall in der Nachbarschaft flatterten schon die gelben Bänder an den Bäumen. Gerüchte verbreiteten sich wie Bazillen – Cheryl hat ihre Tochter erwürgt, irgendwo auf dem Land verscharrt, sie wird jeden Moment in Handschellen abgeführt – ein Serienmörder schleicht durch das Viertel. Mit anderen Worten: Die Gewehre wurden aus den Schränken geholt, lange vor Eröffnung der Jagdsaison.

Ein paar Leute beteten still zu Gott, und obwohl ich meinen Glauben in Falludscha gelassen habe, waren mir diese Leute lieber als die Jäger.

Mein Handy klingelte.

Es war Laura.

»Ich habe es in den Nachrichten gehört«, sagte sie. »Ich mach's kurz, du musst ja unglaublich im Stress sein. Ich wollte dir nur was wünschen. Was wäre hier angemessen? Glück vielleicht?«

»Ein bisschen Glück kann nicht schaden«, sagte ich. »Danke.«

»Gern geschehen.«

»Wahrscheinlich schaffe ich's nicht zum Abendessen.«

»Okay«, sagte sie. »Ich meine, ist ja verständlich.«

Seit längerem behandelten wir uns mit der größten

Vorsicht. Wie zwei Wachposten auf der Waffenstillstandslinie: Keiner will versehentlich den ersten Schuss lösen und den Krieg von neuem entfachen.

Jedenfalls war es nett von ihr, dass sie mich anrief.

»Na gut«, sagte sie. »Ich weiß, du musst jetzt weiter.«

»Tja.«

»Frank? Ich hoffe, du findest das Mädchen.«

»Ich auch.«

An der Prescott School herrschte Hochbetrieb. Die Pressemeute war in eine Ecke des Parkplatzes verbannt worden, und die Cops hielten sie von der Schule fern. Einer von ihnen winkte mich auf einen separaten Parkplatz neben dem Gebäude. Ein anderer stoppte mich an der Tür, und ein dritter wollte meine Dienstmarke sehen, bevor ich in den Klassenraum hineindurfte, der jetzt zur Kommandozentrale ernannt war.

Der große Raum war in drei Bereiche unterteilt: Einsatzleitung, Ermittlung und Hilfsdienste.

Die zwei Leute, die meinem Team zugeteilt waren, saßen an ihren Schreibtischen und gingen die Anwohnerbefragungen durch.

Sie hatten schon zwei Whiteboards aufgestellt. Das eine listete Beweismittel aus Cheryl Hansens Haus auf – mit dem Vermerk, wo sie analysiert wurden und wann mit dem Resultat zu rechnen war. Das andere zeigte den zeitlichen Ablauf: Opfer wann zuletzt gesehen, wann vermisst gemeldet, wann Ermittlungen aufgenommen und immer so weiter.

An Pinnwänden hingen Fotos von Hailey.

Das Suchteam hatte Pläne der Stadt und der Umgebung aufgehängt, neben Ausdrucken von GoogleEarth und Luftbildern vom Hubschrauber aus. Captain Shumacher stand vor dem Stadtplan und zeichnete sorgfältig die Suchzonen ein.

Bei den Hilfsdiensten wurden die Telefone installiert – eine Hotline für Hinweise, deren Nummer über die Medien verbreitet wurde, eine andere für freiwillige Helfer, die sich meldeten.

Die Medienkoordinatorin Elise Buchanan bekam ihren eigenen Apparat, Computer zeigten das Facebook-Portal und den neu eröffneten Twitter-Account.

Carter okkupierte den Lehrertisch und wirkte wie ein verschüchterter Mittelschullehrer. Mitten im Telefonieren winkte er mich heran und hielt den Hörer zu. »Ihr CARD-Team ist gerade von St. Louis abgeflogen. In zwei Stunden sind sie hier.«

Ich nickte meinen Dank.

Er sah auf die Uhr. »Besprechung in drei Minuten.«

Ich ging zurück zu den Ermittlern, wo ein Tisch für mich bereitstand, auf dem sich die Formulare der Anwohnerbefragung stapelten.

»Irgendwas Interessantes?«, fragte ich Sanchez.

Ron Sanchez war mein stärkster Konkurrent im Kampf um Carters Nachfolge, aber wie gesagt, dieser Kampf ließ mich kalt. Für meine Begriffe war er ein verdammt guter Kandidat, etwa ein Jahr älter als ich, mit rabenschwarzem Haar und bohrenden dunklen Augen. Außerdem viel besser angezogen als ich. Heute trug er Leinenanzug, blaues Hemd und rote Krawatte.

»Noch nichts«, antwortete er. »Bis jetzt keine Wahrnehmungen, keine besonderen Vorkommnisse.«

Das kann nicht sein, dachte ich. Ein heißer, sonniger Nachmittag, die Leute mussten draußen gesessen haben, auf ihren Veranden. Jemand musste etwas gesehen haben.

Ich schaute über den Flur in das andere Klassenzimmer, wo Polizeihelfer dabei waren, Liegen aufzustellen. Auf einem langen Klapptisch wurde das Buffet mit Kaffeespendern, Gebäck und Sandwiches vorbereitet.

Polizisten überall.

Das Lincoln Police Department leitete den Einsatz, ihm zugeordnet waren die Sheriffbüros von Lancaster County und den angrenzenden Bezirken, die Straßenwacht von Nebraska und später auch das FBI. Und alle mussten an einem Strang ziehen.

Mit Spannungen war daher zu rechnen.

Ging es um eine Rettungsaktion oder um die Aufklärung eines Verbrechens? Wenn wir alle Kräfte auf den Rettungseinsatz konzentrierten, liefen wir Gefahr, Spuren zu zerstören und den potenziellen Mörder von Hailey entkommen zu lassen. Stellten wir die Verbrechensaufklärung in den Vordergrund, verminderten wir mit unserem gründlicheren Vorgehen die Überlebenschancen des Opfers und führten die schlimmstmögliche Wendung vielleicht selbst mit herbei.

Für mich war klar: Die Rettung des Kindes hatte oberste Priorität. Als Einsatzleiter halste ich mir damit eine Menge Probleme auf – ich musste aufpassen, dass meine Leute das Richtige taten.

Das waren erfahrene Ermittler mit einer guten Erfolgsbilanz. Jeder von ihnen hätte die Leitung genauso gut übernehmen können, und ich hätte mit Freuden für sie gearbeitet. Sanchez war Vater einer kleinen Tochter – Blanca. Drei Jahre und umwerfend süß. Und Kleins Kinder, ein Sohn und eine Tochter, gingen in die Mittelschule.

Sie waren also ausreichend motiviert.

Carter rief zur Besprechung, wir schoben die Stühle zusammen. Er kam sofort zur Sache. »Captain Shumacher gibt Bericht zum Stand der Suchaktion.«

Shumacher nahm Aufstellung neben dem Stadtplan. »Bis jetzt haben wir die Umgebung in diesem Umkreis abgesucht, verbunden mit einer Anwohnerbefragung der unmittelbaren Nachbarschaft und dem Durchkämmen des angrenzenden Parks. Die Streifenbesatzungen der ganzen Stadt sind alarmiert, auch die County-Sheriffs des Umlands und die Straßenwacht. Die Luftüberwachung ist im Einsatz, alle vier Hundestaffeln sind auf die umliegenden Planquadrate verteilt. Bis jetzt hat keine der Einheiten irgendwelche Hinweise gefunden. Die Straßenwacht wird in der Nacht weitermachen, aber die Dunkelheit erschwert die Suche. Bei Sonnenaufgang, also um 5 Uhr 33, geht es mit verstärkten Kräften weiter. Unsere eigenen Flugzeuge und die der Zivilen Luftüberwachung werden die Countys Lancaster, Saunders und York mit Wärmebildkameras absuchen. Ebenfalls bei Sonnenaufgang wird die Suche per Streifenwagen, mit Fuß- und Pferdestreifen in den ländlichen Gebieten fortgesetzt, unter besonderer Berücksichtigung der Bachbetten, Baumgruppen und Straßengräben.«

Shumacher hatte Hailey schon aufgegeben.

Das waren die Stellen, wo Leichen entsorgt werden.

Die Bäche waren meist ausgetrocknet, die Teiche und Seen hatten Niedrigwasser. Doch es gab Hunderte davon in der Umgebung von Lincoln. Und Gräben? Tausende von ihnen säumten die Straßen und Landwege, die das ganze Gebiet überzogen wie ein Schachbrettmuster.

Einen gruseligen Vorteil hatte die Sache.

Wenn Haileys Leiche in einem Graben gelandet war, würden die Geier sie bei Tagesanbruch entdecken, und wir würden am Himmel sehen, wie sie ihre Beute einkreisen und dann in Spiralen auf sie niedergingen.

Falls ihnen die Kojoten nicht zuvorgekommen waren.

Ich verscheuchte die Bilder aus meinem Kopf, während Shumacher erklärte: »Wir haben uns die Unterstützung des NETF gesichert.«

Das war der Such- und Rettungsdienst von Nebraska, der von der Bundesagentur für Katastrophenschutz finanziert wurde und an die Feuerwehr von Lincoln angegliedert war. Er kam vor allem bei Tornados und Flutkatastrophen zum Einsatz, suchte aber auch nach Vermissten.

»Einsatzgruppe 1 ist für die Gewässerdurchsuchung innerhalb der Stadtgrenze zuständig«, sagte Shumacher.

Taucher würden in die Teiche und Seen steigen, um nach Haileys Leiche zu suchen.

»Der Lebensrettungsverein hat sich auch gemeldet«, sagte Shumacher. »Er stellt berittene Kräfte und fünf zusätzliche Suchhunde und übernimmt die ländlichen Stadtrandgebiete.«

Der Lebensrettungsverein bestand aus Freiwilligen und finanzierte sich durch Spenden. Die Leute waren gut ausgebildet und diszipliniert.

»Zusätzlich«, sagte Shumacher, »hat der Gouverneur lokale Einheiten der National Guard für die unbewohnten Gebiete abgestellt. Ich bespreche mich mit allen Beteiligten gesondert, um die Zuständigkeiten abzustecken. Gibt es Fragen?«

»Was ist mit den Freiwilligen?«, wollte Elise Buchanan wissen. »Ich habe Hunderte von Anfragen.«

Shumacher schaute mich an.

Ich hatte gemischte Gefühle, was die Freiwilligen betraf.

Einerseits brauchten wir Hilfe, um großflächig vorgehen zu können. Und man musste diesen Menschen einfach dankbar sein, weil sie ihre Zeit opferten, um bei der mörderischen Hitze über die Felder zu laufen.

Ich bewunderte diese Leute.

Andererseits musste ich befürchten, dass ungeschulte Kräfte, ohne es zu ahnen, die Spuren zerstörten, die uns zu Hailey führen konnten, oder Beweise vernichteten und die spätere Verurteilung des Entführers erschwerten. Wer die Beweismittel in die Hände bekommt, wer sie registriert, wer sie hütet, ist entscheidend für jedes Verfahren, und ein geschickter Verteidiger kann die ganze Beweiskette zunichtemachen, wenn ein Freiwilliger das Beweisstück einfach in die Tasche steckt und in der Kommandozentrale abliefert.

Dann die Frage der Koordination: Wer suchte wo? Die Flächen wurden in Planquadrate aufgeteilt und die Suchtrupps angewiesen, das Gelände in disziplinierten Reihen zu durchkämmen. Das war nicht immer leicht zu erklären oder mit Freiwilligen zu bewerkstelligen.

Und noch ein Problem kam hinzu.

Oder vielleicht eine Chance?

Der Entführer konnte unter den Suchenden sein.

Ich hatte von Fällen gelesen, wo das passiert war. Der Entführer, dann zumeist auch schon der Mörder, macht bei den Freiwilligen mit, sei es aus Paranoia oder Angst, um Spuren zu beseitigen, die er vielleicht hinterlassen hat.

Oder er will sich an der Empörung weiden, die er ausgelöst hat.

Daher wollte ich mir die Freiwilligen möglichst vorher ansehen, und ich wollte sie registrieren lassen, damit ihre

Namen mit der Sexualtäterdatei und der Liste der befragten Anwohner abgeglichen werden konnten.

Von Letzterem erwartete ich mir bedeutend mehr. Weil unter den Nachbarn sicher viele Freiwillige waren.

Wie schon gesagt, die Bürger von Lincoln sind so gebaut.

»Ich bin einverstanden mit Freiwilligen«, sagte ich. »Wenn wir sie genau registrieren und sie klare Anweisungen von Captain Shumacher bekommen.«

»Ich glaube, das ist eine gute Gelegenheit, Sergeant Decker vorzustellen«, sagte Carter. »Die meisten kennen Frank natürlich. Er leitet den Einsatz und ist zuständig für das Ermittlerteam. Deck?«

Es ist nicht mein Ding, vor vielen Leuten zu sprechen. Laura meint, auch bei ihr kriege ich den Mund nicht auf. Aber das ist eine andere Geschichte.

Ich stand also auf und gab Bericht über die bisherigen Ermittlungen. Als ich fertig war, fragte ein County-Sheriff: »Können Sie die Tatbeteiligung der Eltern ausschließen?«

»Ich kann gar nichts ausschließen«, antwortete ich. »Aber der Vater ist verstorben, und die Mutter verhält sich nicht verdächtig.« Dann: »Ein CARD-Team des FBI ist im Anflug, und ich werde diese Leute bitten, das Haus noch einmal zu durchsuchen.«

Niemand stöhnte auf, aber das Schweigen sprach Bände.

Jetzt kam mir Carter zu Hilfe. »Das bedeutet auf keinen Fall, dass wir an Ihren Kompetenzen zweifeln. Aber wir müssen jede Ressource nutzen, um das Kind wohlbehalten nach Hause zu bringen. Und wer nicht mit dem FBI kooperiert, kriegt es mit mir zu tun. Deck?«

»Das wäre es«, sagte ich. »Ich möchte mit den Truppführern der Freiwilligen sprechen – über den Umgang mit potenziellen Beweismitteln. Mehr habe ich im Moment nicht.«

Die Versammlung war zu Ende, alle gingen an ihre Plätze zurück.

Howarth und MacBride traten ihre Schicht an, aber Klein und Sanchez blieben trotzdem – aus gegebenem Anlass. Eine Menge Leute von der zweiten Schicht war nicht nach Hause gefahren, sondern lief die Straßen zu Fuß ab oder machte Telefondienst in der Zentrale. Nicht wenige hatten sich freiwillig zu den Suchtrupps für den nächsten Morgen gemeldet.

Ich rief meine Leute zusammen.

»Was gibt es Neues?«, fragte ich.

MacBride hatte Backstrom und Devers, die beiden Sexualtäter, schon vor Schichtantritt aufgesucht, und beide hatten Alibis, die sie entlasteten.

Die Befragungsprotokolle waren enttäuschend. Keiner der Nachbarn hatte etwas gesehen.

»Wer wohnt direkt gegenüber?«, fragte ich.

Sanchez schaute in seine Zettel. »Eine Mrs. Virginia Hoffstetter. Dreiundachtzig Jahre alt. Sie hat in der Tatzeit ein Nickerchen gemacht. Wachte auf, als sie den ›Tumult‹ hörte.«

»Gibt es einen Mr. Hoffstetter?«

»Sie ist Witwe. Allein lebend.«

»Nachbarn zur Rechten und zur Linken?«

»Jim und Marla Svoboda wohnen im linken Nachbarhaus«, sagte Howarth. »Beide waren in der Arbeit. Das Haus zur Rechten ist an zwei Studenten vermietet. Einer war im Campus, der andere hat in seinem Zimmer studiert, nichts gesehen und nichts gehört. Er hatte Kopfhörer auf.«

Kopfhörer, Ohrstöpsel, Smartphones – neuerdings scheinen alle in ihrer privaten Welt zu leben.

Wie Akteure in ihrem eigenen Film.

»Wurden die beiden Häuser durchsucht?«

»Von den Cops«, sagte Sanchez. »Ich war bei den Svobodas, als sie von der Arbeit kamen.«

»Und?«

»Sie waren entsetzt«, sagte Sanchez. »Sie mochten Hailey sehr. Haben ihr Kekse geschenkt und dergleichen.«

»Haben sie Kinder?«

»Die sind erwachsen und aus dem Haus. Ein Sohn ist Ingenieur in Kansas City, der andere Lehrer in Omaha, die Tochter ist verheiratet und wohnt in der Stadt. Diese Leute können wir vernachlässigen, Deck.«

»Was sagen die Befragungsprotokolle über Cheryls Leumund aus?«

Howarth antwortete. »Keiner glaubt, dass Cheryl was mit dem Verschwinden der Tochter zu tun hat. Sie haben einen Höllenrespekt vor ihr. ›Bienenfleißig‹, ›gute Mutter‹, ›prima Nachbarin‹. Sie hat Hailey nie hart angefasst.«

Vielleicht hatte Cheryl ihr Leben geändert. Die Nachbarn kannten eine andere Cheryl als die in ihrer Akte.

»Wurden irgendwelche Fremden beobachtet?«, fragte ich. »Autos, die sie nicht kannten?«

Howarth schüttelte den Kopf.

Bis jetzt nichts.

»Was könnte uns das sagen?«, fragte ich.

MacBride wagte sich vor. »Ich tippe auf die Mutter.«

»Warum?«, fragte ich.

»Sie ist Alkoholikerin«, sagte er und entwarf seine Tatversion – Cheryl hatte sich betrunken, war ausgerastet, und Hailey musste es mit dem Leben bezahlen. Sie trug ihr totes Kind ins Auto, ließ es irgendwo verschwinden, kam zurück und weinte Krokodilstränen.

»Im Auto habe ich keine Hinweise gefunden«, sagte ich.

»Vielleicht findet die Ihr FBI-Team«, sagte MacBride.

Jetzt war es also *mein* FBI-Team.

»Möglich«, sagte ich. »Haben irgendwelche Nachbarn das Auto wegfahren sehen?«

»Die Frage wurde nicht gestellt.«

»Hat es jemand von sich aus gesagt?«

»Nein«, sagte Howarth.

»Es hätte letzte Nacht passieren können«, schaltete sich Sanchez ein. »Nach Mitternacht kriegt in dieser Gegend keiner was mit.«

»Aber sie hätten was hören können«, sagte ich. Etwa eine Autotür, einen Anlasser. »Fragen wir noch einmal nach.«

Schließlich sagte MacBride: »Kinder lösen sich nicht einfach in Luft auf.«

»Eins muss ich mal klarstellen«, sagte ich.

Solange keine Leiche gefunden wird, ist das Mädchen noch am Leben.

Aber ich wusste jetzt, ich hatte ein Problem. Meine eigenen Leute glaubten, dass Cheryl Hansen ihr Kind getötet hatte.

Dafür musste eine Lösung gefunden werden, auf die eine oder andere Art.

Statt das Auto zu nehmen, lief ich zu Fuß zu Cheryls Haus hinüber und nutzte die paar Minuten, meine Gedanken zu ordnen. Ich wusste, was ich zu tun hatte, doch das löste nicht mein Problem. Aber wie mein Dad immer gesagt hatte: Die schweren Jobs werden durch Abwarten nicht leichter.

Cheryl schaute mich erwartungsvoll an, als ich eintrat. Ich setzte mich nicht, sondern baute mich vor ihr auf, damit sie zu mir hochblicken musste. Ein fieser Trick, ich weiß, aber manchmal muss es sein.

»Ich habe Ihnen eine Mitteilung zu machen«, begann ich.

»O mein Gott!«

Willie nahm Cheryls Hand.

»Tyson ist tot.«

Cheryl zuckte nicht, doch in ihren Augen zeigte sich ein Anflug von Trauer. Ich erzählte ihr, was ich wusste, und sie schien es hinzunehmen wie einen von vielen Schicksalsschlägen. Aber sie war klug genug, zu begreifen, was das bedeutete: dass Hailey wahrscheinlich von einem Fremden entführt worden war.

Was es außerdem bedeutete, verschwieg ich ihr – dass sie jetzt die Hauptverdächtige war. Ich blickte auf sie herab und sagte: »Cheryl, Sie müssen mir die Wahrheit sagen, und zwar jetzt.«

»Ich verstehe nicht.«

»Wenn Sie Ihrer Tochter weh getan haben ... wenn Sie Hailey verletzt haben, sagen Sie es mir jetzt.« Nett, nicht wahr? So was zu einer Frau zu sagen, die fast vergeht vor Angst. Aber ich sah ihr fest in die Augen.

Sie starrte mich an.

Willie Shaw verstand mein Vorgehen und zog mit. »Vielleicht war es ein Unfall«, sagte sie sanft. »So was kann vorkommen.«

Cheryl würdigte sie keines Blickes. Sie sah weiter zu mir auf mit einem Ausdruck von ...

Enttäuschung.

Dann sagte sie: »Ich habe meiner Tochter nie etwas getan.«

Ich hielt ihrem Blick stand. »Und das Jugendamt? Es war drei Mal bei Ihnen.«

»Ich habe es Mrs. Shaw erzählt«, sagte Cheryl. »Damals habe ich noch getrunken und war überfordert. Aber nie hätte ich meiner Tochter etwas getan.«

»Haben Sie heute getrunken, Cheryl?«, fragte ich.

»Nein.«

»Sagen Sie mir die Wahrheit.«

Ihr Blick wurde hart. »Das ist die Wahrheit. Aber so reden die Leute jetzt, nicht wahr? ›Cheryl ist rückfällig geworden‹, ›Cheryl trinkt wieder, und nun ist ihr Kind weg.‹«

Ja, sie sei Alkoholikerin gewesen. Sie habe keine Party ausgelassen. Aber als sie schwanger wurde, habe das aufgehört.

Dann, etwa ein Jahr nach Haileys Geburt, fing sie wieder an zu trinken. Erst ein bisschen, dann immer mehr, bis ihr auffiel, dass sie ihr Kind immer öfter bei der Grandma ablieferte und schon am Nachmittag Wodka trank.

Die Mutter redete ihr ins Gewissen – alle redeten auf sie ein, aber sie hörte nicht zu.

Bis sich das Jugendamt einschaltete.

»Sie wollten mir meine Tochter wegnehmen«, sagte sie. »Da wurde mir klar, dass etwas passieren musste.«

Entziehungskuren sind teuer, und sie war nicht krankenversichert. Also brachte sie Hailey zur Grandma und besuchte ein Treffen der Anonymen Alkoholiker.

Und denen sei sie treu geblieben. Es habe ein paar Ausrutscher gegeben, Rückfälle und Neustarts, aber seit fast drei Jahren sei sie trocken.

»Hatten Sie heute einen Ausrutscher?«, fragte ich.

»Soll ich etwa in ein Glas pinkeln?«, erwiderte sie.

»Woran ich denke, ist ein Polygraph«, sagte ich. »Ein Lügendetektor.«

»Ich weiß, was ein Polygraph ist!«

»Sie sind nicht dazu gezwungen. Und wenn Sie einen Anwalt möchten –«

»Sie klären mich über meine Rechte auf?«, fragte sie. »Wirklich?«

»Nein«, sagte ich. »Ich möchte nur sichergehen –«

»– dass ich meine Rechte kenne«, beendete sie meinen Satz.

Sie stand auf. »Gehen wir. Wenn ich Hailey damit helfen kann, gehen wir sofort.«

Wir brachten sie zu Willie Shaws Auto und setzten sie nach vorn. Als Willie die Tür zuklappte, drehte sie sich zu mir um und sagte: »Sie hat es nicht getan.«

»Ich weiß.«

Aber jemand hatte es getan, und ich musste beweisen, dass dieser Jemand nicht Cheryl war.

Dann fing ich an, nach Haileys Leiche zu suchen. Cerny hatte mir gesagt, seine Leute würden sich die Müllcontainer vornehmen, aber ich hatte ein Problem damit, den entsetzlichen Job, in Müllcontainern nach einem toten Kind zu suchen, auf andere Leute abzuwälzen.

Natürlich hoffte ich, dass sie nicht in einem Container steckte.

Aber wenn doch, wollte ich es sein, der sie fand.

Weil das eine Sache ist, die man nicht vergisst.

Die einen für immer verfolgt.

Jedenfalls machte ich mich als Erster an die Suche. Was ich von meinem Dad gelernt habe und dann noch mal in Irak: Befiehl deinen Leuten nichts, was du nicht selbst tun würdest.

Keiner folgt dir, wenn du nicht vorangehst.

Ich zog Plastikhandschuhe über, doch den weißen Papier-Overall ließ ich weg. Meine Sachen waren eh durchgeschwitzt, und Laura drängte mich seit langem, mir neue Schuhe zu kaufen.

Die Suche trat in ihre bedrückende, wortlose Phase ein. Machen wir uns nichts vor: Im Müll zu wühlen hieß nichts anderes, als nach Haileys Leiche zu suchen.

Ich sah es trotzdem anders.

Ich sagte mir, ich suche, um den Fund *auszuschließen*.

Irgendwo in meinem Hinterkopf hielt sich die Gewissheit, dass Hailey am Leben war, wenn wir sie nicht fanden.

Jeder Mülleimer und jeder Container, in dem sie nicht steckte, war ein Grund zur Hoffnung, und je mehr ich suchte, umso größer …

Ich glaube, ich habe mich verständlich gemacht.

Jedenfalls, die Stimmung war düster.

Aber entschlossen.

Eine Menge Cops von der Tagschicht war geblieben, und keiner von ihnen nahm das Wort »Überstunden« in den Mund. Sie hatten die Streifenwagen an die dritte Schicht übergeben und waren zu Fuß unterwegs oder in ihren eigenen Autos. Durchkämmten die Parks und die Höfe …

Müllcontainer.

Die Tagschicht war also noch unterwegs, lange nach Sonnenuntergang.

Die Nacht brachte kaum Abkühlung. Es regte sich kein Lüftchen.

Das stickige Dunkel lastete wie eine schwere Daunendecke, die man nicht abschütteln kann. Normalerweise hätte es nur dieses eine Thema gegeben – die nicht enden wollende Hitzewelle, Erinnerungen an ähnliche Sommer –, aber in dieser Nacht war alles anders.

In dieser Nacht sprach man nur über das vermisste Kind.

Wenn man überhaupt etwas sagte.

Im Verlauf der Stunden wurden die Leute immer stummer. Sie blieben allein mit ihren Gedanken, und diese Gedanken waren trüb.

Ich wühlte mich durch meinen fünften Container, als Willie Shaw aus dem Auto stieg.

»Cheryl hat den Test bestanden.«
»Gott sei Dank«, sagte ich.
Das hieß: Hailey konnte noch am Leben sein.
Ich kroch aus dem Müll.

Zu Hause nahm ich eine schnelle Dusche und zog mir frische Sachen an.
Wir hatten ein nettes Haus in dem netten Viertel Near South. Es schließt direkt an die »Alphabetstraßen« des Stadtzentrums an, und unsere Straßen sind nach toten Präsidenten benannt (was ja wohl auf die meisten zutrifft).

Hier wohnen überwiegend Lehrer, Professoren, Regierungsangestellte, aber kaum Cops, die es eher in die neuen Wohnparks weiter südlich zieht.

Ich mag Near South wegen der großen Bäume und der schönen alten Häuser – und weil man die Cafés, Buchläden und Kinos der Innenstadt und des Univiertels bequem zu Fuß erreichen kann.

Wenn ich nachts arbeite, stehe ich gern am späteren Vormittag auf, mache es mir mit einem Buch und einer großen Tasse Kaffee gemütlich und gehe dann ein bisschen spazieren. Im Herbst und im Frühling jedenfalls. Im Winter kommt der Wind direkt vom Nordpol, und es ist so verdammt kalt, dass einem die Lust auf Spaziergänge vergeht. Es gab Wintermorgen, da hätte ich am liebsten kapituliert, wenn ich nur gewusst hätte, vor wem.

Jedenfalls, ich parkte in unserer kleinen Einfahrt.

Das Schöne an den neueren Häusern ist, dass sie Garagen haben. Also dachte ich jeden Winter, wenn ich morgens das Eis von der Frontscheibe kratzte, an Umzug. Aber das vergeht.

Ich benutzte die hintere Tür. Zu meinem Ärger war sie nicht abgeschlossen.

Ich konnte sagen, was ich wollte: Laura schloss einfach nicht ab.

Sie sagte immer, sie wolle nicht in einem Haus wohnen, in dem man sich »verschanzen« müsse wie in einer Festung. Und zitierte – korrekt – die lächerlich geringe Kriminalitätsrate in Near South. Ich sagte dann nur: »Zahlen sind Zahlen. Es reicht ein einziges Mal.«

Schließlich hat sie nicht erlebt, was ich erlebt habe.

Sie saß in dem alten Ohrensessel im Wohnzimmer und las den *New Yorker*.

Laura war süchtig nach dem *New Yorker*.

»Dann fühle ich mich nicht so provinziell«, war ihre Begründung.

Laura sah nicht provinziell aus. Sie hatte sich vor kurzem das schwarze Haar abschneiden lassen und trug jetzt, was man einen »Bob« nannte. Das sah gut aus – irgendwie intellektuell –, obwohl ich ihr langes Haar vermisste.

Aber was man an ihr zuerst bemerkt, sind die Augen.

Die sind von einem verblüffenden Blau.

Wie der Ozean auf den Fotos von Südseeinseln.

Dass man sie »bemerkt«, ist falsch ausgedrückt.

Sie fangen dich ein, und sie packen dich. Das taten sie in dem Moment, als ich Laura zum ersten Mal im Studentenclub sah, und das tun sie bis heute.

Sie stand auf und umarmte mich.

»Du stinkst«, sagte sie, aber es klang nicht böse.

»Ich bin nur zum Duschen gekommen.«

»Hast du gegessen?«

Ich schüttelte den Kopf. »Kein Hunger.«

Laura ist nicht der Typ, der sagt: Du musst was essen. Eher der Typ, der meint, dass ein Erwachsener selbst wissen muss, wann er isst.

»Wie läuft's?«, fragte sie.

»Nicht besonders.«

»Tut mir leid.«

»Mir auch.«

In letzter Zeit beschränkte sich unsere Konversation zumeist auf solche Zwei- oder Dreiwortsätze.

Als die Umarmung hölzern wurde, ließ sie mich los.

»Ich geh dann mal duschen«, sagte ich.

Sie nickte.

Wir haben einen guten Wasserdruck und einen relativ neuen Boiler, also drehte ich voll auf.

Um keine Zeit zu verschwenden, ging ich in Gedanken den Fall durch.

Was hatten wir?

Nicht viel.

Cheryl war entlastet.

Die Anwohnerbefragung hatte nichts gebracht.

Hailey Hansen war scheinbar spurlos aus dem Vorgarten verschwunden.

Einfach so.

Es ging jetzt auf elf Uhr zu, und Hailey wurde seit sieben Stunden vermisst. Der Faktenlage nach war sie von jemandem entführt worden, den wir nicht kannten und auf den es keine Hinweise gab.

Bis jetzt hatten wir ihre Leiche nicht gefunden – Gott sei Dank, wie gesagt. Aber Nebraska ist eine riesige leere Fläche, es konnte sein, dass wir sie nie fanden.

Ich ließ das Wasser noch ein paar genüssliche Sekunden auf Kopf und Nacken prasseln, dann stieg ich aus der Kabine und zog frische Sachen an. Fast hätte ich die Drecksachen in den Wäschekorb getan, dann besann ich mich und warf sie in den Müll.

Als ich die Treppe runterkam, sagte Laura: »Ich hab dir Kaffee gemacht.«

Liebe ist ein großes Wort.

Aber meistens steckt sie im Detail.

In einer Tasse Kaffee für den müden Ehemann, der wieder an die Arbeit muss.

Selbst wenn die Ehe am Ende ist.

Laura schlief schon, als ich losfuhr, zurück zu Cheryls Haus.

»Tut mir leid, der Vorwurf von vorhin«, sagte ich zu Cheryl. »Der war unfair und überflüssig.«

»Schon gut«, sagte sie. »Ich meine, ich bin ein Klischee, oder? Die Weiße, die von einem Schwarzen angebufft wurde. Ein ›Mischlingskind‹ hat. Was wollen Sie da erwarten?«

Dazu fiel mir nichts ein.

»Was kommt jetzt?«, fragte Cheryl.

Ich erklärte ihr die Suche, die am Morgen starten würde.

»Und wenn sie nicht gefunden wird?«

Die Straßenwacht von Nebraska und das FBI würden Haileys Daten in eine Datenbank eingeben, erklärte ich ihr. Und wir würden sie beim Zentrum für vermisste und missbrauchte Kinder melden.

Cheryl war eine kluge Frau.

Sie verstand, was das bedeutete – ihre Tochter landete in der Vorhölle der vermissten Kinder, wurde zu einem Gesicht auf einer Website, zum Suchfoto auf einem Milchkarton.

»Haben Sie Kinder?«, fragte sie.

»Nein.«

Laura und ich hatten es versucht.

Eine Weile.

Dann gaben wir auf.

Auf die Drehtür der Arztbesuche, Fruchtbarkeitsdrogen und Enttäuschungen hatten wir beide keine Lust. Wir fanden uns damit ab, dass wir uns ein schönes Leben machten, nur wir zwei, und wir hatten eine Menge Nichten und Neffen, wenn uns nach Kindern zumute war.

»Hätten Sie ein Kind«, sagte Cheryl, »würden Sie's verstehen.«

Sie sah mich an, mit erloschenem Blick.

»Ich weiß«, sagte sie, »Sie setzen Himmel und Hölle in Bewegung, um kleine blonde Mädchen zu finden. Aber ich bin mir nicht sicher, ob das auch bei einem Mädchen wie Hailey so ist.«

»Ich verspreche Ihnen, dass wir alles tun werden, was in unserer Macht steht.«

»Und wie lange halten Sie das durch?«, fragte sie. »Versprechen Sie mir, dass Sie die Suche nicht aufgeben werden.«

Ich gab ihr mein Wort.

Ich verließ ihr Haus und fuhr weiter zur Kommandozentrale.

Carter stand an seinem Tisch, neben ihm ein langer Kerl im Anzug, offensichtlich der Mann vom FBI. »Frank, das ist Special Agent Tomacelli, CARD-Team«, sagte Carter dann auch.

Tomacelli gab mir die Hand. »John.«

»Danke für Ihr Kommen«, sagte ich.

»Ich habe ein ERT mitgebracht«, sagte Tomacelli und meinte damit sein Evidence Recovery Team – erstklassige Kriminaltechniker, über die nur das FBI verfügte. »Möchten Sie darauf zurückgreifen?«

»Sehr gern«, sagte ich.

Und war dankbar für die Frage. Ich nahm mir vor, Novak von der Kriminaltechnik anzurufen und, wenn nötig, die Wogen zu glätten. Unsere eigene Abteilung war gut, aber das FBI zog die Dinge im Eiltempo durch und lieferte viel schnellere Resultate.

»Wie kann ich sonst helfen?«, fragte Tomacelli.

Damit signalisierte er, dass ich der leitende Ermittler war und er die »Hilfskraft«. Jedenfalls so lange, bis eine Lösegeldforderung kam – die nicht zu erwarten war – oder ein sicherer Hinweis, dass Hailey in einen anderen Staat verschleppt worden war. In dem Moment würde Tomacelli die Führung übernehmen, und ich würde ihm den Kaffee bringen und seine Hemden von der Reinigung holen.

Mir war es recht. Man kann die FBI-Leute den ganzen Tag für ihre Hochnäsigkeit verfluchen, aber man muss zugeben, dass sie ihre Sache gut machen.

»Wenn sich Ihr Team das Haus der Mutter vornehmen würde, das wäre toll«, sagte ich. »Haben Sie auch Profiler mitgebracht?«

»Helen Dykstra, eine unserer besten.«

»Ich hätte mich gern mit ihr besprochen.«

»Kein Problem.«

Tomacelli war ein netter Mensch und kein arrogantes Arschloch. Aber wenn es um Kinder geht, halten die meisten ihr Ego im Zaum – meiner Erfahrung nach.

Um auch mal was Gutes über die Menschheit zu sagen.

Im Allgemeinen ist sie nicht meine Lieblingsspezies.

»Machen Sie Feierabend«, sagte Carter zu mir. »Sie brauchen Ihren Schlaf.«

»Ich bin okay.«

»Sie sind erschöpft.«

Da war was dran. Es wartete ein langer, harter Tag auf uns. Aber ich wusste, dass ich nicht schlafen konnte, auch nicht, wenn ich nach Hause fuhr.

Irgendwo da draußen war ein kleines Mädchen. Das mussten wir finden.

Und ich hatte mein Ehrenwort gegeben.

»Ich hole mir einen Kaffee«, sagte ich.

»Ich komme mit.«

Wir gingen hinüber zum Buffet, wo Kaffeespender herumstanden, Doughnuts, Kekse, das übliche Zeug.

Tomacelli sagte: »Sie wissen, eine Beziehungstat können wir mit ziemlicher Sicherheit ausschließen.«

»Ich weiß.«

Mein Kaffee war schwarz und bitter. Tomacelli rührte Sahne und Zucker in seine Brühe und blickte von der Tasse hoch, als er sagte: »Dann wissen Sie auch, dass wir wahrscheinlich nach einer Leiche suchen.«

»Ich bin noch nicht so weit, mich damit abzufinden.«

»Ich weiß, wie Ihnen zumute ist«, sagte er. »Ich kenne das auch. Aber wir müssen die Realität sehen, und die Realität ist –«

»Die Realität kenne ich selber.«

»Okay.«

»Tut mir leid.«

»Vergessen wir's.« Er wartete auf den passenden Moment, dann sagte er: »Gehen wir, reden wir mit Helen.«

Immer wieder beschäftigt mich das sogenannte Böse. Laura behauptet, was man das Böse nennt, sei in Wirklichkeit ein Ausdruck von Krankheit. Eines Abends ging es richtig zur Sache, und was als Diskussion begann, endete aus irgendeinem Grund im Streit.

Wir waren indisch essen im alten Haymarket-Viertel, und ich ließ mir mein Lamm-Korma mit Knoblauch-Naan schmecken, als wir auf irgendeine Greueltat zu sprechen kamen, die gerade die Schlagzeilen beherrschte, und Laura die Theorie aufstellte, dass der Täter mit größter Wahrscheinlichkeit geisteskrank sei.

Psychotisch, glaube ich, sagte sie.

»Vielleicht ist er einfach nur böse?«, hielt ich dagegen.

»Du meinst, er tut schreckliche Dinge, weil er schreckliche Dinge tun *will*?«, fragte sie und zerriss ein Stück Naan, als wäre es mein Argument.

Laura ist Juristin.

Wirtschaftsjuristin. Sie fusioniert Unternehmen und schmiedet Verträge und verdient viel mehr als ich. Aber sie sieht nicht, was ich sehe.

»So könnte man sagen«, sagte ich.

»Aber das ist doch eine Scheinbegründung«, sagte sie, weil sie offensichtlich Streit suchte. »Etwas in ihm treibt ihn dazu, Greueltaten zu begehen. Zu sagen, es sei ›das

Böse‹, ist gleichbedeutend mit der Behauptung, es gebe den Teufel.«

Wie gesagt, sie hat nicht gesehen, was ich gesehen habe, und ich habe mir angewöhnt, diese Dinge aus dem Spiel zu lassen.

»Okay«, sagte ich.

Aus irgendeinem Grund machte sie das wütend. »Okay, weil du die Diskussion satthast, oder okay, weil du an den Teufel glaubst?«

»Vielleicht beides?«, sagte ich. Ich verlangte nach der Rechnung, und wir gingen ohne ein Wort zum Auto.

Das Problem ist vermutlich: Im Alter von zehn Jahren war ich ein braver Lutheraner, der an den Teufel glaubte. Dann wurde ich erwachsen, und mit dem Glauben war es vorbei. Jetzt bin ich vierunddreißig und ziemlich sicher, dass es den Teufel gibt.

Das Gespräch mit Helen Dykstra trug einiges dazu bei.

Als Fallanalytikerin des FBI hatte sich Helen Dykstra ein Leben lang mit Kindesentführern befasst, und sie erzählte mir von ihrer Arbeit. Helen war vielleicht Mitte vierzig, hatte angegrautes, kurzgeschnittenes Haar und trug ein graues Bürokostüm und eine weiße Bluse.

Sie setzte sich auf eine Tischplatte und kam gleich zur Sache. »Im Gegensatz zu dem, was man in Filmen sieht oder in Büchern liest, sind die meisten Kindesentführer Gelegenheitstäter. Dass sie ihr Opfer sorgfältig auswählen, beobachten, die Entführung planen und dann zuschlagen, ist eher die Ausnahme. Die Tatvorbereitung ist eine innerliche – was immer in diesen Köpfen vorgeht. Man könnte sie ›latente Mörder‹ nennen. Sie warten auf ihre Chance. Irgendwann kommt der Tag, und sie greifen zu. Der Zufall entscheidet. Deshalb ist es so schwer, sie zu fassen.«

Jetzt wurde sie konkret. »Das Profil dieser Täter, was immer Sie von solchen Konzepten halten, ist erstaunlich konsistent: Zwei Drittel der Entführer sind Weiße.

Durchschnittsalter: siebenundzwanzig Jahre.

Drei Viertel von ihnen sind zwischen einundzwanzig und vierzig.

Den *dirty old Man* können Sie also vernachlässigen.«

»Auch das wird Sie wundern«, fuhr sie fort. »Die meisten Täter haben Probleme mit Frauen. Sie sind gewöhnlich Single oder geschieden. Aber vergessen Sie das Klischee vom ›Einzelgänger‹. Nur siebzehn Prozent dieser Leute leben allein. Die meisten wohnen bei Eltern, bei der Freundin oder bei Mitbewohnern. Gleichzeitig sind sie, was man als ›sozial isoliert‹ bezeichnet. Und das heißt offenbar, dass sie wenig Kontakt zu Freunden oder Kollegen haben. Auch nicht überraschend: Fünfzig Prozent der Entführer sind Arbeitslose, die anderen fünfzig arbeiten in ›unterqualifizierten Berufen‹, meiner Meinung nach eine diskriminierende Bezeichnung für Hausmeister, Pförtner, Fabrikarbeiter. Jedenfalls gehören sie meist nicht zu den Gutverdienern. Und das wird Sie auf die Palme bringen, Frank: Über die Hälfte von ihnen waren bereits zuvor wegen gewaltsamer Übergriffe auf Kinder verurteilt.«

Ja, das brachte mich auf die Palme.

Wir schnappen sie und lassen sie laufen.

Und sie machen weiter.

Ich habe keine Antwort darauf. Viele wollen solche Leute für immer wegsperren oder auf irgendeiner fernen Insel aussetzen, aber das wird nicht gehen. Ich kann nur sagen: Ein Mann, der vorsätzlich einem Kind etwas antut, verwirkt seine Freiheit.

Ob sie krank sind oder böse: Sie dürften nicht einfach frei herumlaufen.

So viel war mir klar.

Klar war auch, dass Tomacelli von einer »Fremdentführung« ausging, dem Alptraumszenario, das nur in einem von tausend Fällen vorkommt, sonst hätte er Helen Dykstra nicht mitgebracht.

Ich suchte ein Kind.

Sie suchten einen Mörder.

Ich musste eingeschlafen sein.
Ich saß im Auto und hatte einen kurzen Traum.
Keinen guten Traum.

Träume von Irak sind selten gut.

Ich lief mit meinem Trupp, und zwei meiner Jungs – Henderson und Rodriguez – verschwanden hinter ein paar Dattelpalmen an einem Kanal und kamen nicht zurück. Ich lief weiter, neben den Palmen, bellte in mein Schultermikro und hörte ihre Stimmen, »Sergeant! Sarge!«, aber ich konnte sie nicht sehen. Sie kamen nicht zurück.

Zumindest nicht in diesem Traum.

Es dauerte ein paar gelähmte Sekunden, bis ich begriff, dass es nur ein Traum war.

Meines Wissens waren Henderson und Rodriguez gesund und munter, aber ich nahm mir vor, sie anzurufen. Wir hatten – wie lange schon? – seit sechs oder sieben Monaten nichts voneinander gehört. Zu lange. Man nimmt sich vor, Kontakt zu halten, und anfangs klappt es auch, dann kommt das Leben dazwischen.

Einmal mit den Augen zwinkern, und es ist Freitag.

Jedenfalls, ich wachte auf und sah auf die Uhr.

3 Uhr 35.

Hell wurde es erst 5 Uhr 33, aber bald würden die freiwilligen Helfer anrücken.

Lincoln ist so eine Stadt.

Die Leute hier sorgen füreinander.

Und die meisten haben ihre Farmermentalität bewahrt. Für sie gibt es keine »Arbeitszeiten«. Sie arbeiten, bis die Arbeit geschafft ist, denn die Natur wartet nicht.

Ich stieg also aus, holte mir eine Tasse Kaffee und ein Stück Kuchen und ging hinüber zum »Sammelpunkt für freiwillige Helfer«, der mit orangen Verkehrskegeln und einem Schild markiert war.

Tomacelli war schon dort.

»Gut geschlafen?«, fragte er.

»Ein bisschen ausgeruht.«

»Gut. Das wird ein harter Tag.«

Die Wahrheit war, ich wollte mich am liebsten selbst auf die Suche machen. Aktiv und mit Körpereinsatz. Aber mein Job war es, die Ermittlungen zu leiten und zu koordinieren, und das ging nicht, indem ich durch irgendein Bachbett stolperte.

Die meisten Gewässer der Umgebung kannte ich vom Angeln. In meiner freien Zeit, besonders wenn Laura in ein Projekt eingespannt war, fuhr ich zu den flachen Hügeln nördlich der Stadt, die »böhmischen Alpen« genannt, und suchte mir Teiche zum Angeln. Ich nehme zwar nichts geschenkt, was den Wert eines Doughnut übersteigt, aber ich fand es praktisch, dass man mit einem Polizeiwappen leichten Zugang zu den Teichen der Farmer hat. Natürlich fragte ich immer um Erlaubnis – das gehört sich einfach so.

Gegen 4 Uhr 30 waren schon ein paar hundert Freiwillige vor der Zentrale versammelt. Zwei Cops notierten die Namen, Adressen, Telefonnummern, Führerscheindaten und machten ein Foto von jedem. Wir schickten alle zurück, die sich nicht mit Passbild ausweisen konnten. Das kränkte zwar manche, aber so waren eben die Regeln. Ein paar Leute, stellte ich fest, gingen nach Hause und kamen mit einem gültigen Ausweis zurück.

Es war ein lästiger, zeitraubender Vorgang, doch die meisten blieben geduldig. Nach der Registrierung versammelten wir die Leute auf dem Parkplatz, und Shumacher klärte sie darüber auf, was sie tun sollten und was sie nicht tun durften.

Er sagte ihnen nicht, dass sie auf ein Spielzeugpferd achten sollten.

Ich ging zu ihm, als er fertig wurde.

»Shumacher, was soll das?«

»Wie bitte?«

»Sie wissen, was ich meine«, sagte ich. »Das Spielzeugpferd.«

Und ich wusste, warum er es verschwieg. Es war Täterwissen, das man vor der Öffentlichkeit und der Presse verheimlicht – ein Detail, das nur der Täter kennt. Wir beide wussten, was das bedeutete.

»Kommen Sie, Decker!«, sagte er.

»Es könnte das Auffinden erleichtern.«

»Und den Fall komplizieren«, sagte Shumacher. Denn er würde ein Dutzend falsche Geständnisse von irgendwelchen Idioten bekommen, und nur der wirkliche Entführer wusste von dem Spielzeugpferd.

»Wir haben keinen ›Fall‹«, widersprach ich. »Ein Kind wird vermisst, und wir halten die einzige Information zurück, die nützlich sein könnte.«

»Das ist meine Zuständigkeit«, sagte Shumacher.

»Ihre Zuständigkeit ist die Suche«, sagte ich. »Meine ist die Ermittlung. Ich sage, wir geben die Information heraus.«

»Sie wissen verdammt gut, dass wir nach einer Leiche suchen«, sagte Shumacher.

»Nein, das weiß ich nicht. Und Sie auch nicht.«

Shumacher hatte genug von dem Streit und schaute hilfesuchend zu Carter hinüber.

»Info zurückhalten«, sagte Carter und sah mich dabei an.

»Das ist ein Fehler«, sagte ich.

»Dann ist es mein Fehler«, sagte Carter. »Und Deck, wagen Sie nur nicht, es an die Presse durchsickern zu lassen. Ich weiß, was Sie denken, *bevor* Sie es denken.«

Na ja, nicht ganz.

Ich hatte schon daran gedacht.

Aber hier ist der Haken: Entweder man spielt im Team, oder man schert aus und schadet dem Team. Und wenn ich das Team beschädigte, tat ich Hailey damit keinen Gefallen.

So dachte ich damals.

Heute denke ich anders.

Das Mädchen öffnet die Augen.
Sie hat einen trockenen Mund, in ihrem Kopf dreht sich alles, im Gesicht spürt sie Knitterfalten vom langen Liegen im Schlafsack. Der Vorhang vor dem Fenster ist geschlossen, sie kann nicht hinaussehen, aber sie spürt, dass das Auto fährt.

Jetzt bekommt sie richtig Angst.

Sie will zu ihrem Daddy, sie hat ihn noch nie gesehen, aber diese Angst ...

»Ich will zu Mommy«, sagt sie.

»Deine Mommy will dich nicht mehr. Wir fahren zu deinem Daddy. Willst du nicht zu deinem Daddy?«

»Doch.«

»Denk dran, das ist unser Geheimnis.«

Aber Geheimnisse hat sie nur mit Magic. Sie drückt das Pferd an sich und flüstert ihm zu: »Magic, ich hab Angst.«

Magic sagt ihr, sie soll keine Angst haben.

Aber Angst hat sie doch, und sie muss etwas sehr Böses getan haben, dass Mommy sie nicht mehr will. Sie überlegt und überlegt, was es gewesen sein könnte, doch da ist nichts. Nur dass es ihr sehr leidtut.

Sie fahren schon so lange, sie muss dringend, aber sie traut sich nicht, es zu sagen.

Endlich hält das Auto an.
»Wir steigen jetzt aus. Wirst du dich benehmen wie ein gutes Mädchen?«
Sie nickt.
Als die Tür aufgeht, ist es draußen dunkel.

Die Hoffnung stirbt nicht mit einem Knacks, wie ein Zweig unter der Last des Schnees.
Sie welkt langsam und elend dahin wie eine Pflanze bei Trockenheit.

Sie verdurstet nach einem langen Tag der Suche, die nichts bringt – kein kleines Mädchen, nichts. Kein Kleidungsstück, nicht mal ein Spielzeugpferd.

Sie stirbt, wenn die vierundzwanzigste Stunde vergangen ist und dich der Blick auf die Uhr trifft wie ein Hammerschlag.

Stirbt, während du dir Cheryl Hansens »Appell an den Entführer« ansiehst, den du nie sehen wolltest. Stirbt, während du sie vor dem Wald aus Mikrofonen stehen siehst, unter dem vergrößerten Foto ihres verschwundenen Kindes, und sie einen Soziopathen um eine »ungefährdete Freilassung« bittet.

Stirbt in den endlosen Tagen danach – wenn du jedem kleinen Hinweis nachgehst, jeden Übeltäter verdächtigst, eine Befragung nach der anderen startest, und es kommt nichts dabei heraus.

All das hatte ich durch.

In den drei Wochen nach Hailey Hansens Verschwinden fing ich immer wieder von vorne an – befragte die Nachbarn, telefonierte mit anderen Dienststellen, suchte in Krankenhäusern, Leichenhallen, vernachlässigte meine andere Arbeit, vernachlässigte meine Frau und unsere scheiternde Ehe, ging wieder und wieder zu Cheryl Hansen und schüttelte traurig den Kopf, während die Sonne unvermindert brannte.

Dann, plötzlich, wurde der Fall wieder akut.

So, wie ich es nicht gewollt hätte.

Wie es keiner gewollt hätte.

Brittany Morgan war acht Jahre alt.
Blondes Haar, blaue Augen.
Sie lief von der Schule nach Hause.
Zwei Straßen weit.
Und sie kam nicht zu Hause an.
Jim Morgan war Versicherungsmanager, Donna Morgan war Hausfrau. Beide in der Schule und ihrer Kirche aktiv. Nette Leute.
So etwas hatten sie nicht verdient.
Aber keiner verdient so etwas.
Sanchez nahm den Anruf entgegen und zog mich sofort hinzu, wegen der Hailey-Hansen-Entführung.
Denn nun sah es aus, als hätten wir es mit einem Serientäter zu tun.
Das Ganze ging von vorne los, der gnadenlose Wettlauf mit der Uhr. Bei einer Hitze von über dreißig Grad, und das im September. Von Regen keine Spur.
Ein niederschmetterndes Déjà-vu.
Und ein großer Zirkus.
Die Presse drehte durch.
Die Stadt ebenfalls. Jetzt war Panik angesagt. Leute sperrten ihre Kinder weg, man dachte daran, die Schulen zu schließen, Väter patrouillierten mit Gewehren durch die Straßen.

»Wie hältst du das durch?«, fragte mich Laura nach den ersten ergebnislosen vierundzwanzig Stunden.

»Mir geht's gut«, log ich.

Klar, im Vergleich zu den Morgans ging es mir prächtig. Aber es war wieder ein Kind entführt worden, und wenn ich den Kerl beim ersten Mal erwischt hätte …

Laura spürte, was ich dachte.

»Es ist nicht deine Schuld«, sagte sie.

Mag sein, dachte ich.

Aber vielleicht hatte ich etwas übersehen. Und hätte ich gründlicher gesucht, läge Brittany Morgan jetzt friedlich schlafend in ihrem Bett.

»Ich weiß, dass du dein Bestes gibst«, sagte Laura. »Und dein Bestes ist verdammt gut.«

»Ich hoffe, gut genug.«

»Ich weiß es.«

Dann der erste Hoffnungsschimmer.

Er kam von Willie Shaw, die die Nachbarkinder befragte.

Travis Benteen war sechs Jahre alt und hatte Angst. Ich hockte mich vor ihn, im Wohnzimmer des Hauses, das am Schulweg von Brittany Morgan lag, und Willie sagte zu ihm: »Kannst du Sergeant Decker erzählen, was du mir erzählt hast?«

Travis schaute mich mit großen blauen Augen an, die voller Tränen waren. Seine Eltern standen schützend hinter ihm. Travis habe schon seit Wochen Alpträume, sagten sie. Vielleicht habe er etwas im Fernsehen gesehen, oder sein großer Bruder Logan habe ihm Schauergeschichten erzählt, und Travis habe sich was zurechtgesponnen.

»Travis hat eine rege Phantasie«, sagte die Mutter, als wäre das ein wenig peinlich.

Jetzt hatten auch sie Schuldgefühle.

»Vielleicht, wenn wir auf ihn gehört hätten …« Die Stimme der Mutter versagte.

»Wir wissen nicht, ob es einen Zusammenhang gibt«, sagte ich und wandte mich Travis zu.

»Dir passiert nichts, Travis«, sagte ich. »Erzähl mir einfach, was du gesehen hast.«

Er zögerte ein paar Sekunden, sah erst Willie an, dann wieder mich und sagte: »Einen komischen Mann.«

»Kannst du mir mehr über den Mann erzählen?«, fragte ich. »Ich passe auf, dass er dir nichts tut.«

»Er fährt im Auto.«

»Was für ein Auto?«

»Ein großes weißes.«

Willie zog einen Malblock und Stifte aus ihrer Tasche. »Kannst du das für mich malen?«, fragte sie.

Travis nickte. Er legte sich auf den Fußboden und malte.

Einen Lieferwagen.

Einen weißen Lieferwagen.

Am Steuer ein Mann.

Der aus dem Fenster sah.

Lächelnd.

Eine primitive Kinderzeichnung. Willie zeigte auf das Gesicht des Mannes und fragte: »Sieht er deshalb komisch aus?«

Bei Travis' Antwort bekam ich Gänsehaut. Er strich mit dem linken Zeigefinger über die Augenbrauen des Mannes und sagte: »Das hier.«

»Was ist damit?«, fragte Willie.

»Er hatte keine.«

Willie und ich hatten Harold Gaines vor fünf Jahren wegen sexuellen Missbrauchs seiner sechsjährigen Nichte, der Tochter seiner Schwester, festgenommen. Er hatte einen rasierten Schädel und rasierte Augenbrauen – es stellte sich dann heraus, dass er am ganzen Körper rasiert war –, und wenn man solche Fälle kennt, dann weiß man, warum.

Haare sind die häufigsten DNA-Beweise.

Und Gaines war mit allen Wassern gewaschen.

In dem Fall brachte ihm das gar nichts. Die Nichte überzeugte im Zeugenstand, und die Geschworenen mussten nur seine Augen sehen, um auf schuldig zu erkennen.

Er bekam fünf Jahre Gefängnis.

Wir liefen raus ins Auto, und ich machte einen schnellen Datencheck.

»Ich glaube, es hackt!«, sagte Willie, als sie Gaines' Daten sah.

Gaines war vor sieben Monaten auf Bewährung entlassen worden.

Wir waren gute zehn Minuten von seiner neuen Adresse entfernt, also schickte ich einen Streifenwagen hin, der in der Nähe war, ohne Sirene und Blaulicht.

Aber wir waren schneller.

Gaines wohnte in einem der Mietshäuser, die in den

Siebzigern hingeklotzt wurden. Ziegel- und Schlackensteine, acht Parteien.

Wohnung 2-C.

Ich parkte in der zweiten Reihe und rannte die Treppe hinauf.

Zog die Waffe, pochte an die Tür.

»Harold Gaines? Polizei. Kommen Sie zur Tür!«

Die Tür öffnete sich einen Spalt, die Sicherheitskette rastete ein. Gaines' Echsenaugen linsten durch den Spalt.

»Aufmachen«, sagte ich.

»Sie haben keinen Durch–«

Ich trat die Tür ein und schlug Gaines ins Gesicht, dass er rückwärtsflog.

Als ich reinkam, war er aufs Sofa gekracht und hielt sich die Nase. Ich sah keine Brittany und lief an ihm vorbei ins Schlafzimmer.

Brittany war nicht da.

Gaines schaute zu mir hoch, als hätte er gerade in der Lotterie gewonnen. »Ich zeige Sie an!«

Er erinnerte auffallend an diese gruseligen Nacktkatzen, nur dass er ein lachsfarbenes Polohemd, abgeschnittene Jeans und weiße Turnschuhe trug. Er war wohl keine ein Meter achtundsechzig groß, aber er hatte massige Schultern und einen Stiernacken. Ich konnte mir nie merken, ob der Fachausdruck dafür endomorph oder ektomorph lautet.

»Wo ist das Mädchen?«, fragte ich.

»Was für ein *Mädchen?*«

Ich war nicht zu Späßen aufgelegt und machte es kurz: »Passen Sie auf, Gaines. Wenn Sie nicht kooperieren, fahren wir Sie auf einen Spielplatz und setzen Sie fest wegen Bewährungsbruch.«

»Sie sind ein Schwein, Decker.«

»Wo ist das Mädchen?«

»Wovon reden Sie überhaupt?«

»Wo ist Ihr Van?«, fragte Willie.

»Welcher Van?«

»Ihr *weißer* Van«, sagte Willie.

»Zwei Straßen weiter«, sagte Gaines. »Hier in der Gegend kriegt man ja keinen Parkplatz.«

Ich öffnete eine Küchenschublade, fand eine Schachtel mit verschließbaren Plastikbeuteln und nahm zwei heraus.

»Zeigen Sie Ihre Hände.«

»Was soll der Scheiß?«

»Ich habe keine Zeit für Ihr Gequatsche«, sagte ich. »Pfoten her.«

Er streckte die Hände aus, und ich schob die Plastiktüten drüber. Gaines war clever genug, seine Hände zu sterilisieren, wenn er Brittany wirklich entführt hatte, aber ich ging lieber auf Nummer sicher. Ich drehte ihm die Arme auf den Rücken und legte ihm Handschellen an.

Im Treppenhaus nahten Laufschritte, es erschienen zwei Streifenpolizisten in der Tür.

»Alles okay, Sergeant?«

»Mr. Gaines wird uns jetzt zeigen, wo er sein Fahrzeug geparkt hat«, sagte ich. »Sichern Sie diese Wohnung, bis die Kriminaltechnik kommt.«

Ich zog ihn aus der Tür, den Flur entlang. »Gaines«, sagte ich, »wir gehen jetzt die Treppe runter. Sie haben die Wahl, ob Stufe für Stufe oder alle Stufen auf einmal. Ich wiederhole meine Frage: Was haben Sie mit dem Mädchen gemacht?«

Vielleicht war sie noch am Leben.

Notdürftig verscharrt oder in einem Gebüsch versteckt,

und sie atmete noch. Vielleicht, nur vielleicht, kamen wir noch rechtzeitig hin.

Jetzt waren Gaines die Sprüche vergangen. Jetzt hatte er Schiss.

»Ich schwöre es«, sagte er. »Ich habe nichts gemacht.«

Nicht dass ich stolz darauf wäre. Aber ich gebe zu, dass ich ihn am liebsten in die Flugphase versetzt hätte. Vielleicht hatte ich Angst, dass er sich zu sehr verletzte oder sich das Genick brach und nicht mehr in der Lage war, uns zu erzählen, was er mit Brittany Morgan und Hailey Hansen gemacht hatte. Und vielleicht sagte eine leise Stimme in mir, dass es ein Fehler wäre.

Jedenfalls, ich tat es nicht.

»Bringen Sie uns zu Ihrem Van, Gaines«, sagte ich und schob ihn die Treppe hinab.

Alles der Reihe nach.

Der Van war zweieinhalb Straßen weiter geparkt. Ich schaute durch die Fenster hinein und fasste ihn nicht an.

Brittany war eindeutig nicht drin, aber Gaines hatte genug Zeit gehabt, sie zu entführen, irgendwo hinzubringen und zurückzukommen, und der Van war nun voller Spuren.

Ich winkte einem Streifenwagen, der gerade anrollte.

»Niemand nähert sich diesem Fahrzeug, bis das FBI hier ist«, sagte ich.

Um die Beweiskette zu sichern, machte ich Fotos von dem Auto und knipste auch ein paarmal durch die Fenster ins Innere.

»Sehen Sie?«, sagte Gaines. »Ich hab's Ihnen ja gesagt. Ich hab nichts damit zu tun.«

»Wir nehmen Sie fest.«

»Wieso denn das?«, jaulte er auf.

»Sie sind ein registrierter Sexualstraftäter«, sagte ich. »Wir brauchen keine Begründung.«

Verurteilte Sexualstraftäter haben etwa so viele Rechte wie Teichmuscheln – mit dem Unterschied, dass sich Teichmuscheln auch Schulen und Spielplätzen nähern dürfen.

»Lassen Sie mich in Ruhe, Decker!«

»Oder wollten Sie gerade zu einem Familientreffen?« Wir brachten ihn zu meinem Dienstwagen und schoben ihn auf den Rücksitz.

Auf dem Weg zur Polizeizentrale sagte Willie zu mir: »Ich ziehe mit, was immer du vorhast.«

Was sie meinte, war klar.

Wir hatten die Festnahme nicht gemeldet. Bis zur Zentrale waren es nur fünf Minuten, aber wir konnten eine kleine Landpartie machen und ein informelles Verhör mit Gaines veranstalten.

Ich sagte: »Lieber die saubere Tour.« Doch ich wusste ihr Angebot zu schätzen.

Mein Bauchgefühl sagte mir, dass wir den Entführer von Brittany hatten.

Auch, dass er der Entführer von Hailey war, und das brach mir das Herz.

Aber diese Karte wollte ich erst ausspielen, wenn er Brittanys Entführung gestanden hatte. Es gab die hauchdünne Chance, dass Hailey noch am Leben war, und ich brauchte ein Druckmittel.

Willie drehte sich zu Gaines um.

»Sie haben doch eine Mutter«, begann sie.

Ehrlich gesagt, zweifelte ich daran. Ich stellte mir eher vor, dass Gaines' Mutter ihr Ei im Sand vergraben hatte und schnell davongekrochen war.

»Wie hätte sich Ihre Mutter gefühlt«, fuhr sie fort, »wenn Sie verschwunden wären?«

»Die hätte die Korken knallen lassen«, sagte Gaines.

In diesem Punkt war ich ganz auf Seiten der Mutter.

»Tun Sie das Richtige«, sagte Willie. »Sagen Sie mir, was Sie mit dem Mädchen gemacht haben.«

»Ich weiß gar nicht, wovon Sie reden.« Er lehnte sich zurück und studierte den Wagenhimmel.

»Da gibt es nur eine Antwort«, sagte Willie. »Die Giftspritze.«

Gaines zuckte die Schultern.

Der Verhörraum sah exakt so aus, wie man ihn aus dem Kino kennt.
Er war auffallend eng, was sein Einschüchterungspotenzial erhöhte, hatte graue Wände, einen Tisch, drei Stühle, eine Deckenkamera in der Ecke und ein Einwegfenster zum Ermittlerbüro.

Von dort aus sah ich mir Gaines in Ruhe an. Wir hatten ihm die Handschellen abgenommen, um an den Dreck unter seinen Nägeln heranzukommen. Jetzt saß er auf seinem Stuhl, die Hände verschränkt auf der Tischplatte, und grinste mich durchs Fenster an.

Er kannte sich hier schon aus.

Ich atmete tief durch und ging hinein.

Der angebliche Zweck dieser Art von Verhör besteht darin, Kontakt zum Tatverdächtigen herzustellen, Verständnis auszudrücken, Mitleid. Ihm das Gefühl zu geben, dass man auf seiner Seite ist.

Vergiss es.

»Sie haben dreißig Sekunden Zeit, Ihren Kopf zu retten«, sagte ich.

Gaines grinste.

»Vorausgesetzt, dass wir das Mädchen lebend finden«, fuhr ich fort. »Wenn sie noch am Leben sein kann, sagen Sie es jetzt, und ersparen Sie sich die Giftspritze.«

»Die Fingernagelprobe hat wohl nichts gebracht?«, höhnte er. »Sonst hätten Sie längst einen Haftbefehl.«

Aalglatt und arschkalt, wie man es nur im Knast lernt. Es ist zwar nichts Neues, aber man kann es nicht oft genug wiederholen: Wir wollen diese Kerle resozialisieren und bilden sie zu perfekten Ganoven aus.

Aber er hatte recht.

»In Ihrem Van befindet sich Brittanys DNA«, sagte ich. »Den können Sie noch so sehr schrubben, wir finden was. Ein Haar, ein Tröpfchen Schweiß. Und werden wir fündig, sind Sie ein toter Mann.«

»Nur mal so dahingesagt«, sagte Gaines. »Aber wenn einer verraten soll, wo das Mädchen ist, dann muss er auch Immunität kriegen.«

Der quälende Nervenkrieg.

»Bei Tötungsdelikten gibt es keine Immunität«, sagte ich.

»Und was, wenn sie noch lebt?«

Ich hätte ihm alles versprochen, Immunität, eine Villa mit Seeblick, den Posten des französischen Botschafters, egal.

»In dem Fall«, sagte ich, »lässt sich über manches reden. Ich müsste das mit der Staatsanwaltschaft klären, aber ...«

»Na, dann los«, sagte Gaines.

Und fügte hinzu: »Sie haben dreißig Sekunden.«

Ich ging hinaus.

Willie hatte alles durchs Fenster verfolgt. »Ein harter Brocken«, sagte sie.

»Wohl wahr. Gibt es neue Nachrichten?«

Willie schüttelte den Kopf. »Dann wär ich reingekommen. Gehst du zum Staatsanwalt?«

»Und ob!«

Ich ging hinüber zum Wasserspender, nahm einen kräftigen Schluck, aber ich brauchte Kaffee. In der Kanne der Kaffeemaschine war noch ein alter Rest, den kippte ich in eine Styroportasse und löffelte falschen »Kaffeeweißer« und Zucker hinein, um den Geschmack abzutöten.

Ich schlürfte ein wenig von der Brühe, dann ging ich zurück in den Verhörraum und setzte mich an den Tisch, gegenüber Gaines.

»Folgendes könnten wir tun«, sagte ich. »Wenn –«

»Mit anderen Worten, das ist nur eine hypothetische –«

»Okay. Würde das Kind lebend gefunden, könnten wir von Entführung auf Freiheitsberaubung runtergehen. Zehn Jahre – Staatsgefängnis, nicht Bundesgefängnis –, und der fragliche Täter würde sechs davon absitzen.«

Volltreffer.

Aalglatt und arschkalt hatte sich verzockt.

Bis jetzt gab es weder Haftbefehl noch Anklage, also keine Grundlage für einen Deal. Technisch betrachtet war es nur eine belanglose Unterhaltung. Wenn wir Brittany lebend fanden, würden wir ihn wegen Entführung und sexuellen Missbrauchs Minderjähriger anklagen, und er würde im Knast krepieren.

Nicht an der Giftspritze, sondern an Altersschwäche.

Gaines starrte auf die Tischplatte, in seinem Kopf arbeitete es.

Ich platzte vor Ungeduld.

Wenn Brittany tot war, gab es für ihn keinen Grund zum Nachdenken.

Doch dann hob er den Kopf und grinste mir ins Gesicht. »Ich habe das Kind nicht angefasst. Ich habe euch nur verarscht. So wie ihr mich. Was sagen Sie jetzt, Decker?«

Ich hatte nur das dringende Bedürfnis, ihm die Fresse einzuschlagen.

»Sie wurden gesehen, wie Sie in dem Viertel rumgefahren sind«, sagte ich.

»Ich bin nicht ›rumgefahren‹«, sagte er. »Nur gefahren.«

»Was haben Sie da gemacht?«

Gaines zuckte die Schulter. »Nichts. Nur gefahren.«

»Warum sind Sie so kahlrasiert?«

Er zwinkerte anzüglich. »Ich mag es eben glatt.«

Ich fragte seinen Tagesablauf ab, um ihn auf eine Darstellung festzunageln. Er war spät aufgestanden – halb zehn etwa –, hatte sich Frühstück gemacht, dann den Supermarkt beehrt. Nach dem Mittagessen und einem Nickerchen fuhr er los. Als er nach Hause kam, sah er ein bisschen fern und ging unter die Dusche.

»Bei der Hitze klebt einem alles«, sagte er.

»Welche Sendung haben Sie gesehen?«

»'ne blöde Talkshow. Ein Haufen Nigger sucht den ›Baby-Daddy‹.«

»Ist Ihnen auf Ihrer Fahrt was aufgefallen?«

»Moment, ich muss nachdenken«, sagte Gaines und machte eine Show daraus, indem er mit dem Zeigefinger ans Kinn tippte. »Ich habe wirklich was gesehen. Ein kleines blondes Mädchen, hübsches Ding, große blaue Augen, lief ganz allein von der Schule nach Hause. Ich weiß noch, wie ich dachte: Das ist aber gefährlich. Da kann ja jeder zugreifen. Auf dieses kleine Mädchen sollte man besser aufpassen.«

Der Van war ohne Befund.
Nichts außer dem Umstand, dass er innen und außen geschrubbt worden war, was die Putzmittelspuren bewiesen. Das begründete einen Verdacht, aber es reichte nicht für einen Schuldspruch oder auch nur eine Anklage.

Ich versuchte es mit einem Trick.

»Schlechte Nachrichten für Sie«, sagte ich und kam mit ein paar alten Laborberichten ins Verhörzimmer. »Wir haben Brittanys DNA in Ihrem Van gefunden.«

»Wenn, dann haben Sie die selber reingetan«, sagte er.

Aber ein bisschen verunsichert wirkte er.

»Sie werfen mir vor, Beweise zu plazieren?« Ich wurde laut. »Und ich hatte gedacht, wir kennen uns ein bisschen besser.«

»Ich kenne die Bullen.«

»Ach, wirklich?«

»Ich will einen Anwalt.«

»Das kann ich Ihnen nur raten«, sagte ich. »Weil in Nebraska bei Todesstrafe automatisch Berufung eingelegt wird.«

»Sie bluffen.«

»Guter Spruch. Heben Sie sich den auf für Ihr letztes Wort.«

»Ich will einen Anwalt.«

»Okay.«

Er bestellte seinen Anwalt, also mussten wir unseren holen.

Ich setzte mich mit Bezirksanwältin Connie Barkley zusammen. Sie, ihre Assistentin, Willie, Captain Carter und ich trafen uns im Sitzungszimmer des Polizeigefängnisses.

»Was hast du für mich, Deck?«, fragte sie beim Hineingehen.

»Nichts«, sagte ich. »Einen Zeugen, der ihn in Tatortnähe gesehen hat, und ihr könnt die Bewährung aufheben, wegen Annäherung an eine Schule, das ist schon alles.«

»Irgendwas, was ihn mit dem Fall Hansen in Verbindung bringt?«

Ich schüttelte den Kopf. »Der Zufall.«

»Ich glaube nicht an Zufälle.«

»Das haben wir gemeinsam.«

»Aber du hast ihn nicht dazu befragt.«

»Bei Brittany läuft uns die Zeit weg.«

»Verstehe.«

Ich hatte eine Reihe Fälle mit Connie durchgezogen. Mit ihr war nicht gut Kirschen essen, außerdem war sie die beste Freundin meiner Frau. Sehr auf Stil bedacht – blondes Haar mit Strähnchen, Bürokostüm, teure Schuhe. Jetzt sagte sie: »Es könnte sein, dass wir ihm entgegenkommen müssen.«

»Das ist zu früh«, wandte ich ein.

»Du sagst, du hast nichts gegen ihn in der Hand. Was hoffst du da von ihm zu kriegen?«

Darauf wusste ich keine Antwort, also fragte ich: »Wie sähe das Entgegenkommen aus?«

»Wir schließen die Todesstrafe aus, wenn er uns sagt, wo Brittany ist.«

Mir ging das gegen den Strich, aber es war ein vernünftiger Vorschlag. Zum einen waren die Aussichten auf eine wirkliche Hinrichtung minimal. Nach jahrzehntelangen Berufungsverhandlungen würde Gaines ohnehin eines natürlichen Todes sterben, falls man »natürlich« und »Gaines« überhaupt in einem Atemzug erwähnen konnte und nicht irgendeine Krankheit so ehrvergessen war, sich an ihm zu vergreifen.

Und die Morgans starben tausend Tode, litten wie Cheryl Hansen. Wenn Gaines einknickte und uns zu den Leichen führte, bekamen die Angehörigen wenigstens Gewissheit und konnten trauern.

»Was ist mit Hailey?«, fragte ich.

»Ich bringe das ins Spiel, wenn du möchtest.«

»Sie ist kein Pokerchip.«

»Komm schon, Deck«, sagte sie. »Was hier gespielt wird, ist Poker, und wir haben ein lausiges Blatt.«

Sie stand auf. »Wenn du mir nicht mehr zu bieten hast, mache ich den Deal.«

Ich ärgerte mich schwarz.

Harold Gaines würde der Giftspritze entgehen.

Aber mehr hatte ich nicht zu bieten.

Für einen Verteidiger war Bruce Harper kein schlechter Kerl.

Einer musste den Job ja machen, aber ich hätte es nicht über mich gebracht, einen Kindermörder zu vertreten. Verteidiger, die solche Sachen übernehmen, haben meinen Respekt, doch wie schafft man es, von dem Geld, das man an einem Kinderschänder verdient, essen zu gehen, ohne zu kotzen?

Ich wusste auch nicht, wo Gaines das Geld für Bruce Harper hernahm, denn billig war er nicht.

Laura und ich trafen Harper und seine Frau Lauren immer mal wieder im Restaurant oder bei einem der Sponsorendinner, zu denen mich Laura mitschleppte, und ich blieb immer schön höflich. Und sollte Harper mal in Flammen stehen, würde ich das Feuer auspissen, aber mich freuen, dass ich keinen Eimer Wasser zur Hand hatte.

Zusammen mit Willie verfolgte ich durch das Einwegfenster, wie Connie Barkley das Verhörzimmer betrat und sich setzte. Harper trug einen leichten grauen Zweireiher – die Uniform der Strafverteidiger, wie es scheint.

Ohne Vorrede oder auch nur einen Blick auf Gaines sagte Connie zu Harper: »Ihr Klient geht zurück ins Gefängnis.«

»Warum?«, fragte Harper im Ton routinierter Empörung. Genauso klang er, wenn er ein zu blutiges Steak zurückschickte.

»Verletzung der Bewährungsauflagen« erwiderte Connie. »Er hat sich einer Schule genähert, auf weniger als hundert Meter.«

»Beweisen Sie es.«

»Das muss ich nicht. Sie müssen das Gegenteil beweisen.«

»Das werden wir.«

»Tun Sie das.«

»Ist das alles?«

»Nein«, sagte Connie. »Wir werfen Ihrem Klienten vorsätzlichen Mord aus niederen Beweggründen vor.«

»Auf welcher Grundlage? Irgendeine Bullshit-DNA in seinem Fahrzeug? Her damit.«

»Alles zu seiner Zeit«, sagte Connie. »Und bitte nicht diese Sprache, Harper. Wir sind hier nicht in der Umkleide.«

Gaines kicherte.

Jetzt wandte sich Connie ihm zu. »Lachen Sie nur, Mr. Gaines. Das Lachen wird Ihnen schon vergehen, wenn wir Sie dem Gefängnismob zum Fraß vorwerfen.«

Ich war beeindruckt, aber nicht überrascht. Connie spielte jeden Ball mit Bravour. Jetzt auch eine faule Kartoffel. Nicht schlecht, das Mädchen.

»Dann beantragen wir Schutzgewahrsam«, sagte Harper.

»Nur zu«, sagte Connie. »Ihr Klient hat ein schwarzes und ein weißes Mädchen ermordet. Da bleibt auf dem Gefängnishof kein sicheres Fleckchen für ihn. Außer, er spricht Spanisch. Aber nach meiner Erfahrung hassen Mexikaner die Kindermörder besonders.«

»Ich höre wohl nicht richtig!«, protestierte Gaines.

»Ruhe!«, blaffte Harper und warf Connie einen strafenden Blick zu.

»Wir werfen ihm nämlich auch den Mord an der Hansen-Tochter vor«, erklärte sie.

»Ich habe nichts –«

Ein scharfer Blick von Harper stoppte ihn. Wieder zu Connie gewandt, sagte er: »Wenn Sie so gute Karten hätten, würden wir hier nicht verhandeln.«

»Sie sind mir ein Schlaumeier!«, sagte Connie. »Vielleicht will ich Ihnen ein Angebot machen?«

»Was schlagen Sie also vor?«

»Er führt uns zu den entführten Mädchen«, sagte Connie, »und wir reduzieren die Todesstrafe auf Lebenslänglich ohne Aussicht auf Bewährung.«

»Und was, wenn wir hier von Todesfällen reden?«

Ich beobachtete Gaines genau. Er senkte den Blick.

»Dann stirbt er im Gefängnis«, sagte Connie. »Aber erst, wenn Gott es will.«

»Wir müssen das besprechen«, sagte Harper. »Ich brauche eine Minute Beratungszeit.«

»Meinetwegen zwei«, sagte Connie.

Sie stand auf und ging in den Flur.

»An manchen Tagen hasse ich diesen Job«, sagte sie.

Wir sahen Harper und Gaines reden, der Lautsprecher war abgeschaltet. Da kam Sanchez durch den Flur gerannt.

»Wir haben einen Leichenfund«, sagte er.

Es war Brittany.
Eine Freiwillige hatte ihr »Grab« in einem Bachbett entdeckt, dreißig Autominuten südlich der Stadt.

»Ich habe nichts angerührt«, sagte sie.

Eine nette Frau um die fünfzig. Die Sorte Frau, die für Kultur spendet und Parkkonzerte besucht. Sie war völlig aufgelöst, ihr Gesicht verquollen vom Weinen.

»Da haben Sie sich genau richtig verhalten«, sagte ich.

Das CARD-Team war schon dort. Wenn Gaines irgendeine Spur hinterlassen hatte, sie würden sie finden.

»Ist die Familie informiert?«, fragte ich Shumacher.

»Noch nicht.«

»Machen wir's lieber gleich, bevor sie es auf anderem Wege erfahren.«

»Ich wollte gerade los.«

»Ich mache das«, sagte ich.

»Sind Sie etwa scharf darauf?«, fragte Shumacher.

»Nein, verdammt!«

Aber es war mein Job.

Es war mein Job, das Mädchen zu finden. Den hatte ich erledigt, aber leider nicht schnell genug.

Ich nahm Willie mit.

Mrs. Morgan würde sie brauchen. Und ich auch.

Sie hatten ein großes Haus auf dem Sheridan Boulevard,

in dem teuren alten Viertel, das South of South genannt wird, weil es südlich der South Street liegt. Es hatte früher mal im Süden der City gelegen, doch Lincoln war so gewachsen, dass South of South nun zum Zentrum gehört.

Doch der Name ist geblieben.

Ich hielt vor dem Haus. Von allen Bäumen flatterten gelbe Bänder, überall standen Leute herum. Angehörige, Freunde, besorgte Nachbarn.

Auf der Straße parkten Pressefahrzeuge, und Kelly Martin, die mich schon entdeckt hatte, kam auf mich zu.

»Ist es wahr? Wurde sie ge–«

»Ich muss Sie bitten zu warten, bis ich zurückkomme.«

»Also ist es –«

»Schalten Sie die Kamera aus«, sagte ich.

Sie nickte ihrem Kameramann zu, der nahm sein Gerät von der Schulter, und mich schaute sie böse an.

»Kelly«, sagte ich, »wir müssen uns jetzt wie Menschen benehmen.«

»Wir brauchen doch Nachrichten!«

»Das ist die Nachricht«, erwiderte ich. »Und wenn Sie uns hinterherlaufen oder heute dort klingeln, sorge ich dafür, dass Sie nie wieder eine Story kriegen. Keiner von uns wird je wieder mit Ihnen reden.«

»Ist das Ihr Ernst?«

»So ernst wie ein Anruf um Mitternacht.«

Ich ging mit Willie zur Haustür hinauf.

Auf mein Klingeln öffnete ein Mann.

Ich zeigte meine Marke. »Detective Sergeant Decker und Shaw. Sind Mr. und Mrs. Morgan zu Hause?«

Er nickte und ließ uns durch. Er wusste Bescheid, und an der Beerdigungsatmosphäre des Wohnzimmers erkannte ich, dass alle es wussten.

Als Donna Morgan uns sah, stand sie auf, doch ihre Knie versagten. Willie fing ihren Sturz auf. Donna Morgan presste ihr Gesicht an Willies Schulter und schrie.

Einen solchen Schrei vergisst man nicht.

Und manchmal denke ich, ich mache nur deshalb weiter, weil ich so etwas nie wieder hören will.

Jim Morgan trat an mich heran. »Sergeant Decker?«

»Es tut mir leid«, sagte ich. »Wir haben Brittany gefunden und identifiziert.«

Donna Morgan schrie erneut, und Willie umarmte sie noch fester.

Ich sagte: »Wir brauchen einen Angehörigen, um –«

»Ich verstehe«, sagte Morgan.

»Es müssen nicht Sie sein.«

»Doch.«

Das verstand ich, und ich bewunderte es.

Aber nichts konnte ihn auf den Anblick vorbereiten, der ihm bevorstand. Der würde ihn ein Leben lang verfolgen, sobald er die Augen schloss.

»Ich weiß, das wird Sie nicht trösten«, sagte ich. »Aber wir haben einen Tatverdächtigen festgenommen.«

»Ich nehme nicht an, dass Sie mich fünf Minuten mit dem Kerl allein lassen«, sagte Morgan.

»Ich wünschte, ich könnte es«, sagte ich, und ich meinte das ernst.

»Gott wird mit ihm abrechnen«, sagte Morgan.

Vielleicht, dachte ich.

Aber mir war lieber, wenn Connie Barkley mit ihm abrechnete.

Ich betrat mit ihr den Verhörraum.

Harper sprang von seinem Stuhl hoch. »Wir haben drei Stunden gewartet!«

»Mir kommen die Tränen«, sagte sie.

»Wir haben beschlossen, Ihr Angebot zu akzeptieren.«

»Das ist vom Tisch.«

Connie ging mit vorgerecktem Kopf auf Gaines los. »Das war's, Sie Pfuscher. Zu spät. Wir haben Brittany Morgan gefunden. Mit Ihrer DNA im Körper. Ich beantrage Todesstrafe, und ich bekomme sie.«

»Sie können Ihr Angebot nicht widerrufen!«, protestierte Harper.

»Schon passiert«, sagte Connie. »Er hatte seine Chance bei Sergeant Decker, und er hatte seine Chance bei mir. Sie brauchten Bedenkzeit, ich brauchte Bedenkzeit. Sie haben sich für Ja entschieden, ich für Nein. Klare Sache.«

»Und was ist mit dem anderen Mädchen?«, fragte Gaines.

»Klappe!«, bellte Harper.

»Ach ja? Während Sie mich in die Pfanne hauen?« Gaines wandte sich wieder an Connie. »Was ist mit dem anderen Mädchen?«

»Was soll sein?«

»Ist da noch ein Deal drin?«

»Ist sie tot?«

»Klar ist sie tot.«

»Haben Sie sie getötet?«

»Haben wir einen Deal?«

»Das war's«, sagte Harper. »Ich gehe.«

»Sie bleiben hier, bis er einen anderen Anwalt hat«, sagte Connie. »Oder Ihre Zulassung ist weg.«

Harper setzte sich hin.

Gaines fragte wieder, diesmal hysterisch: »Haben wir einen Deal?«

»Wir haben einen Deal«, sagte Connie.

Ein Stoßseufzer der Erleichterung.

»Der Deal lautet, Sie bekommen Ihren Prozess, die Geschworenen urteilen, und wir vollstrecken. Das ist der Deal«, sagte Connie und ging hinaus.

Ich folgte ihr auf den Flur.

»Was ist mit Hailey Hansen?«

»Ist das dein Ernst, Deck?«, sagte sie im Weitergehen. »Du willst dem Schwein das Leben retten, wenn er uns zur Leiche führt?«

»Genau das hatten wir besprochen«, sagte ich.

»Da hatte ich noch keine todsichere Mordanklage gegen ihn.«

»Ist es das, was du willst? Deine Bilanz aufbessern?«

Sie blieb stehen und blickte mich scharf an. »Das ist unfair, Frank.«

»Cheryl Hansen verdient Gewissheit.«

»Okay«, sagte Connie. »Fragen wir sie. Fahren wir auf der Stelle zu ihr und fragen sie, was sie lieber möchte – die verweste Leiche ihrer Tochter oder das Todesurteil für ihren Mörder.«

»Wir wissen nicht, ob er der Mörder ist.«

»Nein? Wirklich nicht? Woher plötzlich der Sinneswandel?« Sie wandte sich zum Gehen. »Oder willst du nur deine Aufklärungsrate aufbessern? Du willst einfach keinen ungelösten Fall in deiner Bilanz.«

Klar, das war die Retourkutsche, aber da lag sie falsch. Meine Aufklärungsrate und meine Bilanz waren mir egal.

»Dann werde ich noch mal reingehen und ihn fragen.«

»Wonach denn?«

»Täterwissen«, sagte ich. »Was Hailey in der Hand hielt, als er sie entführte.«

»Das sagt er nicht ohne den Deal«, wandte Connie ein.

»Eben.«

»Da mache ich nicht mit, Frank. Die sichere Hinrichtung eines Monsters verschenke ich nicht«, sagte sie und ließ mich stehen.

Dabei hätte ich es wohl belassen sollen, aber ich tat es nicht.

»Willst du wissen, was mich daran ärgert?«, rief ich ihr nach. »Dass Brittany Morgan das blonde, blauäugige Mädchen mit reichen Eltern ist und Hailey Hansen nicht.«

Sie machte auf dem Absatz kehrt. »Weißt du was? Laura hat recht – du bist wirklich so was wie ein Arschloch.«

Klar, so viel war sicher.

Ich wusste nur nicht, dass Laura mich so nannte.

Cheryl Hansen hatte noch Dienst im Village Inn.
Sie sah mich, als sie gerade bediente, und ihr Blick verriet mir, dass sie mit Neuigkeiten rechnete.

Die hatte ich auch, nur nicht die, die wir uns beide wünschten.

Sie lieferte die Bestellung ab, der Chef gab ihr frei, und wir gingen hinaus. Standen neben dem Müllcontainer, während ich sie über Harold Gaines aufklärte.

»Wenn er Brittany ermordet hat«, sagte sie, »dann hat er auch Hailey ermordet. Sie ist tot.«

»Das wissen wir nicht mit Sicherheit.«

»Und werden es nie erfahren.«

Sie war eine Frau, die schon eine Menge Schläge eingesteckt hatte. Dies war der schlimmste. Ein Mann stellte sich hin und erzählte ihr, dass ihre kleine Tochter wahrscheinlich tot war, aber dass man es nie mit Sicherheit erfahren würde.

Cheryl nickte und schwieg.

Sie war verbittert, und ich konnte es ihr nicht verdenken. Dann sagte sie: »Bitte richten Sie den Morgans aus, wie sehr mich ihr Verlust bedrückt.«

»Das werde ich«, sagte ich. »Ich bin sicher, die Morgans empfinden das Gleiche für Sie.«

»Wir haben da etwas gemeinsam«, sagte sie.

Ich mochte die Morgans. Sie waren freundliche Menschen, die Unvorstellbares durchmachten.

Das war Tatsache.

Aber Tatsache war auch, dass die Welt für Leute wie sie gemacht war, nicht für die Cheryl Hansens.

»Ich gehe besser wieder rein«, sagte Cheryl.

»Ihr Chef wird Ihnen sicher –«

»Schon gut«, sagte sie, »die Arbeit lenkt mich ab.«

»Cheryl?«

»Ja?«

»Es tut mir leid.«

Mehr hatte ich ihr nicht zu bieten.

Mit Laura lief es nicht viel besser.
Das meiste daran war meine Schuld. Vielleicht hätte ich ihr nicht gleich mit dem Spruch kommen sollen: »Ich bin also so was wie ein Arschloch?«, aber ich war ziemlich angeschlagen, als ich nach Hause kam. Sie saß in ihrem Ohrensessel und las. Bei klassischer Musik.

Aus irgendeinem Grund regte mich das auf, und ich platzte heraus: »Ich bin also so was wie ein Arschloch.«

Aber Laura ließ sich nicht so leicht aus der Ruhe bringen. »Connie sagte mir, du hättest ihr Rassismus vorgeworfen.«

Connie musste sofort zum Telefon gerannt sein. Das Gespräch konnte ich mir lebhaft vorstellen.

»So stimmt das nicht«, sagte ich.

»Connie ist alles Mögliche, aber nicht rassistisch«, erwiderte sie. Das ließ auf mehr hoffen. Sie war Juristin und meinte, im Streit müsse es immer einen Sieger geben.

Aber das wollte ich nicht hören. Ich wollte etwas hören wie: *Das tut mir aber leid mit Brittany Morgan. Das tut mir aber leid mit Hailey. Das tut mir aber leid, dass dich das Schicksal von zwei kleinen Mädchen so sehr belastet.* Vielleicht wollte ich überhaupt nichts hören. Mich einfach nur bei ihr anlehnen.

Allerdings: Ich hatte angefangen.

Ich lief an ihr vorbei in die Küche. Seit dem Frühstück hatte ich nichts im Magen, aber trotzdem keinen großen Hunger, ich wollte mich nur betätigen. Ich schaute in den Kühlschrank und fand einen Rest vom gestrigen Thai-Imbiss. Holte eine Gabel aus der Schublade und aß die Nudeln kalt aus der Schachtel.

Laura folgte mir in die Küche. Sie lehnte sich ans Buffet und starrte mich an, in Erwartung einer Antwort. Als die nicht kam, sagte sie: »Diese Stadt hat bei der Suche nach Hailey alles auf den Kopf gestellt.«

»Ich weiß. Ich war dabei.«

»Also, wo ist dein Problem?«

Wo ist mein Problem? Tja, ich weiß auch nicht, Laura, ich habe nur ein ermordetes Kind gesehen, dann bin ich los, die Eltern benachrichtigen, dann gestand mir ein Scheusal von Mensch einen weiteren Kindermord, und ich habe auch die andere Mutter benachrichtigt. Ich glaube, das ist mein Problem.

Doch statt es nur zu denken, hätte ich es sagen sollen.

Vielleicht, wenn ich explodiert wäre und es ihr ins Gesicht gebrüllt hätte, wären wir noch verheiratet.

Aber ich sagte es nicht.

Ich warf die leere Schachtel in den Müll, legte die Gabel ins Spülbecken und ging an ihr vorbei.

»Komm runter, Deck«, sagte sie.

Ja, dachte ich.

Das sagen sie alle.

Wirklich ein toller Tipp.

Schlaf fand ich kaum.
Auch Laura nicht, glaube ich.
Wir lagen da, kehrten uns den Rücken zu, beide zu stolz und zu stur, sich einfach umzudrehen und zu reden.

Oder uns in den Arm zu nehmen.

Ich träumte von Hailey Hansen.

In meinem Traum war sie noch am Leben, galoppierte mit ihrem Pinto über die Prärie.

Als ich aufwachte, wusste ich, was zu tun war.

Ich fuhr zum Gefängnis.
Um zu tun, was sie mir ausdrücklich verboten hatten. Mit Gaines reden.

Er saß in Isolierhaft, aber der Wachmann ließ mich in die Zelle.

»Rauchen Sie eine«, sagte ich zu ihm.

Er ging eine rauchen, ich ging zu Gaines in die Zelle und machte die Tür hinter mir zu.

Gaines reagierte mit seinem Grinsen. »Na, wer kommt denn da?«

Mir gefiel der Anblick seines orangeroten Overalls.

»Sie sind schlau genug zu wissen, dass nichts von dem, was Sie mir jetzt sagen, gegen Sie verwendet werden kann«, sagte ich. »Also, ich will die Wahrheit hören.«

»Oder was? Wollen Sie mich foltern?«, sagte er. »Das werden Sie nicht. Das kostet Sie den Job.«

»Sie haben Hailey Hansen nicht entführt«, sagte ich.

»Woher wollen Sie das wissen?«

»Weil sie schwarz ist. Und Sie stehen auf weiße Mädchen.«

»Sie ist halb und halb, oder nicht?«, sagte Gaines. »Vielleicht war es Halbliebe.«

»Aber Sie waren es nicht«, sagte ich. »Sonst hätten Sie uns zu der Leiche geführt, um Ihren Arsch zu retten.«

»Wenn ich Todesstrafe kriege«, sagte er, »nehme ich das Geheimnis mit ins Grab. Keiner wird sie finden.«

»Beweisen Sie es.«

»Und wie?«

»Nennen Sie mir irgendeinen Fakt, den nur der Entführer kennt.«

Wieder dieses Grinsen. »Das Täterwissen.«

»Genau.«

Gaines wusste nichts. Ich sah es an seinem Blick. Der wurde gerade flau. Trotzdem versuchte er es mit dem Ganovenpoker. »Warum sollte ich Ihnen das sagen?«

»Sie wissen nichts.«

»Und ob!«

»Nämlich?«

Schweigen.

»Hailey hat im Vorgarten mit etwas gespielt«, sagte ich. »Was war das?«

Gaines dachte nach, dann sagte er: »Eine Barbiepuppe. Eine schwarze.«

»Pech gehabt. Netter Versuch.«

Ich klopfte an die Tür, um den Wachmann zu rufen.

»Es heißt immer, die Spritze tut nicht weh«, sagte ich zu Gaines. »Aber das ist gelogen. Der Organismus bricht zusammen, aber gaaanz langsam. Und es tut höllisch weh.«

Das zumindest schuldete ich den Morgans.

Ich legte meine Dienstmarke auf Captain Carters Schreibtisch.

»Ich kündige.«

»Sie *kündigen*?«

Ich schwieg – er hatte mich verstanden.

»Doch nicht der Fall Hansen?«, fragte er.

Von meinem Zellenbesuch bei Gaines sagte ich nichts. Es hätte nichts gebracht, und ich wollte dem Wachmann keinen Ärger bereiten. Oder mir selbst ein Verfahren einbrocken.

Ich hatte Besseres zu tun.

»Doch«, sagte ich. »Der Fall Hansen.«

Carter fuhr hoch. »Wir haben getan, was wir konnten!«

»Einverstanden«, sagte ich. »Aber *ich* habe nicht getan, was *ich* konnte.«

Das war die Wahrheit.

Behörden sind etwas Gutes. Und im Allgemeinen glaube ich an sie. Die längste Zeit meines Lebens war ich ein »Behördenmensch« – erst bei den Marines, dann bei der Polizei. Behörden können Dinge, vor denen Einzelne versagen.

Aber genauso wahr ist das Gegenteil.

Weil ein Einzelner die Freiheit hat, zu tun, was getan werden muss.

Er schuldet keinem Rechenschaft außer sich selbst.

»Und der Mordfall Morgan?«, fragte er. »Mit dem lassen Sie uns allein?«

»Den übernimmt Willie«, sagte ich. »Im Zeugenstand ist sie sowieso besser als ich.«

»Können wir wenigstens auf Ihre Aussage im Scorpions-Fall rechnen, falls wir die brauchen?«

»Klar.«

Carter maß mich mit ernstem Blick. »Sie werfen eine große Karriere weg, mein Freund.«

»Da bin ich mir nicht mehr so sicher, Captain.«

Er stand auf, ging um den Schreibtisch herum und legte mir die Hand auf die Schulter. »Lassen Sie sich doch freistellen. Sagen wir, aus gesundheitlichen Gründen.«

»Dann wäre auch Schluss mit der Karriere. Etwa nicht?«

»Wenigstens hätten Sie einen Job, wenn Sie zurückkommen von … wo immer Sie hinwollen.«

Ich dankte ihm.

Von Herzen.

Für alles.

Dass er ein guter Boss war, ein guter Cop, ein guter Freund.

Aber ich wusste, was ich zu tun hatte.

Ich brauchte keine Freistellung.

Nur meine Freiheit.

»Können wir ein offenes Wort reden, Frank?«, fragte Carter.

»Klar.«

»Sie fühlen sich schuldig wegen Hailey Hansen«, sagte er. »Also klammern Sie sich an die unrealistische Hoffnung, dass sie noch lebt. Aber ich weiß, und der Kriminalist in Ihnen weiß es auch, dass Harold Gaines beide

Mädchen ermordet hat. Und Ihren Frieden finden Sie erst, wenn Sie sich damit abgefunden haben.«

Was sollte ich sagen?

Er hatte recht.

Ich kopierte die Hansen-Akte und räumte meinen Schreibtisch, als Willie zu mir herüberkam.

Sie sah, was ich da machte, aber zog vor, es nicht zu bemerken.

»Stimmt es, was ich höre?«, fragte sie.

»Es stimmt.«

»Warum?«

»Ich verlange nicht, dass du es verstehst«, sagte ich, »aber ich habe Cheryl Hansen ein Versprechen gegeben. Ich gebe die Suche nicht auf.«

Im Zeitalter des »moralischen Relativismus« gilt das eigene Wort nicht mehr viel, fürchte ich, doch mein Daddy hat mir beigebracht, dass es das Einzige ist, was dir keiner nehmen kann.

Das Einzige, was du gibst und trotzdem hältst.

Und Willie verstand mich. Ich hätte es wissen müssen.

»Wenn du Hilfe brauchst …«

»Du bist die Erste, die ich bitten werde«, sagte ich.

»Gehst du zu Brittanys Beerdigung?«

»Sicher.«

»Sprichst du ihren Eltern mein Beileid aus?«

»Natürlich«, sagte sie. »Soll ich ihnen sonst noch was sagen?«

»Nein.«

»Du wirst mir fehlen, Deck.«
»Du mir auch, Willie.«
Um ein Haar hätten wir uns umarmt. Aber wir hatten beide Angst, es könnte missdeutet werden.

Ich bin kein großer Autofan.
Wir fuhren meist mit Lauras BMW, aber in der Einfahrt stand immer noch die alte blaue 1974er Corvette Stingray meines Vaters. Er hat viel an dem Auto rumgebastelt, und ich brachte es nach seinem Tod nicht über mich, es zu verkaufen. Also behielten wir es, und ich fuhr ab und zu damit herum, um es zu bewegen.

Mein Dad hatte ihm sogar einen Namen gegeben – Blue.

Okay, originell war der Name nicht, aber meine Mom, bevor sie starb, meinte, er hätte es »Blue Moon« nennen sollen, weil er es so selten zum Laufen brachte und noch seltener damit fuhr.

»Der Blaue« bot nicht viel Raum, aber er reichte für das, was ich brauchte – eine Reisetasche, die Ordner mit der Hansen-Akte, mein Notebook. Meine alte 12er Remington 870, zerlegt im Koffer, und meine »andere« Waffe, die Sorte, die ein Cop immer bei sich hat, eine 38er Smith & Wesson. Auch die Schussweste nahm ich mit, denn man kann nie wissen.

Ich war im Schlafzimmer und packte die Tasche, als Laura nach Hause kam. Sie blieb in der Tür stehen und sagte: »Connie meint, du hast den Stecker gezogen.«

»Typisch Kleinstadt.«

»Ich glaube, ich habe ein Recht darauf, es von meinem Mann selbst zu erfahren.«

Ja, das hatte sie.

»Ich wollte es dir sagen, wenn du nach Hause kommst.«

»Ich bin zu Hause.« Sie setzte sich zu der Tasche aufs Bett. »Das sieht aus, als hättest du nicht nur deinen Job gekündigt.«

Die Antwort brauchte ihre Zeit.

»Wir wissen beide, dass es schon länger nicht mehr gut läuft zwischen uns«, sagte ich.

»Dass es *so* schlecht läuft, hatte ich nicht gedacht«, erwiderte sie. »Also statt die Dinge mit mir zu klären, läufst du lieber weg.«

»Ich will Hailey Hansen suchen.«

»Oder ist das nur eine Ausrede, um von mir wegzukommen?«

»Nein.«

»Mein Gott«, sagte sie. »Du machst dich auf die Suche nach dem Kind, das wir nicht bekommen können.«

»Verschone mich mit deiner Küchenpsychologie.«

»In der Küche kenne ich mich besser aus als du, Frank.«

»Gib wenigstens zu, dass du ein bisschen erleichtert bist«, sagte ich. »Wir ziehen nicht mehr am selben Strang. Was immer du von mir erwartest, ich kann es dir nicht bieten.«

»Du klaust mir meine Argumente«, sagte Laura.

»Ich bin dir nicht mehr gut genug«, sagte ich. Die bittere Wahrheit war, dass sie mich als Polizeichef sehen wollte, aber ich wollte nicht Polizeichef werden. Sie wollte Bürgermeisterin werden, und ich wollte nicht Mr. Bürgermeister sein. Aber ich wollte ihren Plänen auch nicht im Weg stehen.

Jetzt kam sie mir mit ihren typischen Argumenten: Wie dumm es sei, den Job und die Pension aufzugeben. Was würde aus den Zulagen und der Krankenversicherung?

Und ich war das typische Arschloch. »Dann versuche ich eben, nicht krank zu werden.«

»Wie gedenkst du, deine Suchexpedition zu finanzieren?«, fragte sie. »Mit unseren Ersparnissen ganz bestimmt nicht, Deck.«

»Mit dem Geld, das mir mein Dad hinterlassen hat.«

Es war nicht viel, aber wenn ich sparsam lebte, reichte es vielleicht.

»Ich dachte, du sparst auf eine Angelhütte.«

Ich zuckte die Schultern.

Ja, ich sparte auf eine Angelhütte.

Sie erhob sich vom Bett. »Wirst du danach zurückkommen? Und was soll ich so lange machen? Einfach warten? Penelope am Webstuhl?«

Ja doch, die Odyssee.

Laura war belesen.

»Nein«, sagte ich.

»Ich warte ganz bestimmt nicht!«

»Das verlange ich auch nicht!«

Da war er wieder, der Streit. Und ich wollte keinen Streit.

Ich schleppte meine Tasche zum Auto und lud es voll.

Sie stand in der Küche, als ich mich verabschiedete und sie umarmte. Sie drückte ihr Gesicht an meine Schulter und weinte.

»Ich liebe dich doch«, sagte sie.

»Ich dich doch auch.«

Fast wäre ich geblieben.

Aber dann hätte ich mir nicht mehr ins Gesicht sehen können. Und ihr auch nicht.

Vielleicht hat sie recht, dachte ich, als ich in die Auffahrt zur Interstate 80 Richtung Osten einbog. Vielleicht laufe ich nur vor ihr weg – oder suche das Kind, das wir nicht hatten.

Aber ich glaube, es war viel einfacher.

Ich suchte Hailey Hansen.

Als Lincoln hinter mir lag, begann es zu regnen.

*S*ie heißt Mandy.

Wenn sie sagt, sie sei Hailey, wird ihr gesagt: »Nein, du bist Mandy. Du warst immer Mandy, es gibt keine Hailey und hat nie eine gegeben, immer nur Mandy.«

Zum Beweis dessen kriegt Mandy zu essen, Hailey nicht. Mandy darf sich waschen, Hailey nicht. Mandy kriegt nette Worte, Aufmerksamkeit, Liebe – nichts dergleichen für Hailey.

Auch Magic gibt es nicht mehr für Hailey.

»Nur Mandy hat ein Pferd, das Magic heißt. Wenn du nicht Mandy bist, muss ich das Pferd dem anderen Mädchen geben, das Mandy heißt.«

Das Mädchen sagt nichts. Beißt sich auf die Lippen und unterdrückt die Tränen, aber sie fängt an zu zittern, als sie hört: »Okay, wir gehen jetzt. Sag bye-bye zu Magic.«

Das Mädchen schreit auf. »Nein! Gib mir mein Pferd!«

»Wie heißt du?«

Leise, fast unhörbar, sagt sie »Mandy«.

Sie bekommt das Pferd zurück.

Jetzt liegt Mandy auf ihrem Campingbett, umarmt Magic und hört dem Regen zu, der über ihr auf ein Blechdach tropft. Von der niedrigen Decke hängt eine Glühbirne, die immer brennt, so dass man nicht wissen kann, ob es Tag ist oder Nacht.

Irgendwann wird es egal.

Sie wollte ihren Daddy besuchen, und sie hat ihn nicht zu sehen bekommen, und wenn sie nach ihm fragt, bekommt sie die Antwort, dass ihr Daddy ein böser Mann war, der ihr weh getan hat, und dass es besser für sie ist, wenn sie ihn nie wiedersieht.

Und sie ist verwirrt, weil sie weiß, dass sie ihren Daddy nie gesehen hat, aber sie bekommt es wieder und wieder zu hören, bis sie anfängt zu glauben, dass ihr Daddy ein böser Mann war, der schlimme Dinge mit ihr gemacht hat, so dass sie vor ihm gerettet werden musste, und wenn sie nach ihrer Mutter fragt, sagt die fremde Frau, dass ihre Mutter Debby hieß und sie nicht mehr haben wollte.

Ihre Welt ist sehr klein.

Das Campingbett und der Raum.

Keine Fenster. Keine Sonne. Keine frische Luft.

An der Decke hängt eine Kamera, hinter einem Hühnerdraht, damit sie nicht herankommt. Sie ist nicht dumm und weiß, dass sie die ganze Zeit beobachtet wird, selbst wenn sie mal muss und auf die Toilette in der hinteren Ecke geht.

Zu essen gibt es Haferbrei, Brote mit Erdnussbutter und Honig, Spaghetti mit Tomatensoße, zu trinken Saft aus dem Karton, Milch und Wasser.

Sie schläft viel.

Die Zeit vergeht wie ein Traum, ohne Rhythmus und Gefühl für die Dauer.

Das Mädchen weiß nicht, wie viel Zeit vergangen ist, als sie mit ihr das erste Mal hinaufgehen, hinaus an die frische Luft.

Es ist Nacht.

Kalt, schwarz und silbrig vom Mondlicht, und das Mädchen, der Mann und die Frau gehen zusammen im Kreis, dann bringt der Mann sie zurück und sagt, wenn Mandy ein gutes Mädchen ist, darf sie jede Nacht hinaus, aber nur, wenn sie ein gutes Mädchen ist.

Als er das nächste Mal kommt, klebt er Bilder an die Wand, Bilder von ihrer Mom Debby, wie er sagt, und ihrem Daddy, dem bösen Mann, und dem Haus, in dem sie gewohnt hat, und der Straße, in der sie gespielt hat, aber sie kann sich an nichts davon erinnern, sie kennt ein anderes Haus, eine andere Straße, eine andere Mommy, aber der Mann und die Frau sagen, das sei falsch, und sie hätten ihr diese Bilder mitgebracht, um ihr zu zeigen, dass alles andere falsch sei, und sie zeigen ihr, dass sie auf den Bildern zu sehen ist, und sie sagen: »Siehst du, da bist du«, und sie sieht es und fängt an, es zu glauben, und wenn sie sich an Dinge erinnert, die sie auf den Bildern gesehen hat und den Namen der Straße weiß, dann bekommt sie ein Lob, und sie wird hinaufgebracht, hinaus in die Nacht und an die frische Luft, die jetzt kälter ist.

Das Mädchen fragt, warum sie nicht am Tag raus darf, in die Sonne, doch sie sagen, das sei zu gefährlich, ihr Daddy sei hinter ihr her, deshalb sei sie nur im Dunkeln sicher, aber die Frau bringt ihr Bilderbücher, und manchmal setzt sie sich zu ihr und liest ihr vor, oder sie bringt Buntstifte und Papier mit, damit sie malen und ihren Namen Mandy schreiben kann, sie malt Bilder, und die Frau sagt, sie wird sie an den Kühlschrank hängen, und das Mädchen sagt, das habe ihre Mommy Debby auch immer so gemacht.

Manchmal weint das Mädchen, wenn die Frau weggeht, und sie sagt: »Bitte, bitte bleib, bitte schlaf bei mir«, weil sie so einsam ist und Angst hat, aber die Frau sagt zu ihr, sie müsse ein großes Mädchen sein: »Mandy ist schon groß und darf keine Angst haben.« *Deshalb seien das Licht und die Kamera eingeschaltet, damit sie immer sehen könnten, ob Mandy sicher ist, und wenn nicht, würden sie sofort kommen und sie retten.*

Eines Nachts bringen sie sie hinauf, und da schneit es, ihre Schuhe knirschen im Schnee, sie streckt die Zunge heraus, um die sanften Flocken aufzufangen, und ist sehr traurig, als sie wieder hinuntermuss, und sie sagt, sie will zur Schule. Die Schule fehlt ihr, sagt sie, also kommt die Frau und gibt ihr Unterricht und erklärt ihr, das sei jetzt ihre Privatschule, denn wenn sie in eine richtige Schule ginge, würde ihr Daddy sie finden.

Die Zeit vergeht mal schnell, mal langsam, das Mädchen liebt die Privatschule, das Lesen, das Addieren und Subtrahieren, und ist traurig, wenn die Frau geht. »Warum darf ich nicht bei dir wohnen?«, *fragt sie, und die Frau antwortet:* »Weil es noch zu gefährlich ist.«

Böse Menschen seien hinter ihr her.

Die haben ihre Methoden, ihre Tricks, die bösen Männer. Und sie muss lernen, sich mucksmäuschenstill zu verhalten, und wenn die Männer aus irgendeinem Grund trotzdem kommen, muss sie ihnen sagen, dass sie Mandy heißt.

Aus diesem Traum gibt es kein Erwachen. Sie liegt auf ihrem Campingbett und denkt sich zu den Bildern an der Wand Geschichten aus. Manchmal kommt der Mann und sagt ihr, aus welcher Stadt sie kommt, einer Stadt mit einem komischen Namen, Fort Wayne. Er klebt Fotos von Fort Wayne an die Wand und sagt ihr, dass Mandy aus Indiana kommt. Sie soll es aussprechen, es klingt so wie

»*Indianer*«. *Das kann sie ohne weiteres aussprechen, und bald kann sie es auch schreiben.*

Das eine Mal, als sie hinausdarf, riecht die Luft wie eine schöne Frau.

Danach wird es warm.

Und dann heiß.

Sie schaut ihre Bilderbücher an, bekommt Unterricht bei der Frau, Erklärungen von dem Mann, und nachts darf sie meistens mit nach oben.

Wenn sie wieder unten ist und in ihrem Bett, drückt sie Magic an sich und erzählt ihm ihre Geheimnisse.

Magic ist der Hüter ihrer Geheimnisse, daher flüstert sie so leise, dass es die Frau nicht hört: »Ich heiße Hailey. Das musst du dir ganz fest merken. Falls ich es vergesse.«

Magic wird es sich merken.

Nur Magic weiß, wer sie wirklich ist.

Weil sie es vergisst.

Es verging mehr als ein Jahr. Während wir jedem Hinweis nachjagten, den wir bekamen.

In den ersten Tagen und Wochen nach Haileys Verschwinden hatten wir die naheliegenden Hinweise verfolgt, inzwischen waren es die weniger naheliegenden, und die gab es zuhauf, was wir vor allem den »sozialen Medien« zu verdanken hatten.

Das Nationale Zentrum für vermisste und missbrauchte Kinder (NCMEC) unterhält eine Website mit Fotos und Basisdaten zu jedem gemeldeten Fall, und es vertreibt auch eine App, die Informationen an Abonnenten versendet, wo immer sie wohnen.

Außerdem gibt es private Websites, die vermisste Kinder suchen helfen, und wir hatten eine für Hailey ins Netz gestellt. Schließlich Facebook, Twitter und all die anderen Netzwerke, von denen ich kaum etwas verstand, bis ich mich zum Experten ausbildete.

Die Suchaufrufe werden von Hunderttausenden verfolgt.

Wirklich eine tolle Sache.

Kinder kehrten zu ihren Eltern zurück.

Aber all die falschen Sichtungen, all die Anrufe von Menschen, die es gut meinen, von durchgeknallten Witzbolden und kranken Sadisten, führen dazu, dass man falschen Hinweisen nachjagt, bis man nicht mehr weiß, wo einem der Kopf steht. Wir hatten Hunderte von Hinweisen aus allen Ecken des Landes – ob aus Sacramento, Miami oder Mars.

Die Polizei kann ihnen nicht allen nachgehen.

Ein Einzelner, der nichts weiter zu tun hat, schon. Ich fuhr nicht nach Mars, aber sonst war ich so gut wie überall.

Ich wurde so was wie ein Amerikatourist und fuhr mit dem Blauen die endlosen Highways ab.

Wenn auch nicht auf der Suche nach Amerika, sondern nach einem kleinen Mädchen.

Und ich machte die Reise nicht allein.

Mein Begleiter war Mr. Springsteen. Fährt man kreuz und quer durch Amerika, gibt es keinen besseren Begleiter als einen, der Songs über Männer schreibt, die kreuz und quer durch Amerika fahren, um irgendwas zu suchen, was sie nicht finden.

Ab und zu gönnte ich The Boss eine Pause und schaltete das Radio ein. Hörte mir die Show von Jim Rome an, wo immer ich sie hereinbekam. Oder die Talks auf NPR. An den Samstagnachmittagen erwischte ich meist ein Football-Game und wettete im Stillen auf eine der beiden Mannschaften, um die Spannung zu steigern.

Ich verfiel in die Gewohnheiten und Routinen eines Einzelgängers.

Wegen meines schmalen Budgets nahm ich immer die billigsten Motels, sofern mir die Kakerlaken nicht schon vor der Tür entgegenkamen. Aber WLAN musste sein, denn ich verbrachte die Abende meist mit Internetrecherchen. Ebenso ein Gratisfrühstück, weil mir das eine Ersparnis von täglich zehn Dollar brachte. Manchmal hatte ich Glück und bekam das Frühstück »hot«, mit Spiegeleiern oder Waffeln oder dergleichen. Meist aber war es »continental« – ein paar Minimuffins, dünner Kaffee und Orangensaft, serviert auf dem Tresen der Rezeption.

Einmal in der Woche brauchte ich ein Hotel mit Waschmaschine und Wäschetrockner. Welch köstliche Sache ein sauberes Hemd ist, merkt man erst, wenn man anfängt, auf der Straße zu leben. Es ist die reine Wonne. Und etwa jede Woche gab ich um die fünfzehn Dollar mehr aus, für ein Hotel mit Fitnessraum, damit ich ein paar Gewichte stemmen und die Tretmühle quälen konnte. Sonst, wenn das Wetter danach war, versuchte ich, eine Runde zu joggen. Von Fastfood und Imbiss zu leben und ganze Tage im Auto zuzubringen war gefährlich – ich wollte keine Wampe. Irgendwann kaufte ich ein Paar Zehn-Kilo-Hanteln und benutzte sie im Zimmer.

Ich begriff schnell, dass sich Fastfood zu Fastfood addiert, also kaufte ich mir beim morgendlichen Tanken einen Apfel oder dergleichen und aß beim Fahren. Das sparte enorme Summen und eine Menge Zeit. Abends boten manche Hotels einen »Happy Hour Snack« an – eine Suppe oder ein Chili, was mir ausreichte, oder ich suchte mir einen Diner oder eine Sports Bar.

Ja, das war ich, dieser traurige Typ im Diner, der allein aß und dabei ein Buch las.

Die meisten Abende waren dem Programm des nächsten Tages gewidmet. Ich checkte Facebook und Websites, von denen ich zu anderen Websites mit den Adressen und Telefonnummern potenzieller Hinweisgeber gelangte, und rief diese Leute an, um einen Termin zu erbitten.

Die meisten waren wild darauf, mit mir zu reden.

Die, die nicht wild darauf waren, besuchte ich trotzdem.

Zu Hause oder in der Arbeit, und dann redeten sie gewöhnlich. Vielleicht, weil ich sie über meinen Status als Cop im Unklaren ließ.

Jede Woche rief ich Laura an oder sie mich.

Zu Anfang.

Es waren unangenehme Gespräche. Wir wussten nicht, was wir uns zu sagen hatten. Sie fragte, ob ich »fündig« geworden sei, ich sagte dann nein, und sie war klug genug, nicht zu fragen, wann ich zurückkommen würde.

Weihnachten war schlimm.

Ich hätte nach Hause fahren können, aber ich wusste nicht, was wir miteinander hätten anfangen sollten. Sie wollte ohnehin zu ihren Eltern nach Tucson. Ich war gar nicht weit von Tucson, in Reno, und hätte ohne weiteres hinfahren können, aber sie machte keine Andeutung in dieser Richtung und ich auch nicht.

Jedenfalls kam ein Blizzard und nahm mir die Entscheidung ab.

Weihnachten verbrachte ich in Elko, Nevada, und feierte Bescherung mit mir selbst. Ging los, kaufte mir ein Truthahn-Fertiggericht, schob es auf meinem Zimmer in die Mikrowelle und sah fern. Ich rief Laura bei ihren Eltern an, wir redeten ein paar Minuten, aber ich spürte, dass sie dem Weinen nah war, also sagte ich goodbye.

Am nächsten Tag besserte sich das Wetter, und ich fuhr nach Las Vegas, um dem Hinweis auf ein kleines Mädchen nachzugehen, das mit einem Mann auf dem Sunset Strip gesehen worden war, aber der Mann erwies sich als geschiedener Vater mit seiner Tochter.

So ging es immer weiter.

Eine Sackgasse nach der anderen.

Las Vegas, Los Angeles, Sacramento, Stockton.

Portland, Seattle, Spokane, Sandpoint.

Am schlimmsten waren die Leichenhallen.

Zum Glück gibt es nicht viele unidentifizierte Kinder in Leichenhallen, aber einige doch, und ein paar von ihnen sind afroamerikanische Mädchen. Ich ging da mit einem Gefühl hinein, das mir die Brust zuschnürte, in der Hoffnung, dass ich Hailey nicht finden würde, aber im Wissen, dass ich das tote Kind einer anderen Mutter zu sehen bekam.

Weil jedes tote Kind eine Mutter hat.

Das erste Mal ging es mir so in Boise, Idaho. Ich schaute auf dieses kleine Gesicht und schüttelte den Kopf. Das nächste Mal in der Klinik eines Navajo-Reservats, dort gab es auch ein »Mischlingskind«, aber es war nicht Hailey. Immerhin kannte ich das Gesicht schon aus dem Internet, daher konnte ich wenigstens bei der Identifizierung helfen, und ein weiterer Vermisstenfall war »gelöst«.

Beim dritten Mal, in Little Rock, blieb mir fast das Herz stehen. Als das Laken weggezogen wurde, sah ich grüne Augen.

Aber es war nicht Hailey.

Dallas, Houston, Austin, San Antonio.

New Orleans, Shreveport, Memphis, Nagadoches.

An manchen Hotelabenden kam ich mir vor wie der gruseligste Typ der Welt, wenn ich in Kinderporno-Portalen suchte, mit Informationen, die mir Tomacelli lieferte, und ausgestattet mit einer Internet-ID, die mich vor der Verhaftung schützte.

Abende, an denen mir kotzübel war.

Und wieder der Zwiespalt: Einerseits wollte ich dort Hailey entdecken, um sie aufzuspüren, andererseits war ich erleichtert, wenn ich keine Bilder von ihr fand.

Wer immer Hailey entführt hatte, hatte es offenbar nicht deshalb getan.

Alle zwei Wochen rief ich bei Cheryl Hansen an.

Es war immer das gleiche, deprimierende Gespräch – ich hatte nichts zu berichten. Sie nahm es stoisch hin, aber ich spürte an ihrer Stimme, wie jedes Mal ein Stück von ihr starb.

Irgendwo in der Gegend von Lexington, Kentucky, hatte ich Geburtstag, und es war mir nicht einmal bewusst, bis Laura anrief. Wir hatten uns seit Wochen nicht gesprochen. Es war nett von ihr, daran zu denken.

Ihren hatte ich vergessen.

Ich war jetzt fünfunddreißig, allein, meinem Ziel keinen Schritt näher, und irgendwie war es Frühling geworden.

In einem Motel in Davenport, Iowa, dachte ich das erste Mal ernstlich ans Aufgeben. Unser Hochzeitstag stand bevor, und wenn ich mich beeilte, konnte ich es schaffen. Vorher sogar ein paar Blumen auftreiben.

Und was dann?

Mit einem lächerlichen Blumenstrauß vor der Haustür stehen? Auf Unzurechnungsfähigkeit plädieren und um Vergebung bitten? Zusehen, ob ich meine Ehe und mein Leben wieder zusammenflicken konnte? War es Zeit, mich mit der Gewissheit abzufinden, dass Hailey Hansen tot war und ich sie niemals finden würde?

Mit diesen trüben Gedanken ging ich ins Bett, schon halb entschlossen, am Morgen einzupacken und auf der Interstate 80 gen Westen zu fahren – heimwärts.

Da klingelte das Telefon.

»Sergeant Decker?«
»Am Apparat.«
Eine Frauenstimme. »Ich glaube, ich habe das Mädchen gesehen, nach dem Sie suchen.«

Evelyn Jenkins rief aus Jamestown, New York, an. Meinen Namen hatte sie auf einer Website gefunden. Sie war dort zum ersten Mal gewesen, hatte den Bericht über Hailey gelesen, und da fiel ihr ein, dass sie vor fast einem Jahr, ein paar Tage nach der Entführung, etwas gesehen hatte.

»Das war an einer Tankstelle, am Highway, und ich sah ein kleines Mädchen, das aus der Toilette kam.«

»Wie sah sie aus?«

»Wie dieses Mädchen … Hailey Hansen.«

»Haben Sie gesehen, ob sie in ein Auto stieg?«

»Nein, nur das Mädchen«, sagte sie. »Ich meine, ich habe mir damals nichts dabei gedacht.«

Es war nachts gewesen, und Evelyn Jenkins hatte auf dem Heimweg von einer Bar getankt. Nicht die denkbar beste Zeugin, und ich hakte sie schon ab, als ich nachfragte: »Haben Sie sonst etwas bemerkt?«

Das kleine Mädchen hatte ein Spielzeugpferd.

Farbe: schwarz und weiß.

Ein – wie nennt man das gleich?

Ein Pinto.

Ich stand früh auf, holte mir Kaffee und einen Doughnut an der Tankstelle und bog in die Zufahrt zur Interstate 80 ein.

Manchmal stellt dich das Leben vor klare Entscheidungen.

Rechts oder links? Ost oder West?

Sollte ich die östliche Auffahrt nehmen, mit einer Frau reden, die vor einem Jahr, angetrunken und in der Dunkelheit, ein kleines Mädchen mit Spielzeugpferd gesehen hatte? Wie viele kleine Mädchen haben Spielzeugpferde?, fragte ich mich. Tausende? Millionen?

Oder die westliche Auffahrt – zurück nach Hause, zurück zu Laura, zurück ins Leben?

Ich entschied mich für den Osten.

Jamestown ist eine Kleinstadt im westlichen Zipfel des Staats New York, gelegen am südöstlichen Rand des Lake Chautauqua und an der Interstate 86. Richtung Westen mündet die 86 in die 90, die von Buffalo nach Cleveland führt. Nach Osten hin windet sie sich durch den ganzen Staat New York, in Richtung New York City.

Will man von Lincoln, Nebraska, zur Ostküste, liegt es durchaus nahe, diese Route zu wählen.

Ich kam auf der 86 herein.

Jamestown war in besseren Zeiten die »Möbelhauptstadt der Welt« gewesen, doch diese Zeiten lagen lange zurück. Die Stadt sah traurig aus – tote Fabriken aus rotem Backstein, mit zerbrochenen oder vernagelten Fenstern, heruntergekommene Landhäuser mit windschiefen Veranden, die aussahen, als würden sie gerade in Wohnungen aufgeteilt.

Wieder eine dieser stolzen, fleißigen Städte des »Rostgürtels«, die ihre Jobs ans Ausland verloren hatten und mit hoher Arbeitslosigkeit und niedrigen Erwartungen zurückgeblieben war.

Obwohl, Jamestown gab sich Mühe.

Die städtische »Wiederbelebung« war in vollem Gange, besonders am Fluss, der sich durch das Zentrum zieht. Ein Schild verriet mir, dass Lucille Ball hier geboren wurde, und Roger Goodell, Vorsitzender der National Football League, doch ich fand es spannender, dass auch der Naturforscher Roger Tory Peterson ein Kind von Jamestown war. Die Vogelbücher von Peterson begleiteten mich durch meine Kindheit, und an langen Winterabenden studierte ich sie zusammen mit meinem Dad. Jamestown besaß ein Peterson-Institut für Naturgeschichte, das ich gern besucht hätte, doch ich konnte es nicht abwarten, mit Evelyn Jenkins zu reden.

Wir trafen uns in einer Sports Bar, derselben, die sie besucht hatte, bevor sie das Mädchen mit dem Spielzeugpferd sah. Hier gab es Bier »mit Schuss«, aber Evelyn saß vor einer Coke, als ich hereinkam, also bestellte ich das Gleiche.

Die Serviererin empfahl mir die Spezialität des Hauses: Wurstsandwich mit Peperoni und Zwiebel, und ich nahm auch das.

Evelyn besaß einen Frisiersalon in derselben Straße.

Das Geschäft lief einigermaßen.

»Selbst in der Rezession«, sagte sie, »brauchen die Leute ihren Haarschnitt. Sie kommen bloß nicht mehr so oft.«

Ihr eigenes Haar war stahlgrau, kurz geschnitten, sie war schlank, trainiert und gut gekleidet – eine hübsche Seidenbluse über blauer Hose. Vielleicht hatte sie sich extra hübsch gemacht, aber mir kam sie vor wie eine Frau, die gern gut aussah.

Sie hatte gerade ihren dritten Ehemann vor die Tür gesetzt, weil er nicht arbeiten ging und sich hängenließ, jetzt verbrachte sie ihre Abende in der Bar und sah Baseballspiele, weil sie keine Lust hatte, sie allein zu sehen. Im Winter ging sie zu den Heimspielen der Jamestown Ironmen, einer Eishockeymannschaft der unteren Liga.

Die Erfahrung hat mich gelehrt, bei Befragungen nicht sofort zum Punkt zu kommen.

Hast du Zeit, nimm sie dir.

Lass die Leute reden, lass sie von sich erzählen.

Oft bekommst du was zu hören, was du brauchen kannst.

Während ich mein Wurstsandwich mit Peperoni und Zwiebel verspeiste, bekam ich zu hören, dass Evelyn in der Bar beliebt war und jeder sie kannte. Das war wichtig, weil es mir bestätigte, dass sie keine einsame, alternde Frau war, die mit erfundenen Geschichten auf sich aufmerksam machen wollte.

Solche bedauernswerten Menschen gibt es.

Ich habe Dutzende davon erlebt.

Sie hatte zwei erwachsene Kinder – Danny war nach Niagara Falls gezogen, wo er im Casino arbeitete, Debbie hatte geheiratet, das Baby war unterwegs, und sie half ihrer Mutter im Salon.

»Bis sie sich nicht mehr über den Frisierstuhl beugen kann«, sagte Evelyn.

»Wird es ein Junge oder ein Mädchen?«, fragte ich.

»Ein Mädchen.« Sie strahlte. Dann wurde ihr Gesicht traurig. »Das ist ein Grund, weshalb mir diese Kinder so leidtun ... ihre Eltern ... Deshalb dachte ich sofort an Hailey, als ich das Bild sah. Zumindest glaube ich, dass sie es war.«

»Beschreiben Sie mir doch, was Sie gesehen haben«, sagte ich.

Weil man nie mit einer direkten Frage anfängt. Wie sah das Mädchen aus? Wie groß war sie? Damit überträgst du deine eigenen Vorstellungen auf die Zeugin, und das soll nicht passieren. Stellst du eine offene Frage, erzählen sie, was ihnen das Wichtigste ist, und genau das willst du hören.

Anders gesagt: Was du selbst weißt, weißt du schon.

»Sie umklammerte dieses Pferd«, sagte sie, »als ginge es um ihr Leben, und sie sah zu mir herüber … ich weiß nicht … als wollte sie mir etwas sagen und konnte nicht.«

Ich hatte meine Zweifel an dieser Darstellung. Diesen Eindruck konnte sie sich ausgemalt haben, nachdem sie das Foto der entführten Hailey gesehen hatte. Aber ich hielt mich zurück.

Evelyn erzählte weiter.

Sie hatte die Bar kurz nach dem Ende des Spiels verlassen, ziemlich spät, weil es in die Verlängerung gegangen war. Heimspiel Cleveland gegen Detroit. Und siehe da, Cleveland hatte gewonnen.

Ich erfuhr, dass die Leute in dieser Gegend keine Fans der Yankees oder der Mets sind, weil sie New York City hassen – und alles, was damit zu tun hat. Der nächste Club der Major League ist Cleveland, und Evelyn war ein geborener Fan von Cleveland – wie schon ihre verstorbene Mutter.

Den Tag des Spiels und das genaue Spielende konnte ich nachschlagen. Sie hatte mir einen Teil der Arbeit schon abgenommen. »Ich habe im Terminkalender nachgesehen, bevor Sie kamen. Es war der 13. August.«

Drei Tage nach Haileys Entführung.

Evelyn verließ die Bar nach dem Spiel, sah, dass die Tankanzeige auf Reserve stand, und beschloss, sofort zu tanken statt erst am nächsten Morgen. Sie fuhr hinaus zur Interstate, weil das Benzin dort ein paar Cent billiger war.

Das leuchtete mir ein.

Sie füllte gerade den Tank, als die Toilettentür an der Seite der Tankstelle aufging und ein kleines Mädchen herauskam.

»Aber Sie haben nicht gesehen, in welches Auto sie einstieg?«

»Nein«, sagte sie. »Ich meine, damals habe ich mir nichts dabei gedacht, verstehen Sie?«

»Braucht man einen Schlüssel für die Toilette?«

»Ich glaube schon«, sagte sie. »Aber ich weiß es nicht. Ich habe sie nie benutzt.«

Das war wichtig. Wenn man einen Schlüssel brauchte, musste man in die Tankstelle hinein, und dort konnte es einen weiteren Zeugen geben.

»Welche Tankstelle war das?«

»Ich bringe Sie hin.«

Ich griff nach dem Bon, aber Evelyn rief die Serviererin. »Sherri, das geht auf meine Rechnung.«

»Kommt nicht in Frage«, sagte ich.

»Sie brauchen Ihr Geld für die Suche nach diesem kleinen Mädchen«, sagte sie.

»Kann ich wenigstens ein Trinkgeld dalassen?«

»Okay.«

Ich gab fünfzig Prozent. Vielleicht hatte ich noch ein paar Tage in Jamestown zu tun, und ich wollte einen guten Eindruck machen.

Irgendjemand konnte etwas gesehen haben.

Außerdem: Serviererinnen haben es nicht leicht.

Evelyn stieg zu mir ins Auto, und ich fuhr los.
Eine Tankstelle wie tausend andere.

Sie gehörte schon zu Falconer, New York, einer noch kleineren Kleinstadt, zu der die Interstate führte.

In den Monaten, die hinter mir lagen, hatte ich an Hunderten Tankstellen gehalten. Diese hatte zwei Zapfsäulen, eine vor dem Gebäude, die andere seitlich.

Evelyn zeigte mir, wo sie gestanden hatte.

»Sah das Mädchen aus, als hätte es irgendwelche Probleme?«

»Bestimmt nicht«, sagte sie. »Dann hätte ich was unternommen.«

Das nahm ich ihr ab.

»Aber ...« Evelyn stockte.

»Was?«

»Ich weiß nicht«, sagte sie. »Vielleicht war es Einbildung, aber sie sah aus, als wollte sie etwas sagen. Ich meine, sie sah direkt zu mir herüber. Verstehen Sie?«

Ich verstand.

Jetzt kam meine härteste Frage. »Evelyn, das ist ein Jahr her. Weshalb können Sie sich so gut daran erinnern?«

Sie verstand mein Problem und nickte, dann sagte sie: »Ich fing damit an, diese Websites zu besuchen ...«

»Für vermisste Kinder.«

»Ja. Ich weiß nicht, warum. Aber wenn man damit anfängt ...«

»Sie können einen fesseln.«

»... ich sah Haileys Foto, und irgendwas fiel mir auf an diesem Gesicht«, sagte Evelyn. »Genau kann ich's nicht sagen, aber es war der Blick, mit dem sie einen ansieht.«

Evelyn fing an zu weinen, aber ich hatte nicht den Eindruck, dass sie gern und viel weinte. »Ich hätte ... was *unternehmen* sollen.«

»Sie konnten es doch überhaupt nicht wissen.«

»Aber wenn ich's gewusst hätte ...«

»So dürfen Sie nicht denken, Evelyn.«

Wir betraten den Verkaufsraum.

Es war ein kleiner Laden, keiner dieser Minimärkte, aber es gab einen Kühlschrank mit Milch, Mineralwasser und Bier, ein Regal mit Süßigkeiten und Keksen und dergleichen. Einen Kaffeeautomaten natürlich, mit Styroporbechern in drei Größen.

Zwei Toilettenschlüssel hingen an einem Haken neben dem Ausgang.

Ein weiterer Glücksfall – der Eigentümer hatte Dienst, weil sich der »Gehilfe« krankgemeldet hatte.

»Krank im Bett mit Date«, kicherte er.

Sujay Guptha war vor dreiundzwanzig Jahren aus Mumbai gekommen. Seine verzweigte Familie betrieb ein Dutzend Tankstellen in New York und Pennsylvania, und ihn hatte es nach Jamestown gezogen – wegen des Sees.

Ich erklärte ihm, wer ich war und was ich wollte.

»Wie kann ich helfen?«, fragte er.

»Ich brauche Ihre Kreditkartenbelege«, sagte ich. Evelyn wusste nicht, ob die Leute getankt hatten, aber die Möglichkeit wollte ich nicht ausschließen. Hinter der

Nummer einer Kreditkarte verbirgt sich ein Name.« »Vom 13. August des vergangenen Jahres, zwischen 22 und 23 Uhr.«

Guptha schien zu zögern.

Die Leute werden stutzig, wenn die Polizei Belege sehen will. Sie denken, sie haben die Steuerfahndung am Hals. Ich wusste, dass Kleinunternehmer die Belege drei Jahre lang aufbewahren müssen, wollte aber kein schweres Geschütz auffahren, also zur Polizei fahren, mir eine richterliche Vollmacht besorgen und Guptha damit konfrontieren.

Es war nicht nötig, weil Guptha den Kopf schüttelte und die Stirn krauste, als verstände er sich selbst nicht mehr. »Was soll ich lange überlegen? Die Belege sind im Lagerraum.«

Man trifft als Ermittler eine Menge Halunken, aber ich habe die Erfahrung gemacht, dass die meisten Leute anständig sind.

»Ich passe auf den Laden auf«, sagte Evelyn.

Eine Kleinstadt, wie gesagt.

Die Zettel steckten in datierten Schuhkartons. Guptha suchte den Karton heraus, setzte sich an den Schreibtisch und arbeitete sich bis zum 13. August vor. Vier Kunden hatten zwischen 22 und 23 Uhr getankt, darunter Evelyn: 22:43.

Zwei der Belege waren von später, es blieb also nur eine Möglichkeit.

American Express, $ 37.15, 22:34.

Das war denkbar. Das Auto hatte schon getankt, als Hailey – wenn sie es war – den Wunsch geäußert hatte, auf die Toilette zu gehen.

Möglich, aber seltsam. Ein Entführer, der seine Beute

aussteigen und auf die Toilette gehen ließ? Was, wenn das Kind schrie oder weglief?

Trotzdem. Es war alles, was ich hatte, also schrieb ich mir die Kartennummer auf, um sie zu recherchieren.

»Ist das für Sie nützlich?«, fragte Guptha.

»Es könnte sehr nützlich werden«, sagte ich.

»Brauchen Sie noch was?«

»Können Sie nachschauen, wer an dem Abend Dienst hatte?«, fragte ich.

»Muss ich nicht«, sagte Guptha. »Den ganzen Sommer hatte Jackie Nachtschicht.«

»Arbeitet er noch bei Ihnen?«

»Ich musste ihn feuern«, sagte Guptha und schüttelte traurig den Kopf. »Diebstahl.«

Crystal Meth, sagte er.

Ich fuhr Evelyn zurück nach Jamestown.

»Kennen Sie diesen Jackie Cerrone?«, fragte ich sie.

»Ein bisschen«, sagte sie. »Die übliche Geschichte – eine Single-Mom, zu nachgiebig. Jackie war immer ein Rumtreiber. Ich hab mich gewundert, dass Jay ihn überhaupt eingestellt hat, um die Wahrheit zu sagen. Und dass Jackie so lange durchgehalten hat.«

»Wo ist er jetzt?«

Sie zuckte die Schulter. »Wo mögen diese Kids jetzt sein? In alle Winde verstreut.«

Ich hielt vor ihrem Haus, ging um das Auto herum und half ihr heraus. Ein 74er Stingray hat viele Vorzüge, aber das bequeme Aussteigen gehört nicht dazu.

»Alles Gute für das Enkelkind«, sagte ich.

»Alles Gute für Ihre Suche«, antwortete sie. »Halten Sie mich auf dem Laufenden.«

»Versprochen. Und vielen Dank, Evelyn.«

Sie umarmte mich, gab mir einen Kuss auf die Wange und ging ins Haus.

Ich fand ein Zimmer in einem Motel, das The Dash Inn hieß.

Der Preis stimmte, und der Name gefiel mir.

Sofort setzte ich mich ans Notebook und gab die Nummer der Kreditkarte ein. Auch dafür gibt es Programme, wie man sich denken kann. Cops und Ganoven benutzen sie. Wo ich die herhatte? Wahrscheinlich von der Polizei.

Clayton Welles wohnte in New York City.

142 West 106th Street, um genau zu sein.

Das zumindest war die Rechnungsadresse.

Ich ging auf eine andere Website und startete die Datenabfrage für den Staat New York.

Wegen der Fahrzeugdaten.

Welles fuhr einen silberfarbenen Mercedes SLS GT, Baujahr 2012.

Evelyn wusste nicht, in welches Auto Hailey eingestiegen war.

Aber Jackie Cerrone wusste es vielleicht.

Ich sah auf die Uhr. Es war spät, schon nach Mitternacht, aber in Lincoln war es zwei Stunden früher. Ich schwankte, dann gab ich mir einen Ruck und rief Laura an. Sie nahm beim vierten Klingeln ab, als hätte sie erst meine Rufnummer gecheckt und dann eine Weile überlegt.

»Hey«, sagte sie.

»Hey.«

Habe ich schon mein Talent im Small Talk erwähnt?

»Wo steckst du denn?«, fragte sie.

»Jamestown, New York.«

»Oh.«

Ich verstand sie gut. Egal, wo ich war, ich war nicht bei *ihr*. »Ich dachte, ich rufe mal an, weil ... du weißt schon.«

»Wir haben heute Hochzeitstag.«

»Hast du die Blumen bekommen?«

»Danke. Ein schöner Strauß.«

Es folgte ein quälendes Schweigen, aber ein Schweigen in solchen Situationen ist immer quälend. Dann sagte sie: »Frank ...«

Immer, wenn sie »Frank« statt »Deck« sagte, wurde es ernst.

Auch diesmal.

»Ich habe mich entschlossen, die Scheidung einzureichen.«

»Oh.«

Gleich am Morgen fuhr ich zur Polizeistation von Jamestown.

(Ja, ich weiß. Ich lasse eine Bombe platzen und wechsele das Thema. Aber die Sache mit der Scheidung kann warten.)

Normalerweise ist es keine schlechte Idee, sich bei den örtlichen Cops vorzustellen, bevor sie merken, dass man auf ihrem Terrain wildert. Ich habe diese Art von Respekt immer zu schätzen gewusst.

Fünf Minuten nachdem ich mich auf der Wache gemeldet hatte, saß ich also im Büro von Detective Bill O'Donnell.

Ein Riesenkerl.

Ich bin einen Meter neunundachtzig, und er überragte mich bei weitem.

Gesicht wie ein Habicht, vorzeitig ergraut, durchdringende blaue Augen. Sein Blick schien dazu gemacht, Delinquenten einzuschüchtern, aber mich behandelte er als Kollegen. Er dankte mir für den Besuch, dann fragte er: »Arbeiten Sie noch beim Lincoln Police Department?«

»Nein.«

Das musste er jetzt verdauen. Cops lassen ihre Pension nicht einfach sausen. Wenn sie kündigen, wechseln sie in eine andere Dienststelle, oder sie haben ein saftiges Angebot aus der privaten »Sicherheits«-Branche.

Mein jetziger Job hatte nichts mit Sicherheit zu tun, in keiner Hinsicht.

»Sie haben eine Lizenz als Privatdetektiv?«, fragte O'Donnell weiter.

»Ich würde mich eher als ›freien Ermittler‹ bezeichnen.«

»Wie kann ich Ihnen weiterhelfen?«

Ich erklärte ihm, wonach ich suchte, und zeigte ihm Fotos von Hailey. Er besah sie aufmerksam, dann schüttelte er den Kopf. »Was führt Sie zu der Annahme, dass sie hier sein könnte?«

Ich erzählte ihm von Evelyn Jenkins.

»Evelyn kenne ich«, sagte O'Donnell. »Die Frau ist in Ordnung.«

Das ist das Gute daran, wenn man mit den örtlichen Cops redet. Sie kennen ihre Pappenheimer, und er kannte Jackie Cerrone.

Jackie war seit seinem elften Lebensjahr ein Sorgenkind der Polizei. Ladendiebstahl, Vandalismus, dann entdeckte er Marihuana. Stand während der Mittelschule und solange er es in der Highschool aushielt, also zweieinhalb Jahre, immer mit einem Bein im Jugendknast. Eine Weile sah es aus, als hätte er sich gefangen, dann wurde er beim Autoknacken erwischt, vollgepumpt mit Crystal Meth. Das Gericht schickte ihn auf Entzug, er kam wieder heraus, und eine Weile lief es gut. Sogar einen Job fand er.

Dann erwischte ihn Jay Guptha mit den Fingern in der Ladenkasse.

»Wo steckt der Knabe jetzt?«

O'Donnell zuckte die Schultern.

Jackie hatte sich aus dem Staub gemacht, und Cops laufen ihren Problemfällen nicht nach. Wenn das Problem aus der Stadt verschwindet, umso besser. In Lincoln hatte ich es auch so gehalten. O'Donnell wusste nur, dass Guptha nicht auf einem Verfahren bestand, dass Jackie wieder auf Crystal Meth war und sich aus der Stadt verdrückt hatte.

»Seine Mutter wohnt hier noch, wenn Sie die fragen wollen«, sagte er.

»Könnten Sie mir die Adresse heraussuchen?«

Das musste er nicht. Seine Leute waren bei ihr ein und aus gegangen, und er konnte sie im Schlaf.

Aber ich schrieb sie mir auf, und O'Donnell ging kurz hinaus und kam mit Jackies aktuellen Fahndungsfotos zurück.

Ich schwöre, die Typen sehen alle gleich aus.

Langes rötliches Haar, Pferdeschwanz, Klobrillenbart. Er hatte schon den eingefallenen Mund der Speed-Junkies – Zahnausfall – und war doch erst dreiundzwanzig.

»Haben Sie noch andere Hinweise?«, fragte O'Donnell.

Ich nannte ihm den Namen Clayton Welles.

Der Name sagte ihm nichts, auch nicht der teure Mercedes. Welles musste auf der Durchreise gewesen sein.

»Wenn ich was höre, rufe ich Sie an«, sagte O'Donnell. »Und wenn Sie was finden, gehe ich davon aus, dass Sie mich anrufen, bevor Sie auf eigene Faust handeln.«

Eine höfliche Erinnerung, dass ich hier nichts zu sagen hatte und er mir keinen Freibrief ausstellte.

»Selbstverständlich«, sagte ich.

Örtliche Unterstützung konnte ich gut gebrauchen.

Wenn ich die Zeit dafür hatte.

Wenn nicht …

Ich dankte ihm und machte mich auf zu Sylvia Cerrone.

Sylvia Cerrone wohnte in einem der heruntergekommenen Landhäuser, die ich bei der Einfahrt in die Stadt gesehen hatte.

Den struppigen Rasen im Vorgarten zierte ein umgekipptes Dreirad. Ich lief über den rissigen Betonweg auf die Veranda und klingelte. Sie erkannte in mir den Cop, ehe sie auch nur die Tür aufmachte, und ein Blick in ihre versteinerten braunen Augen verriet mir, dass sie nichts anderes erwartet hatte.

»Was hat er wieder angestellt?«, fragte sie müde.

»Wissen Sie, wo er ist?« Ich ließ sie in dem Glauben, mit einem Cop zu reden.

»Nein. Ist mir auch egal.«

Klar. Aber sie wusste genau, wo er war, und es war ihr nicht egal.

Sie war alles Mögliche, nur keine gute Lügnerin. Sie deckte ihren Sohn, doch selbst die lange Übung hatte keinen Meister aus ihr gemacht.

»Er hat kein Problem«, sagte ich.

Sie schnaufte. Jackie hatte immer ein Problem – ob die Polizei davon wusste, stand auf einem anderen Blatt. »Was wollen Sie dann von ihm?«

»Er könnte etwas gesehen haben.«

»Jackie ist keine Petze.«

Ich verstand. Sie wollte nicht, dass er wegen irgendeines Drogendeals bei der Polizei aussagte.

Kriegt er Ärger mit den Cops, geht er in den Knast. Kriegt er Ärger mit den Dealern, endet er im Straßengraben. Es passiert immer wieder. Die Cops lassen ihn hochgehen wegen irgendeiner kleinen Menge und bieten ihm einen Deal an – er soll eine Wanze tragen, wenn er Nachschub holt. Die Cops haben nichts zu verlieren, der kleine Junkie alles.

Also erzählte ich ihr von Hailey Hansen und Evelyns Erlebnis an der Tankstelle.

»Evelyn Jenkins? Die steckt überall ihre Nase rein.«

»Wir reden hier über ein kleines Mädchen.«

Ihr Blick wurde etwas milder, aber nur für einen Moment. Ich konnte fast ihre Gedanken lesen – auch sie war mal ein kleines Mädchen gewesen, und was war jetzt? Die Welt ist hart und böse.

»Ihr Sohn nimmt Crystal Meth«, sagte ich. »Wir wissen beide, dass er irgendwann im Gefängnis landet, und wenn das passiert, braucht er bessere Freunde, als er jetzt hat.«

»Wie meinen Sie das?«

»Vielleicht bekommt er Entzug statt Haft«, sagte ich. »Wenn in seiner Akte steht, dass er die Polizei bei der Aufklärung eines Kapitalverbrechens unterstützt hat. Anderenfalls könnte es übel ausgehen für ihn.«

Ihre müden Augen musterten mich verächtlich. »Ihr Bullen seid doch alle gleich.«

»So ziemlich.«

Ich glaube, sie fühlte sich verpflichtet, mich verächtlich anzustarren, bevor sie mit ihrer Auskunft herausrückte. »Er ist in Kingston.«

»Kingston …«

»New York.« Sie nannte mir eine Adresse. »Aber wer weiß, ob er da noch ist.«

Hey, wer weiß schon, wer wo ist und wie lange noch?

Ach ja, das Telefongespräch mit Laura.

Ich würde die Scheidung nicht anfechten, sagte ich ihr.

Ihr Scheidungsgrund: Verlassen der ehelichen Gemeinschaft.

Was ziemlich genau der Wahrheit entsprach.

Kingston, New York, liegt am Hudson River.
Ich verließ Jamestown ostwärts auf der 86, fuhr weiter Richtung Norden auf der Route 209, die mich durch allerlei hübsche Städtchen mit interessanten Namen führte – Ellenville, Napanoch, Kerhonkson, Accord, Stone Ridge.

Gegen Mittag war ich in Kingston.

Ich wusste nicht, was ich erwartet hatte. Ein idyllisches Landstädtchen am Fuß der Catskill Mountains, alte Kirchen mit weißen Türmen und Feldsteinmauern, einen Marktplatz mit dichtbelaubten Eichen und Konzertbühne, altenglische Häuser mit spitzen Giebeln?

Kingston war all das.

Was ich nicht erwartet hatte, waren die Gangs.

Ich sah sie, als ich durch »Midtown« fuhr, vorbei an zugenagelten Häusern und toten Fabriken mit verblassten Namen an den Backsteinwänden, die gleiche Art von Zerfall wie in Jamestown, nur schlimmer. Die Gangbangers, meist schwarze Kids, hingen auf den Eingangstreppen verrotteter Häuser herum. In Lincoln haben wir nicht viele Gangs, aber ich kannte solche Bilder aus Omaha, dem Sodom und Gomorrha der Great Plains.

Wahrscheinlich dachten sie: Wieder so ein Weißer, der hinter Dope her ist.

Sie lagen gar nicht so falsch.

Aber mein Anlaufpunkt war die Polizeistation.

Detective Mark Hurley erkannte sofort den Kollegen in mir. Als ich ihm die Adresse von Jackie Cerrone zeigte, bestätigte er mir, dass sie im Bandenterritorium lag.

Ich staunte, dass es hier überhaupt Banden gab.

»Aber ja«, sagte Hurley und strich durch sein dichtes rotes Haar. »Hier sind alle Gangs vertreten: Bloods, Crips und SDM. SDM steht für ›Sex, Drugs, Murder‹.«

»Hier? Auf dem platten Land?«

»Von der Bronx führt die Autobahn direkt hierher«, erklärte mir Hurley. »Seit die Fabriken dichtgemacht haben, gibt es hier einen Markt für Drogen. Und die Gangs sind eingeritten, um das Vakuum zu füllen.«

Hurley war der geborene irische Cop: Vater Cop, Großvater Cop, alle Onkel, alle Brüder Cops – nur der eine nicht, der war bei der Feuerwehr.

Und alle wohnten sie in Kingston.

»Die Stadt ist nicht mehr, was sie mal war«, sagte Hurley. »Aber was soll man machen. Wir ziehen hier unsere Kinder groß, und ich hoffe, die machen es genauso. Was wollen Sie von diesem Cerrone?«

Ich klärte ihn auf und fragte: »Kennen Sie ihn?«

Er schüttelte den Kopf. »Die Junkies aus dem Westen des Staats New York gehen nach Buffalo oder in die City, oder sie kommen hierher. Sind immer auf dem Sprung. Aber wenn der Cerrone in der Front Street wohnt, hat er irgendwie mit SDM zu tun.«

»Er ist Weißer.«

»Dann läuft es wahrscheinlich nicht so gut für ihn«, sagte Hurley. Er holte einen Ordner und zeigte mir das Foto eines extrem dicken Schwarzen. »Das ist ›Bunky‹, der SDM-Boss. Kommt aus der Bronx. Wir wollen ihn für eine ganze Latte Straftaten, einschließlich Mord, aber bis jetzt haben wir nichts in der Hand. Wenn Sie wollen, fahre ich mit Ihnen.«

»Nein danke. Sie haben sicher schon genug am Hals.«

»Stimmt. Mehr als früher«, gab er zu.

»Sind Sie bewaffnet?«, fragte er.

»Für New York habe ich keine Lizenz.«

Was keine Antwort auf seine Frage war.

»Seien Sie auf der Hut«, sagte er.

Ich fand die Front Street 357 mit Hilfe des Navis und meines untrüglichen Ortssinns, den ich in Jahren hoffnungslosen Umherirrens entwickelt habe. Das alte Holzhaus mit vier Etagen, unterteilt in Wohnungen, brauchte dringend Pflege, Reparatur, Farbe. Na ja. Was es wirklich brauchte, war ein Bulldozer.

Die SDM-Typen hatten einen Aufpasser vor der Tür, einen Halbwüchsigen in Baggy Shorts und einem Knicks-Jersey. Als ich hielt, rannte er sofort hinein. Und auf der Veranda wurde ich dann nicht von dem Knirps begrüßt, sondern einem ausgewachsenen Exemplar, um das mindeste zu sagen. Bunky, Anfang zwanzig, war gut und gern einen Meter sechsundneunzig groß und drei Zentner schwer. Er trug ein kurzärmliges Hemd in Übergröße, das die Pistole an seinem Gürtel nur notdürftig verdeckte, und ebenfalls Baggy Shorts, offenbar die Uniform der SDM-Gangster. Auch nagelneue Nikes, die er brauchte, um immer der Schnellste zu sein.

Er war überglücklich, mich zu sehen.

»Was willste?«

»Ich suche Jackie Cerrone.«

»Und wer biste?«

»Ich bin der Typ, der Jackie Cerrone sucht.«

»Du bist 'n Bulle.« Das war eine Feststellung, keine Frage mehr.

»Nein.« Auch eine Feststellung.

Er musterte mich misstrauisch und nahm sich Zeit. Damit bewies er seinen guten Riecher.

»Du bist Bunky?«, fragte ich. »Wie kann man nur so blöde heißen?«

»Sehr witzig, Motherfucker. Ist das 'n Cowboy-Joke?«

»O ja, meine Mutter fand mich witzig«, sagte ich und verkniff mir: Übrigens, deine auch. Es wäre zu billig gewesen. Also fragte ich: »Ist Jackie da oder nicht?«

Inzwischen waren drei weitere Kerle rausgekommen, um zu sehen, was los war. Einer schwarz, einer hispanisch, einer weiß. SDM konnte keine starke Gang sein, wenn sie sich bei allen Ethnien bediente.

Stark oder nicht, sie waren in der Überzahl, und ich wusste nicht, wie viele von denen im Haus rumhingen. Es wäre klüger gewesen, Hurleys Angebot anzunehmen, dachte ich mir, aber ein zu hoher IQ war nie mein Problem.

»Dich schickt wohl Jackies Mama?«, fragte Bunky. »Die soll mir die Scheiß-Knete schicken, verdammt!«

Jetzt begriff ich. Jackie war hier kein Mieter oder Gast, eher ein Gefangener. Wahrscheinlich hatte er Drogengeld verschusselt, und jetzt hielten sie ihn fest, bis es wieder reinkam.

Und Jackie hatte seine Mutter angezapft.

»Haste die Knete oder nicht?«, bohrte Bunky nach. »Wenn nich, kannste zurück nach Dummsdorf fahren, schönen Gruß an Mama, ich mache ihren Bubi fertig, bis er sooo klein ist –«

Ich schlug zu.

Okay, das war schnell. Aber ich hatte keine Zeit für Sprüche, Jackie Cerrone erst recht nicht. Und meine Erfahrung sagt mir: Wenn du sowieso zuschlägst, dann lieber zu früh als zu spät. Also schlug ich zu – und zwar kräftig – und spürte das Knirschen seines Nasenbeins unter meiner Faust.

Es gibt gute Gründe, einem Kerl das Nasenbein zu zertrümmern – ich meine, statt irgendwo anders hinzuschlagen. Zum einen ist sein Nasenbein, egal wie stark er ist, nur ein zarter Knochen ohne Muskeln drum herum. Zweitens kommen ihm die Tränen, und er sieht nicht mehr so gut, drittens: Du brichst dir nicht so schnell die Hand.

Während er sich die Nase hielt, nahm ich ihm die Kanone ab und gab ihm einen Tritt, dass er rückwärts durch die Tür nach innen flog.

Ich richtete die Kanone auf seine drei Blutsbrüder. »Das ist hier kein Kino. Hier tun die Schüsse *weh*. Das wollt ihr sicher nicht.«

Der weiße Typ fing an, hektisch in sein Handy zu tippen. »Ich rufe die Polizei!«

Man muss sie einfach gernhaben, diese Gangbangers. In gewisser Weise.

Ich ging ins Haus und schob Bunky den Lauf seiner Pistole in die zermatschte Nase. »Ich frage nur einmal. Wo ist Jackie?«

»Oben. Erste Tür links.«

»Allein?«

»Ja.«

»Wenn ich einen Typ mit Kanone sehe, knalle ich ihn ab, komme zurück und knalle *dich* ab.«

»Du bist schon tot, Motherfucker«, sagte Bunky.

Aber er lag da und rührte sich nicht.

Ich lief die Treppe hoch. Sicher waren die Cops schon unterwegs, doch wenn sie in diese Gegend gerufen wurden, überschlugen sie sich nicht, erst recht nicht bei der Hitze.

Ich öffnete die erste Tür links, und da saß Jackie.

Auf dem Fußboden.

Seine linke Hand war mit Handschellen ans Heizungsrohr gekettet, sein Gesicht war zerbeult, in seinem Mundwinkel klebte getrocknetes Blut.

»Nicht schießen!«, rief er. »Meine Mutter schickt das Geld!«

»Halt die Klappe«, sagte ich. Auf dem Fensterbrett lag der Schlüssel. Ich hockte mich hin und schloss auf.

Er rieb sein Handgelenk. »Schickt Sie meine Mutter?«

»Erst raus, dann reden wir«, sagte ich.

Ich zog ihn hoch, wir liefen die Treppe runter.

Bunky war auf die Beine gekommen und stand jetzt da.

Mit einem fiesen Grinsen und einer abgesägten Flinte.

Gerichtet auf mich.

Mein erster Impuls war, Jackie in die Schusslinie zu werfen, aber das wäre ein Fehler gewesen.
Mein zweiter Impuls war, Bunky in den Kopf zu schießen, bevor er abdrücken konnte, aber das wäre auch ein Fehler gewesen.

Schließlich war ich es, der in seinen Geschäftsbereich eingedrungen war, ihm – vor seinen Boys – die Nase zertrümmert und die Ehre geraubt hatte und jetzt mit seiner Pistole und seinem Geldbringer abhauen wollte.

Er war verständlicherweise gereizt.

Andererseits verdiente meine Schuld nicht gleich die Todesstrafe, daher zielte ich (mit seiner Pistole) auf seinen Kopf, ging weiter auf ihn zu und fragte: »Wie viel schuldet dir dieser Loser?«

Ich glaube, es war Winston Churchill, der gesagt hat: »Reden ist besser als schießen.« Etwas in der Art. Abends in den Hotels sehe ich viel Geschichtssendungen. Jedenfalls legte Bunky eine Denkpause ein, wie Churchill vielleicht gesagt hätte.

»Zweihundertfünfzig.«

So billig ist ein Menschenleben in der Welt der Partydrogen.

Ohne die Pistole zu senken, zog ich meine Brieftasche und gab sie Jackie.

»Nimm hundertfünfzig raus und leg sie auf den Fußboden.«

Jackie gehorchte.

»Hundertfünfzig?« Bunky war empört.

»Ungefähr sechzig Prozent«, sagte ich. Für Mathe war ich ein bisschen zu nervös. »Das ist alles, was ich hab, und mehr, als du von seiner Mutter kriegst.«

»Hey!«, sagte Jackie.

»Ich sagte, Klappe halten.« Dann zu Bunky: »Mehr gibt's nicht. Nimm's, oder ich schieße dir in die Fresse, bevor du auch nur Klick sagen kannst.«

Irgendwas an meiner Fresse muss ihn überzeugt haben, dass es ernst war.

»Geizknochen! Blöder Cowboyarsch!«, knurrte Bunky.

Was soll man sagen? Er hatte recht.

»Und meine Kanone?«, fragte er.

Ich gab ihm ganz bestimmt keine Kanone, mit der er Leute umlegen konnte. Klar, er hatte bestimmt noch zwanzig andere im Haus, aber ich brachte es nicht über mich.

»Die fliegt in den Hudson.«

»Die hat gutes Geld gekostet!«

»Dann haben sie dich beschissen.«

Bunky knurrte wieder und schwenkte seine Flinte zur Tür. »Verschwinde, bevor ich's mir überlege!«

Das tat ich nur zu gern.

Ich schob Jackie vor mir her, hinaus auf die Veranda, drehte mich um und rief zurück: »Übrigens, Sex, Drugs, Murder ist ein idiotischer Name für eine Gang. Fast so blöd wie Bunky.«

»Wie heißt *du* denn?«, fragte Bunky.

»Decker.«

»Also, Decker«, sagte er. »Ich will dich hier nie wieder sehen.«
»Meine Frau hat mir das Gleiche gesagt, Bunky.«
Ich öffnete die Beifahrertür und schubste Jackie hinein.
»Du schuldest mir hundertfünfzig Dollar«, sagte ich.

Ich fuhr zum Hudson hinunter und summte *I Drove Down to the River*.
(Bitte um Nachsicht, Mr. Springsteen.)
 Mein Adrenalin kochte, und vielleicht beruhigte mich der Anblick des Wassers.
 Der Hudson strömte breit und majestätisch dahin. Hübsche weiße Segelboote kreuzten auf der blauen Wasserfläche, als gäbe es keine Gangs, kein Crystal Meth, keine vermissten Kinder.
 Ich wartete, bis sich meine Nervenendigungen an ihren gewohnten Platz zurückgezogen hatten, dann sagte ich zu Jackie: »Ich brauche eine Information von dir.«
 Da war er wieder – dieser verkommene, verschlagene Blick, den ich so oft an Ganoven, Pennern und besonders Junkies beobachtet habe.
 Sie denken automatisch an ihren Vorteil, so wie jetzt Jackie, der offenbar glaubte, er könnte mir eine Information verkaufen.
 »Vergiss es«, sagte ich. »Du schuldest mir was, du Arschloch. Ohne mich würdest du am Heizungsrohr hängen und Prügel abfassen oder Schlimmeres. Außerdem musste ich hundertfünfzig für dich blechen.«
 »Mussten Sie nicht«, sagte Jackie. »Sie hatten doch die Kanone.«

Fast hätte ich zugeschlagen.

Ich hatte die größte Lust dazu, viel mehr noch als bei Bunky. Da war es Arbeit gewesen, hier war es Vergnügen.

Aber ich riss mich zusammen. Ich wollte etwas von ihm, außerdem tat mir die Hand weh. Daher versuchte ich es anders: »Wenn du willst, bringe ich dich zu Bunky zurück.«

»Nein! Nein!«

»Dann musst du jetzt mal deinen Grips anstrengen.«

Oder das, was davon noch übrig war.

»Du hast letzten Sommer in der Tankstelle bei Jamestown gearbeitet«, sagte ich. »So weit klar?«

»Bei diesem Turbantyp.«

»Ich hätte lieber gehört, bei Mr. Guptha«, sagte ich und wollte wieder zuschlagen. »Am 13. August, zwischen 22 und 23 Uhr.«

»Das ist ja ein Jahr her!«

»Ja, genau. So kommen wir weiter«, sagte ich. »Du kennst doch Evelyn Jenkins, oder? Sie kam dorthin zum Tanken. Und auch ein Typ mit einem silbernen Mercedes SLS GT.«

»Geile Kiste.«

»Richtig. Klingelt da bei dir ein Glöckchen?«

Jackie dachte nach. »Ich war aber an vielen Tagen da.«

»So viele waren es auch wieder nicht, Jackie«, sagte ich. »Weil du beim Klauen erwischt wurdest.«

»Das war ein Missverständnis.«

»Okay, okay. Also an diesem einen Abend, um diese Zeit … Denk gut nach … Hast du da ein kleines Mädchen gesehen?«, fragte ich, obwohl es ein Stochern im Nebel war.

Jackie dachte nach. Und dachte nach.

Ich weiß, man soll Minderheiten nicht hassen, aber ich hasse Speed-Junkies. Tut mir leid, ich kann nicht anders. Neben einem Speed-Junkie sieht ein echter Junkie aus wie Bill Gates. Speed-Junkies haben so viel Hirnsubstanz verbrannt, dass sie für den Kongress kandidieren und gewinnen können.

Endlich sagte er was. »*Wollen* Sie, dass ich ein Mädchen gesehen habe?«

Das ist der Grund, warum so viele Drogenprozesse platzen – meistens wird ein Speed-Junkie als Zeuge gebraucht. Und der bezeugt alles, was er bezeugen soll. Auch das Gegenteil von dem, was er vorher bezeugt hat. Die Verteidiger *lieben* die Speed-Junkies.

»Nur wenn du es wirklich gesehen hast und dich wirklich erinnerst«, sagte ich.

Da plötzlich riss er die Augen auf, und ich schwöre bei Gott, dass ich die Glühbirne über seinem Kopf aufleuchten sah.

Okay, nicht wirklich. Aber fast.

»Das Kind hat auf den Parkplatz gekotzt.«

»Wer hat auf den Parkplatz gekotzt?«

»Dieses Kind eben«, sagte er ungeduldig. »Und ich musste das wegmachen.«

»Ein kleiner Junge, oder?«

»Nein, ein Mädchen«, sagte er.

»Weiß, schwarz, hispanisch?«

»Ich bin doch kein Rassist!«, rief er mit rechtschaffener Empörung.

War nett zu sehen, wie er die Moral hochhielt.

Ich zeigte ihm das Foto von Hailey.

»Ja, das ist das Mädchen.«

Er war noch immer wütend auf sie.

»Und ich hab mich gewundert: Seit wann hat Benson ein Kind?«

»Wer?«

»Benson«, sagte er. »Einer von diesen Hippie-Ärschen. Sie wissen schon.«

Manchmal hat man einfach Glück.

Einige reden dann von »Gnade«.

»Gottes Wege sind unerforschlich« und so weiter, obwohl ich nicht verstehe, warum Gott, wenn es ihn gibt, ausgerechnet Agatha Christie spielen will.

Jedenfalls, Jackie *kannte* den Mann, der Benson hieß.

Und mochte ihn nicht sonderlich.

Blickte sogar auf ihn herab. Wenn auch nicht von sehr weit oben.

Aber für Hippies hatte Jackie nur Verachtung übrig, erst recht für Althippies. Deshalb konnte er sich an den Abend erinnern, als John und Gail Benson an der Tankstelle hielten.

»Die kommen da öfter durch«, sagte Jackie. »Besonders im Sommer.«

»Warum?«

»Die fahren nach Chautauqua, ihren Hippie-Scheiß verkaufen.«

»Hippie-Scheiß.«

»Makramee-Armbänder, Sandalen, all das Zeug, das sie auf ihrer sogenannten Farm anbauen.«

»Warum sogenannte Farm?«

»Weil die da einen Dreck anbauen«, sagte Jackie. Dann setzte er das clevere Grinsen auf, das ich an Junkies und

Politikern so liebe. »Dreck bauen die wirklich an. Oder Shit, wenn Sie wissen, was ich meine.«

Da mein IQ zumindest zweistellig ist, wusste ich, was er meinte.

»Hat Benson mit der Kreditkarte bezahlt?«

Jackie grinste wieder. »Keine Bank der Welt gibt dem eine Kreditkarte. Der hat cash bezahlt.«

»Cash oder Dope?«, fragte ich.

»Hey, Sie sind zynisch!«

»Was du nicht sagst.« Okay, vielleicht gibt es so was wie Gnade. Sogar einen lieben Gott. Aber das ist kein Grund, vorschnelle Jubelchöre anzustimmen.

»Weißt du, wo Benson wohnt?«, fragte ich möglichst locker, während mir das Herz bis zum Hals schlug.

»So was wie 'ne Adresse?«

»Genau.« Die Vorstellung einer permanenten Adresse war ihm fremd, aber es musste sein.

»Ich weiß nur, dass sie auf dieser Farm leben, bei Bearsville«, sagte er.

»Im Ernst? Bearsville? Wo ist das?«

Bei Monkeytown?

In den Catskills, wie sich herausstellte.

Westlich von Woodstock.

Exakt. *Dieses* Woodstock.

Das in der Nähe von Yasgurs Farm.

»Was fährt er?«, fragte ich.

»Einen alten VW-Bus.«

Wunderbar. Benson hatte nicht nur *Judy Blue Eyes* gepfiffen, um sich als Althippie zu outen.

»Ist das Mädchen in den Bulli eingestiegen?«, fragte ich.

Er zögerte. »Ja.«

»Jackie, hast du *gesehen*, dass sie einstieg?«
»Ich glaube.«
»Oder in den Mercedes?«, bohrte ich nach.
»Ja, in einen von beiden.«
In einen von beiden.

Ich setzte Jackie an der Busstation von Kingston ab, was ihm ganz recht war, und löste ihm ein Ticket nach Jamestown (bitte um Nachsicht, Bill O'Donnell!). Außerdem gab ich ihm eine Adresse, an die er meine hundertfünfzig Dollar schicken konnte, und auch er tat so, als wäre das seine feste Absicht.

Ich beschloss, Jackies Halbheiten für voll zu nehmen. Gestern hatte ich noch keinen einzigen Hinweis gehabt, heute hatte ich schon zwei.

Wie immer richtete ich mich nach dem Annäherungsprinzip.

Auch so ein Grundsatz meines Alten, der mir in ähnlichen Situationen die Frage stellte: »Was macht man mit einem Nest voller Kobras?«

Man tötet zuerst die, die am nächsten ist.

Bearsville war nur einundvierzig Meilen entfernt, Manhattan hundert. Ich beschloss, zuerst zu Benson zu fahren. In einem Café mit WLAN bestellte ich mir einen schwarzen Eiskaffee und gab den Namen ein, um vielleicht seine Adresse zu finden.

Die fand ich nicht, aber er hatte ein Postfach in Bearsville.

Da Kingston die Kreisstadt von Bearsville ist, fuhr ich zum Rathaus und blätterte im Grundbuch.

Ein John und eine Gail Benson waren nicht verzeichnet. Ich suchte ein Papiergeschäft und kaufte den größten Umschlag in leuchtendem Rot, den es gab, stopfte ein Werbeblättchen hinein, adressierte ihn an Bensons Postfach und warf ihn in einen Briefkasten mit Nachmittagsleerung.

Dann fuhr ich los nach Bearsville.

Highway 28 in nordwestlicher Richtung, entlang am Ashokan Reservoir. In West Hurley bog ich rechts ab, auf die 375, dann kam ich durch Woodstock.

Und traf kein »Child of God«.

Weiter ging es durch die anmutige Hügellandschaft, vorbei an Wäldern und Farmen. Das Postamt von Bearsville war schon geschlossen, als ich ankam. Ich suchte mir ein Zimmer und ging essen. Das Restaurant hieß Little Bear, und der Besitzer entpuppte sich als Chinese, der ein gutes Kung-pao-Hühnchen servierte.

Am Abend dachte ich daran, Laura anzurufen, aber was sollte ich ihr sagen? *Hi, Babe, beinahe wäre ich nach Hause gekommen, aber dann fand ich eine neue Spur? Gratuliere, du bist zweiter Sieger?*

Ich ließ es sein.

Stattdessen checkte ich das Internet, danach versuchte ich es mit Fernsehen. Das ist meistens öde, aber an einem Freitagabend im August ist es schlicht ungenießbar. Ich sah mir eine Baseballübertragung von der Westküste an, bis ich einschlief.

Am Morgen räumte ich das Zimmer und parkte gegenüber vom Postamt.
Man konnte es als Observation bezeichnen.

Als Landkind weiß ich, dass viele Leute am Samstag in die Stadt fahren, um ihre Post zu holen, und meine Hoffnung war, dass auch Benson unter diesen Leuten war.

Ich wartete etwa anderthalb Stunden, bis ein alter weißer VW-Bus auf dem Parkplatz hielt. Ein Mann mit silberweißem Pferdeschwanz stieg auf der Fahrerseite aus. Er war groß, sah in seinem Overall sehr schlank aus und passte auf Jackie Cerrones Beschreibung.

Zwei Minuten später kam er mit einem Armvoll Post zurück – Kataloge, Zeitungen, ein großer, leuchtend roter Umschlag. Er stieg ein und fuhr los, Highway 212.

Ich folgte dem VW. Er verließ die Stadt in nördlicher Richtung und bog dann links auf einen Feldweg ab, was ich aber nicht tat. Die Staubwolke hätte mich verraten. So wie seine Staubwolke mir verriet, wohin er fuhr.

Auf einer kleinen Anhöhe, von der ich ins Tal blicken konnte, stoppte ich, griff nach dem Feldstecher und stieg aus.

Im Irak hatte ich viele Bauernhäuser durchsucht und eins dabei gelernt (na ja. Gelernt hatte ich viel, aber das eine war jetzt wichtig): niemals ohne Aufklärung.

Ich suchte mir einen Beobachtungsposten, legte mich ins Gebüsch und schaute mir die Farm durchs Fernglas an.

Ein Haus, wie man es in der Zeit der großen Depression gebaut hatte. Die Fenster im Obergeschoss mit Dachgauben, die Wände mit ehemals weißem Anstrich. Jetzt waren sie schmutzig weiß mit braunen Flecken – wie ein alter Spaniel. Die Veranda war niedergedrückt von Alter und Schwerkraft, und irgendwann geht uns das allen so, aber dieses Haus machte einen deprimierenden Eindruck. Oder dachte ich nur an die einstigen Erbauer, die es liebevoll gepflegt hatten und die dieser Anblick traurig machen würde?

Ich glaube nicht an Gespenster oder Ähnliches, aber ich finde, Häuser haben eine Seele. Die Gefühle der Menschen, die in ihnen wohnen, sickern in die Wände. Man kennt das ja. Man betritt ein Haus und spürt eine bestimmte Atmosphäre.

Mir jedenfalls kam das Farmhaus traurig vor.

Rechts davon, auf der anderen Seite des Wegs, stand eine alte Scheune mit steilem Dach. Früher einmal war sie rot gewesen, jetzt sah sie rostbraun aus. Der Heuboden war offen, und ich erkannte ein paar Ballen Luzerne, wie es aussah.

Rechts neben der Scheune ein Hühnerstall mit Wellblechdach. Einige Bleche fehlten, und das übrige war verrostet. Ein Maschendrahtzaun umgab den kleinen Auslauf, aber die Hühner, vielleicht zwanzig, scharrten außerhalb des Zauns im Dreck.

Freilandhaltung also.

Ich blieb fast den ganzen Tag auf meinem Posten.

Was ich erwartete, wusste ich selbst nicht, aber Aufklärung ist so ähnlich wie Forschung – man soll keine festen

Erwartungen haben. Dann sieht man, was ist, und übersieht nicht irgendwelche Dinge, die man nicht erwartet hat.

Ich wusste genau, was ich sehen *wollte* – ein kleines Mädchen, das auf dem Hof herumlief.

Es kommt vor: Kinderlose Paare entführen ein Kind und ziehen es als ihr eigenes auf. Häufiger handelt es sich um ein Baby, das nur sie als Eltern kennt, aber denkbar ist durchaus, dass jemand ein fünfjähriges Mädchen auf eine abgelegene Farm verschleppt.

Und ich wusste, was ich getan hätte, wäre mir Hailey in den Fokus geraten: runterfahren, die 38er rausholen, Hailey schnappen und ab mit ihr über die Grenze nach Connecticut, damit das Bundesrecht galt. Dann Tomacelli vom FBI anrufen.

Ich machte es mir im Gebüsch bequem und behielt die Farm im Auge. Die Sonne wurde immer heißer, in meinem Hemd sammelte sich der Schweiß. Nach etwa einer Stunde Wartezeit ging die Tür zum Hof auf.

Die Frau war auch groß und – ich glaube, gertenschlank ist der richtige Ausdruck. Sie hatte glattes weißes Haar, das ihr bis zur Hüfte reichte, und trug ein altes bedrucktes Kleid. Ich folgte ihr mit dem Feldstecher, während sie in den Hühnerstall ging. Alle Hühner drängten sich jetzt im Stall, wohl weil sie ihnen Futter brachte. Ein paar Minuten später kam sie mit einem Korb voller Eier heraus und ging zurück ins Haus.

Ich schätzte, das war Gail.

Zwei weitere Stunden vergingen.

In Irak hatte ich mich an solche Sachen gewöhnt, aber ich war wohl etwas aus der Übung gekommen. Mein Rücken und die Schultern taten weh, mir war heiß, und eine

Frühstückspause wäre mir willkommen gewesen. Ich holte einen Proteinriegel aus der Tasche und begnügte mich mit dem.

Jetzt standen Entscheidungen an.

Ich konnte zum Farmhaus fahren und sie direkt konfrontieren, sehen, wie sie reagierten. Nicht zu vergessen: Die Chance, dass die beiden mit der Entführung zu tun hatten, stand fifty-fifty – oder noch schlechter, wenn ich in Rechnung stellte, dass sich Evelyn Jenkins *und* Jackie Cerrone geirrt haben konnten.

Wenn ich Fragen stellte und sie wurden nervös, konnte ich schon meine Schlüsse ziehen.

Andererseits: Meine Fragen konnten sie alarmieren.

Wenn sie Hailey entführt hatten, konnte es sein, dass sie sie versteckt hielten. Schlimmer noch: Sie konnten sie irgendwo anders versteckt halten, und das hieß, dass ich sie mit meinen Fragen in Lebensgefahr brachte.

Eine andere Möglichkeit war, Hurley anzurufen und ihn zu informieren.

Aber es war fraglich, ob der Richter einen Durchsuchungsbefehl unterschrieb, wenn ich nichts in der Hand hatte. Eigentlich konnte Hurley nur das tun, was ich selbst auch konnte: Zu den Leuten fahren und Fragen stellen – wenn auch kraft seines Amtes –, und vielleicht kam etwas dabei heraus.

Nein, das Beste war, zu tun, was ich eh schon tat.

Auf der Lauer liegen und warten.

Dann kamen John und Gail aus dem Haus.

Mal entscheidest du, mal entscheiden die Dinge für dich.
Während die Bensons in ihren Bulli stiegen und den Weg zur Straße hinauffuhren, musste ich überlegen, ob ich ihnen folgen oder ihre Abwesenheit nutzen sollte, um in das Haus zu kommen.

Es konnte ja sein, dass sie zu Hailey fuhren.

Oder sie war im Haus.

Oder nichts davon traf zu.

Jetzt musste es schnell gehen.

Kurzer Entschluss: Ich musste ins Haus. Das war meine einzige Chance, dort zu suchen, ohne die Bensons zu alarmieren. Ich rannte zu meinem Auto, fuhr es ein Stück weiter unter die Bäume, damit sie es nicht sahen oder sich nichts dabei dachten.

Als sie vorbeikamen, duckte ich mich ins Gebüsch.

Dann stieg ich wieder ein und fuhr hinunter zu dem Haus, hielt aber seitlich vor der Zufahrt, um keine Reifenspuren zu hinterlassen. Schob die 38er in den hinteren Hosenbund und ging auf das Haus zu.

Das einzige Geräusch, das ich hörte, war das Glucksen und das Gackern der Hühner. Ich stellte mich vor die wacklige Fliegentür und klopfte.

Keine Reaktion.

Ich öffnete die Fliegentür und klopfte an die Holztür. Dann drückte ich vorsichtig dagegen und stellte fest, dass sie unverschlossen war.

Noch immer keine Reaktion.

Ich wartete eine Minute.

Nein, mein Herz klopfte nicht. Es raste.

Ich schlug mit der Faust gegen die Tür.

Nichts.

Ich zählte bis drei und ging hinein.

Wie bei einem Farmhaus nicht anders zu erwarten, stand ich in der Küche. Quer durch ihre ganze Länge verlief das Küchenbuffet mit dem Backherd in der Mitte. Die Fenster über dem alten Waschbecken gingen auf den Hof mit der Scheune.

Ich öffnete den Kühlschrank.

Milch, Butter, irgendwelcher Käse. Viel Gemüse – Kürbis, Paprika, Salat, Spinat.

Nichts, was man mit einem Kind in Verbindung bringen würde.

Ich schaute in die Schränke – Büchsen mit Tomatensuppe, Honiggläser, Erdnussbutter, Nudelpackungen, jede Menge Kräutertees.

Durch die offene Tür kam ich in das kleine Wohnzimmer. Auf dem Couchtisch verstreute Zeitungen. Ein Holzofen auf einem Backsteinsockel. Der Fernseher lief ohne Ton – Benson empfing das Premiumprogramm über Satellit. Die Tapete bestand aus breiten senkrechten Streifen, Rot auf Gelb. Oder ehemals Rot auf Gelb, jetzt Altrosa auf Strohfarben. Es stank nach Zigaretten, neben dem Sofa standen zwei Hocker mit vollen Aschenbechern.

Auf der selbstgezimmerten Anrichte thronte die Stereoanlage. Die Bensons waren noch nicht im iPod-Zeitalter angekommen. Reihenweise CDs – Crosby, Stills, Nash & Young, Grateful Dead, Joni Mitchell …

Neben dem Wohnzimmer ein kleines Schlafzimmer, das als Abstellraum benutzt wurde. Voller Krempel – noch mehr Zeitungen, Berge von Taschenbüchern, Berge von Papier. Auf dem Bett Stapel von Kartons mit irgendwelchem Zeug.

Benson war ein Hamster-Hippie.

Ich schaute in die kleine Toilette im Erdgeschoss – mit Klo und Waschbecken, an der Wand ein Medizinschränkchen aus Blech. Im Schränkchen keine Medikamente, nur eine alte Zahnbürste, Zahnpasta und ein Rasierer – passend für Bensons Kinnbacken.

Ich stieg die Treppe hinauf.

Die Treppe war schmal wie meistens in diesen alten Häusern, die Stufen altmodisch hoch und steil. Die Wand war vor Urzeiten tapeziert worden, mit einem längst vergilbten Blumenmuster.

Die Stufen knarrten unter meinen Füßen.

Das Schlafzimmer war leer, das Doppelbett ungemacht. Auf den fleckigen Kissen sah ich die zwei Dellen. Ein alter Quilt, in der Sommerhitze überflüssig, lag zusammengefaltet am Fußende des Betts.

Die Fenster standen offen, eine leichte Brise bewegte die weißen Gazevorhänge.

Ich öffnete die Schiebetür des Schranks.

Eine einzige Stange mit Kleiderbügeln, an denen die Sachen hingen. Die Frau bevorzugte lange, geblümte Kleider, wie sie in der Hippie-Ära en vogue waren, er hatte Arbeitshemden, Flanellhemden, Overalls und Jeans. Auf der Ablage über den Kleidern Schirmmützen, Stiefel und Schuhe.

Eine alte 12er Remington-Flinte lehnte seitlich an der Wand, geladen, aber lange nicht benutzt.

Auf einem Schreibtisch in der anderen Zimmerecke ein Laptop und ein paar Bücher. Der Laptop war im Stand-by-Modus, ich drückte die Leertaste und bekam eine nichtssagende AOL-Startseite. Ein schneller Klick auf »History« brachte nichts Verdächtiges zutage.

Das Schlafzimmer roch nach Dope.

Ich öffnete einen Holzkasten auf dem Nachttisch und fand den Stoff, der in einer Plastiktüte steckte, dazu Pfeife und Feuerzeug.

Dann ging ich ins Badezimmer.

Da stand eine Wanne mit Krallenfüßen, Duschvorrichtung und einem Vorhang, der an einem Ring von der Decke hing. Das Klobecken war kotzgrün, auf dem Spülkasten eine Duftkerze mit Streichhölzern. Der Bürstenständer über dem Waschtisch enthielt zwei Zahnbürsten, daneben lag eine Haarbürste.

Ich öffnete den Medizinschrank.

Pillenfläschchen mit den Aufklebern »Zoloft« und »Prozac«, Dauerverordnungen auf den Namen Gail Benson, verschrieben von einem Arzt in Woodstock, abgefüllt von der dortigen Apotheke.

John Benson hatte sich Vicodin und Wellbutrin verschreiben lassen.

Ich öffnete alle Fläschchen. In den meisten steckten die angegebenen Tabletten, aber das Wellbutrin-Fläschchen enthielt stattdessen Valium in Dosierungen zu fünf und zehn Milligramm. Ein paar von ihnen waren halbiert.

Ich verließ das Badezimmer und ging durch den Flur.

Am Ende des Flurs befand sich eine weitere Holztür.

Sie war abgeschlossen.

Mein Herz pochte wie wild.

War es nicht möglich, dass sie Hailey am Leben gelassen und hier eingeschlossen hatten? Falls sie sie entführt hatten?

»Hailey?«, sagte ich leise und doch vernehmbar. »Hailey, bist du da drinnen? Ich bin Frank, ein Freund deiner Mommy, und bin gekommen, um dich nach Hause zu holen.«

Stille.

Keine Antwort.

Nichts rührte sich.

Aber sie konnte da drinnen sein.

Im Bett zusammengerollt, gefesselt im Schrank.

Das Schloss zu knacken dauerte Sekunden.

Keine Hailey.
Nicht im Bett, nicht unterm Bett, nicht im Schrank. Das Zimmer war eine Hanfplantage.

Komplett mit Pflanzkästen, Lampen, Filteranlage. Alles im kleinen Maßstab, wohl nur für den Hausgebrauch, aber jetzt wusste ich, warum die Tür abgeschlossen war.

Wieder im Flur, schaute ich nach oben und sah die quadratische Klappe, die zum Dachboden führte. Ich holte einen Rohrstuhl aus dem Schlafzimmer, bestieg ihn, drückte die Klappe hoch und machte einen Klimmzug.

Ein Rechteck aus trübem Licht fiel durch das Dachfenster herein. Es gab keinen Fußboden, nur Holzplanken und rosa Isolierschaum.

»Hailey?«, rief ich. »Hailey, bist du da?«

Keine Antwort, nur das Rascheln der Fledermäuse, die ich aufgestört hatte.

Der Dachboden mit seiner aufgestauten Hitze fühlte sich an wie eine Sauna, ich schwitzte heftig, als ich mich wieder nach unten hangelte. Diese alten Farmhäuser sind meistens unterkellert, dachte ich mir, aber ich fand keinen Keller. Deshalb lief ich ums Haus, und dort sah ich die Stahltür.

Ich öffnete sie und stieg die steinernen Stufen hinab.

»Hailey? Hailey, bist du da drinnen?«

Jetzt fiel mir der Keller in ihrem Haus in Lincoln ein.

Mir war, als lägen Jahre dazwischen.

Auch hier die nackte Glühbirne an der Decke. Ich schaltete sie ein.

Die Bensons sorgten für den Winter vor.

Regale voller Büchsen. Obst, Gemüse, Eingelegtes. Außerdem ein Ofen und ein Boiler.

Das war's.

Im Haus war Hailey nicht.

Ich stieg die Kellertreppe hoch und ging hinüber zur Scheune.

Unten ein alter Farmall-Traktor, eine Egge, mehrere Buchten, in einer fand ich eine Sau.

Auf der wackligen Leiter kletterte ich auf den Heuboden.

Der war voller Luzerneballen, aber außer dem Schwein und den Hühnern schien es kein Vieh zu geben. Vielleicht vermieteten die Bensons ihren Heuboden an die Nachbarn. In ein paar hundert Metern Entfernung sah ich ein weiteres Haus, Kühe weideten in der sanften Talsenke und fraßen das restliche Gras dieses Sommers.

Noch einmal rief ich nach Hailey.

Ich kletterte die Leiter hinab, ging hinaus und sah mir den Hühnerstall an.

Er sah aus wie ein normaler Hühnerstall, Betonboden mit einer Strohschicht, an jeder Wand drei Reihen mit Legeboxen. Am hinteren Ende ließ ein vergittertes Fenster Licht und Luft herein.

Es war eher ein Wiederholungszwang als eine Hoffnung, aber ich rief: »Hailey? Hailey, bist du hier?«

Dabei sah ich doch, dass sie nicht da war.

Ich ging zu meinem Auto und setzte mich rein.

Um ehrlich zu sein, ich war deprimiert. Vielleicht war

es nur der Adrenalinabfall, aber ich hatte so gehofft, Hailey hier zu finden, dass die Enttäuschung schrecklich war.

Man kann es auch Fortschritt nennen, wenn man einen Verdacht ausschließt, und die Bensons hatte ich nun so gut wie sicher ausgeschlossen. Es gab hier keine Spur von Hailey, und sie schienen genau das zu sein, wonach sie aussahen: unverbesserliche Althippies, für die Woodstock nie zu Ende gegangen war.

Aber was nun?

Wenn die Bensons keine Täter waren, waren sie vielleicht als Zeugen zu gebrauchen. Sollte ich auf ihre Rückkehr warten oder nach New York fahren, um herauszufinden, was Clayton Welles wusste?

Auf die Bensons konnte ich auch später zurückkommen oder sie anrufen. Jetzt wählte ich erst mal Willies Nummer.

Sie meldete sich nach dem dritten Klingeln.

Ich gab ihr kurz Bericht und fragte: »Könntest du einen John und eine Gail Benson für mich ermitteln? Haftbefehle? Vorstrafen?«

»Hast du eine Spur?«

»Es ist wohl eher keine«, sagte ich. »Aber ich möchte sichergehen.«

Ich nannte ihr die Autonummer des VW.

»Was kommt jetzt?«, fragte sie.

»New York, New York«, sagte ich und erwähnte Clayton Welles.

»Aber pass auf dich auf, Deck. New York ist eine große Stadt.«

Ich weiß, ich weiß.

Zehn Millionen Einwohner.

Und ich suchte nach einem kleinen Mädchen.

Das Mädchen hört Schritte über sich und denkt, es ist die Frau.

Aber sie hat schon zu essen bekommen.

Dann hört sie einen Mann, der ruft: »Hailey? Hailey, bist du da drinnen?«

Sie kennt Hailey nicht, nur Mandy, und sie bleibt mucksmäuschenstill. Ihre Kehle schnürt sich zu, und ihr Herz schlägt wie wild. Die Frau hat gesagt, ihr Daddy könnte kommen, um nach ihr zu suchen, und er würde ihr schreckliche Dinge antun, sie und vielleicht sogar Magic umbringen, wenn er sie fände, deshalb verkriecht sie sich in ihrem Schlafsack und versucht, ihr Herzklopfen zu beruhigen, damit der Mann das Klopfen nicht hört und sie findet.

Sie hält sogar die Luft an.

Tief in ihr drin steckt noch ein anderes Mädchen, das laut schreien will, das Hilfe braucht, aber ihre Angst ist zu groß. Der Schrei bleibt ihr in der Kehle stecken, und sie liegt starr vor Schrecken da und lauscht auf die Schritte über ihr.

Dann hört der Mann auf zu rufen, die Schritte entfernen sich, aber es dauert noch eine Weile, bis sie wieder atmen kann.

Die Fahrt nach New York war wunderschön. Vorbei an Farmland und Wäldern, manchmal an Bächen entlang, die sicher forellenträchtig waren. Ich merkte sie mir vor – falls ich noch einmal in diese Gegend kam.

In einer Kleinstadt namens Nanuet nördlich von New York sah ich einen Waffenladen und kaufte einen Waffensafe für das Auto. In New York stehen zwei Jahre Gefängnis auf den Besitz unlizenzierter Feuerwaffen, daher wollte ich meine 38er nicht am Mann tragen, wenn es nicht unbedingt sein musste. Sie im Auto liegen zu lassen war auch nicht gut, es konnte gestohlen oder geknackt werden. Vielleicht war der Safe ein vernünftiger Kompromiss.

Dann nahm ich ein Zimmer in einem Comfort Inn und machte meine Wäsche.

Ich bügelte sogar den blauen Blazer.

Hey, ich fuhr schließlich nach New York!

Da ich auf ein einsames Mahl im Diner keine Lust hatte, rief ich den Pizzaservice an und bestellte eine kleine Pizza Peperoni. Dann setzte ich mich mit den Hanteln auf die Bettkante und machte drei Runden Bizepscurls. Vielleicht, um die Pizzakalorien auszugleichen, vielleicht aber auch, um den Frust über meine tote Ehe nicht an mich heranzulassen.

Denn der würde mich voll erwischen.

Schlimmer noch war der Gedanke an die Endgültigkeit der Scheidung.

Der Pizzabote kam, ich setzte mich an den schmalen Tisch und checkte beim Essen die Websites, ob es Neues im Fall Hailey Hansen gab.

Nichts.

Danach suchte ich mir eine günstige Route in die City und googelte Parkgelegenheiten auf der Upper West Side, in der Nähe der Adresse von Clayton Welles. Ich rief die Hotel-Website auf und bekam einen Preisschock.

Selbst die günstigsten waren alles andere als billig.

Bevor ich ein Zimmer buchte, musste ich mir den Laden ansehen.

Dann recherchierte ich Clayton Welles.

Dreiundvierzig Jahre alt, geboren in New York.

Kunststudium am Emerson College, Boston.

Welles war Modefotograf, ein erfolgreicher offenbar, gemessen an seinem Mercedes, seinem Kreditrahmen und seiner Wohnlage. Ihm gehörte nicht nur das Apartment, auch ein Loft-Atelier in der Houston Street, in einer Gegend, die sich »Tribeca« nennt.

Auf seiner Website prangten erlesene Fotos von erlesenen Frauen, die offenbar einen großen Bogen um jeden Imbiss machten. Sie sahen immerhin verdammt gut aus, wenn auch kalt und total unnahbar, was, glaube ich, der entscheidende Punkt war.

Auch Welles wäre ohne weiteres als Model durchgegangen. Ein Foto in der oberen Ecke zeigte ihn, wie er die Kamera hielt und Anweisungen gab – ein Mann mit blondem, kunstvoll zerzaustem Haar und einem Gesicht, das (in der Sprache der einschlägigen Magazine) »wie gemeißelt« wirkte, mit originell gebrochener Nase – eher etwas abgeflacht als hakenförmig – und intensiven blauen Augen.

Ob in einem New Yorker Salon, auf einer Schweizer Skipiste, auf einer Hollywood-Party oder als Fundraiser in den Hamptons – er würde überall eine gute Figur machen.

Vermutlich.

Ich war nie an solchen Orten.

Aber es wird wohl klar, was ich meine.

Ich überlegte, ob ich ihn anrufen und einen Termin vereinbaren sollte, und entschied mich dagegen. Hier meine Überlegung: Wenn du um einen Termin bittest und der Kerl lehnt ab, musst du trotzdem an ihn rankommen. Dann wird es automatisch peinlich, und es gibt Krach. Tauchst du aber unangemeldet bei ihm auf, Wohnung oder Atelier, ist es auch ein bisschen peinlich, aber es kommt selten zu Feindseligkeiten.

Außerdem: Lasse ich Zeugen zu viel Zeit zum Nachdenken, erinnern sie sich an Sachen, die nie passiert sind, oder schmücken sie liebevoll aus. Haben sie eine Straftat zu verbergen – was bei Welles nicht das Thema war –, kriegen sie Gelegenheit, sich ein schönes Alibi zu basteln.

Daher ist es besser, unangemeldet aufzukreuzen.

Es war ja keine große Sache – zwei Leute, die vielleicht ein kleines Mädchen gesehen hatten, das Hailey Hansen sein konnte. Aber mehr hatte ich nicht in der Hand.

Noch so was, was mir mein Vater beigebracht hat: Man arbeitet mit dem, was man hat.

Die sagenhafte Skyline von Manhattan spielte Verstecken mit mir, als ich auf der Route 9 von Nanuet südwärts fuhr. Die Wolkenkratzer reckten sich hoch wie Gespenster, dann duckten sie sich hinter Bäume und Häuser, um beim nächsten Mal noch höher und dichter aufzuragen.

Das erste Mal in New York einzureiten ist ziemlich aufregend.

Dass ich mich so beeindrucken ließ, war überraschend und auch ein bisschen beschämend, ich kann es nicht leugnen.

Ich bin alles andere als ein »Globetrotter«. Klar, ich kannte Irak, außerdem das Militärhospital in Ramstein, aber das war's dann auch. Ferien mit Laura machte ich meistens in Colorado oder auf Kauai, doch auf New York war ich nie scharf gewesen, um die Wahrheit zu sagen. Laura schon, wegen des Theaters. Aber irgendwie ist nie was draus geworden.

Auf der George Washington Bridge fuhr ich über den Hudson, dann den West Side Highway Richtung Süden, mit dem Hudson zu meiner Rechten. An der 125th Street bog ich links ab und tauchte ins südliche Harlem ein, wie ich aus etlichen Filmen wusste.

Kulturschock.

Menschen, Menschen, Menschen, Autos, Autos, Autos. Pkw, Lkw, Busse, Taxis, Radfahrer.

Und Krach.

Permanentes Gehupe, Geschrei, wummernde Bässe aus Autos und Ghettoblastern.

Die gehobene Bezeichnung dafür ist, glaube ich, »Kakophonie«.

Fast ein Jahr lang war ich nun schon auf einsamen Landstraßen und in kleinen Städten unterwegs. Lange, stille Tage in der Gesellschaft von Mr. Springsteen oder allein mit dem Autoradio und meinen Gedanken. Vielleicht ein leise gedrehter Motel-Fernseher als Geräuschkulisse, aber mehr nicht.

New York ist ein Überfall aus Krach und Chaos.

Ich sage nicht, dass es ein *böser* Überfall ist, aber ein Überfall ist es trotzdem.

Ich bog rechts auf den Broadway ab und arbeitete mich durchs Verkehrsgewühl, vorbei an der Columbia University bis zur 108th, wo mir mein Handy verriet, dass es an der Amsterdam Avenue eine Parkgarage für mich gab. Ich fuhr hinein und fragte den Wachmann, was es kostete.

»Sechsundachtzig«, antwortete er, ohne von seiner Zeitung aufzusehen. Neben seiner Hand ein Pappbecher mit Milchkaffee, im dreckigen Aschenbecher eine qualmende Zigarette. Sein dickes schwarzes Haar war glatt nach hinten gegelt, und er trug ein verwaschenes Yankees-T-Shirt, das es ein paar Dutzend Pizzas vorher aufgegeben hatte, seinen Bauch zu bedecken.

»Pro Woche?«, fragte ich.

Er schaute auf. »Pro Tag.«

»Ich will kein Zimmer«, sagte ich. »Nur einen Parkplatz.«

»Witzbold.« Er sah das Nebraska-Nummernschild und erklärte mir: »Das hier ist New-*Yawk*.«

»Hätte ich fast geahnt.«

»Wollen Sie parken oder nicht?«

Ich wollte, und ich wollte auch gleich bezahlen.

Aber sie wollten kein Geld im Voraus, weil sie mein Auto als Pfand hatten.

Ich nahm die Reisetasche heraus, ließ aber den Waffensafe hinter den Sitzen unter der anderen Jacke zurück, die ich nicht brauchte.

Dann lief ich zum Morningside Inn auf der 107th zwischen Amsterdam Avenue und Broadway. Sechsundsiebzig Dollar pro Nacht waren für Manhattan geschenkt. Der Mann am Tresen meinte, für zehn Dollar Aufschlag bekäme ich ein eigenes Bad, also waren wir wieder bei sechsundachtzig Dollar.

Sie gaben mir ein Zimmer im sechsten und obersten Stockwerk, ein enger, alter Lift brachte mich hinauf. Das Zimmer war klein – schmales Bett, winziger Fernseher, Minischreibtisch. Das Fenster ging auf den Hof mit Blick auf das gegenüberliegende Dach.

Das war okay. Ich war nicht wegen der Aussicht gekommen.

Und lange wollte ich eh nicht bleiben.

Ich stellte die Tasche ab und fuhr gleich wieder nach unten, um Clayton Welles einen Besuch abzustatten.

Es gibt Hitze, und es gibt New Yorker Hitze.

Die Sonne knallt auf den Beton, wird reflektiert und verfängt sich in den Schluchten der Wolkenkratzer. Die Hitze von New York hatte eine Qualität, die mir neu war. Und ich hatte Sommer in Nebraska und in Irak verbracht. Als ich in die Subway Station 103rd Street hinabstieg, war das, als würde ich in eine Sauna eintauchen, die seit fünfzig Jahren nicht gereinigt und gelüftet worden war.

Mein Hemd war sofort durchgeschwitzt und schmutzig, ich konnte nur hoffen, dass mein Jackett alles verdeckte. Ich wollte anständig aussehen, wenn ich Welles besuchte, und hätte wahrscheinlich ein Taxi nehmen sollen, aber dafür war ich zu knausrig.

Der Stadtplan an der Wand informierte mich, dass die Linie 1 bis Houston Street durchfuhr. Zum Glück war sie nicht voll. Ich blieb trotzdem stehen, während der Zug durch den Untergrund von Manhattan rumpelte.

An der Houston Street, die aus Gründen, die nur Gott und die New Yorker kennen, »Hausten Street« ausgesprochen wird, stieg ich aus und fuhr hinauf. Es war, als käme ich aus dem Backofen ins Wärmefach.

Und ich dachte an den Nachmittag, als Hailey verschwand.

Wenn ich das Wort »Fotoatelier« höre, denke ich an einen Boheme-Salon: leicht verlottert, voller Plunder, von altmodischem Charme.

Weit gefehlt.

Das Loft des Modefotografen Welles war schick, kommerziell, peinlich sauber.

Und teuer.

Als ich aus dem Lift stieg, stand ich in einer Art Lobby. Abgetrennt vom eigentlichen Loft durch riesige Modefotos in Schwarzweiß, die in Edelstahlrahmen von der Decke hingen.

An einem großen Tisch saß die Rezeptionistin.

Einen Moment lang hielt ich auch sie für ein Foto.

Sie war genauso schön und genauso ausdruckslos. Mit kurzgeschnittenem rotem Haar, perfekt symmetrischem Gesicht, vampirhaften Augenschatten und milchweißer Haut.

Die Frau saß da und tat nichts.

Buchstäblich nichts.

Raschelte nicht mit Papieren, blätterte nicht im Terminkalender, sprach nicht ins Telefon. Sie starrte nur geradeaus, als wäre es ihr Job, einfach nur dazusitzen, wenn jemand aus dem Fahrstuhl stieg.

Vielleicht war es so.

Ich schwöre, dass sie keinen einzigen Gesichtsmuskel bewegte, nicht einmal die Lippen, als sie mich musterte und fragte: »Ja?«

»Ich möchte gern zu Mr. Welles.«

Ihr Blick schien zu besagen, dass sich Mr. Welles vor Besuchern nicht retten konnte. »Werden Sie von Clay erwartet?«

»Wenn, dann ist er ein Hellseher.«

Klar, in meinen Khakihosen und dem blauen Blazer sah ich aus wie ein Provinztrottel, aber ich hatte keine Lust, mich von einem Androiden nerven zu lassen, auch wenn er ein Kleid trug, das den Wert meines gegenwärtigen Vermögens bei weitem überstieg.

»Clay ist in der Tat sehr intuitiv«, bemerkte der Android.

»Aber ist er *da*?«

Durch die Lücken zwischen den aufgehängten Fotos sah ich in das Atelier. Eine nackte Frau stand auf einer Kiste und posierte, während ein Mann um sie herumeilte und an Scheinwerfern hantierte. Ich konnte den Mann nicht richtig erkennen, aber er sah nicht aus wie Welles.

»Im Moment nicht«, antwortete der Android.

»Wann erwarten Sie ihn zurück?«

»Darf ich fragen, in welcher Angelegenheit?« Ihre Stimme signalisierte Ablehnung. Dann erklärte sie: »Wir sind sehr zufrieden mit unserem gegenwärtigen Wachpersonal.«

Ich verstand. Sie hielt mich für einen arbeitsuchenden Bodyguard und hatte mir gerade einen Korb gegeben.

Schuld waren meine trainierten Schultern und meine männliche Brust.

Oder der blaue Blazer.

Der, wie mir nach ein paar Stunden New York bewusst war, eigentlich schon schwarz sein musste.

Dazu schwarze Jeans, schwarze Socken, schwarze Schuhe.

New York trägt Beerdigungsklamotten.

»Freut mich, dass Sie zufrieden sind«, sagte ich, »aber ich habe schon einen Job.«

»Ist es etwa persönlich?« In ihre Stimme mischte sich ein ängstlicher Unterton, und ihr Gesicht war nahe daran, eine Regung zu zeigen.

Vielleicht hielt sie mich für einen erbosten Ehemann, schließlich trug ich noch meinen Ring.

Es bedurfte eines kleinen Erdbebens, sie zu erschüttern.

»Ich suche ein vermisstes Kind«, sagte ich, »und Mr. Welles hat vielleicht etwas gesehen.«

Falls ich eine menschliche Reaktion erwartet hatte, wurde ich enttäuscht. Ihr Gesicht blieb, wie es war, aber wenigstens änderte sich ihr Blick.

»Clay ist auf Location-Suche«, sagte sie. »Für heute erwarte ich ihn nicht zurück.«

Ich zeigte mit dem Kopf auf das nackte Model.

»Das ist nur ein Beleuchtungstest«, erklärte sie. »Clays Assistent macht das.«

Ich gab ihr eine Karte mit meiner Nummer. »Könnten Sie Mr. Clay bitten, mich anzurufen? Wenn er mich unter dieser Nummer nicht erreicht, ich wohne im Morningside Inn, West 107th Street.« Ich machte eine kleine Kunstpause und fügte hinzu: »Nicht weit von Mr. Welles' Wohnung.«

Sie nahm die Karte und die indirekte Botschaft entgegen: Wenn mich der intuitive Clay nicht anrief, konnte er sich auf einen Hausbesuch gefasst machen.

Ich gab noch eins drauf.

»Wenn Mr. Welles keine Zeit für den Anruf hat, kann ich auch wiederkommen und hier warten.«

Sie wollen sicher nicht, dass ich noch einmal Ihre Lobby verunziere, sagte mein Lächeln.

»Ich sorge dafür, dass er die Nachricht bekommt«, sagte sie.

»Sehr verbunden.«

Ich hatte das Model nicht kommen sehen, aber plötzlich stand sie da, gekleidet in eine weiße Robe.

Mir wurde ziemlich anders.

So, wie ich sie anstarrte, muss ich ausgesehen haben wie ein Puffgänger.

Aber in meinem Kopf spielte ein anderer Film: Eine lange Sekunde glaubte ich, meine Odyssee hätte nicht ein Jahr gedauert, sondern zwanzig. Denn dieses Model sah aus wie eine zwanzig Jahre ältere Hailey.

Karamellfarbene Haut, schwarzes Haar ...

Aber die Augen ...

Die grünen Katzenaugen ...

... die einen direkt ins Herz trafen.

Sie lachte über meine Verwirrung, missdeutete sie und wandte sich an die Rezeptionistin. »Felicity, wir sind so weit durch. Könnten Sie meinen Wagen rufen?«

Sie warf mir einen letzten Blick zu und ging, ohne die Antwort abzuwarten. Die Antwort war klar – natürlich würde Felicity ihren Wagen rufen. Denn Felicity lebte dafür.

Felicity benutzte kein ordinäres Telefon, sie griff zu ihrem iPhone.

»Sie heißen Felicity?«, fragte ich sie, um einen kleinen Rest meiner Selbstachtung zu retten.

»Meine Schwestern heißen Patience und Hope«, antwortete Felicity und strafte mich mit Verachtung, während sie die Nummern drückte.
Patience und Hope. Geduld und Hoffnung.
Tugenden, nach denen ich strebte.
Und eine von ihnen schien mir jetzt hold.
»Shea kommt runter«, sprach Felicity in ihr iPhone.

Ich wartete unten auf sie.

Auch ihr Chauffeur – er stand neben der Beifahrertür des schwarzen Lincoln Town Car.

Shea kam nach fünf Minuten, in gebleichten Jeans und weißer Seidenbluse. Ihre High Heels, vorne offen, klickten über den Gehweg. Sie war ziemlich groß, sicher einen Meter achtundsiebzig ohne Absätze.

Als sie mich sah, verdrehte sie die Augen und sagte: »Woher wusste ich ...«

»Nicht, was Sie denken.«

»Ist es nie.«

»Es ist nur so«, sagte ich, »dass Sie wie jemand aussehen, den ich suche.«

Shea lachte laut. »Mein Gott, wie ausgeleiert!«

Sie hatte ja so recht.

»Nein, das meinte ich nicht, ich –«

Der Chauffeur waltete seines Amtes. »Ms. Davies, belästigt Sie der Typ?«

Gegen diesen Muskelmann hatte ich keine Chance. Er behandelte mich so schäbig, wie ich aussah, und ich konnte es ihm nicht verübeln. Während er ihr die Tür aufhielt, sagte er zu mir: »Zieh Leine, Kumpel.«

Ich hatte nicht gewusst, dass es diese Redensart noch gab, aber in New York schien sie sich gehalten zu haben.

Er wollte mich beim Arm packen, aber irgendwas in meinem Blick hielt ihn davon ab.

Sie lief direkt an mir vorbei und stieg ein.

Ich sagte zu ihr: »Ich suche nach einem vermissten Kind.«

Shea blickte zu mir hoch und sagte: »Steigen Sie ein.«

Und ich sehe aus wie dieses Mädchen?«, fragte sie, nachdem ich ihr von Hailey erzählt hatte.
»Die Ähnlichkeit ist verblüffend.«
Wir fuhren Richtung Uptown, Shea musste dem Fahrer keine Adresse nennen. Sie fragte auch nicht, wohin ich wollte, sondern schien anzunehmen, dass ich gern mitfuhr.
Womit sie wieder recht hatte.
»Das ist ja Waaahnsinn«, rief Shea. »So ein Zufall!«
Klar. Nur dass Cops nicht an Zufälle glauben.
Hailey wird spätabends an der Tankstelle einer entlegenen Kleinstadt gesehen, und zur gleichen Zeit hält sich dort ein Fotograf auf, dessen Model aussieht wie die erwachsene Version von Hailey?
Wirklich ein merkwürdiger Zufall.
Oder machte ich gerade das, was mich an Zeugen immer so aufregt – Dinge sehen, die ich sehen *wollte*?
Ich mochte Shea Davies auf Anhieb.
Keine Spur von der Hochnäsigkeit, die ich bei einem New Yorker Model erwartete. Ganz im Gegenteil, sie war locker, natürlich und selbstbewusst. Sicher weil sie so gut aussieht, dachte ich mir. Aber da war noch mehr, etwas, was nur sie hatte.
»Möchten Sie ein Wasser?«, fragte sie.

In Nebraska wird man gefragt, ob man Wasser möchte, in New York ist es »ein« Wasser. Als wäre das ein kostbares Gut. Was es ja auch ist, gewissermaßen.

»Danke, mir geht's gut«, sagte ich.

»Ich muss immer schön trinken.« Sie nahm eine Flasche aus der Mittelkonsole. »Gut für die Haut. Natürlich muss ich dann pissen wie ein Rennpferd. Und Clay wird stocksauer beim Shooting. Aber wenn man pinkeln muss, muss man pinkeln, oder?«

Dazu fiel mir nichts ein, also sagte ich: »Ein interessanter Name – Shea.«

»Den hab ich von Clay.«

»Und wie heißen Sie richtig?«

Shea legte den Finger auf die Lippen. »Groooßes Geheimnis!«

»Es würde mir wirklich weiterhelfen, wenn ich mit Clay reden könnte«, sagte ich.

»Sie ahnen gar nicht, wie oft ich das schon gesagt habe.«

»Ist er ein strenger Boss?«

»Als Boyfriend ist er strenger«, erwiderte sie.

Oh.

Wir fuhren den West Side Highway hinauf, am Hudson entlang und wechselten auf den Riverside Drive.

»Hier wären wir«, sagte sie, als der Fahrer hielt.

Es war die Adresse von Clayton Welles.

Der Fahrer stieg aus und hielt ihr die Tür auf.

»Ich brauche etwa zwanzig Minuten, Carlo.«

»Lassen Sie sich Zeit, Miss Shea.«

Auch ich stieg aus.

»Mit Clay hätte ich doch noch gern gesprochen.«

»Er ist übers Wochenende in den Hamptons«, sagte sie.

»Zu ihm fahre ich gleich. Können Sie bis Montag warten?«

»Ich schon«, sagte ich. »Ich weiß nur nicht, ob Hailey warten kann.«

Jetzt begriff ich, warum ich sie mochte. Ich sah es in ihren grünen Augen – etwas, was man heutzutage nicht so häufig sieht: Anteilnahme.

»Können Sie in zwanzig Minuten wieder hier sein?«, fragte sie.

»Wenn es sein muss, schon in zwölf«, sagte ich.

»Okay.« Sie lachte. »Carlos, können wir Mr. ...«

»Nennen Sie mich Deck.«

»Typisch Detektiv!« Sie lachte wieder. »Wir nehmen Deck mit in die Hamptons.«

Carlos verstand es meisterhaft, seine unbändige Freude zu verbergen.

Die Fahrt von Manhattan in die Hamptons an einem Freitagnachmittag im August verlieh dem Wort »Stau« eine ganz neue Dimension.

Jeder, der konnte, floh aus der City, und wie es schien, alle in dieselbe Richtung und im ständigen Kampf um jede kleine Lücke. Was mich überraschte, weil ich geglaubt hatte, die New Yorker hätten mit dem Hupen schon genug zu tun.

War es wirklich so toll, in dieser Stadt zu wohnen, wenn ihre Bewohner alles daransetzten, von dort wegzukommen, und das jedes Wochenende?

Aber wenigstens gab mir das reichlich Gelegenheit, mich mit Shea anzufreunden, die in ihrer weißen Bluse und den kunstvoll zerfetzten Jeans schlichtweg betörend aussah. Wie sich zeigte, hatte ich recht mit meiner Annahme: Jeder echte New Yorker fuhr am Wochenende in die Hamptons. Wenn er nicht gleich den ganzen Monat dort verbrachte.

»Im August kann man nicht in der City bleiben«, sagte sie. »Arbeitstiere wie ich müssen allerdings durch den Freitagsstau.«

»Wie lange sind Sie schon Model?«, fragte ich.

Seit ihrem dreizehnten Lebensjahr, ließ sie mich wissen. Jemand von der Wilhelmina Agency hatte sie in einem

Coffeeshop gesehen, ihr eine Karte zugesteckt, und sie hatte einen Termin vereinbart.

»Seitdem bin ich im Geschäft.«

Als langbeinige »Exotin« hatte sie nie unter mangelnder Nachfrage gelitten, aber nach dem ersten Shooting mit Clay hob ihre Karriere ab. Sie bekam eine Doppelseite in der *Vogue*, die immer noch »Kult« war.

Clayton war offenbar ein Genie.

»Irgendwas hat er aus mir rausgeholt«, sagte sie.

»Und dann wurde Ihre Arbeitsbeziehung zu einer persönlichen?«

»Modeling ist *sehr* persönlich«, sagte sie. »Sich von einem Mann abbilden zu lassen, ist wahrscheinlich intimer als Sex. Ich meine nicht das äußerliche Abbild, sondern das, was in dir steckt. Und Clay findet den Zugang dazu.«

Redete sie über Sex oder über Fotografie? Ich war mir nicht sicher.

»Warum wollen Sie ihn nach dem Mädchen fragen?«, wollte sie wissen.

Ich erzählte ihr von der Tankstelle.

»Oh. Sie meinen, er könnte gesehen haben, in wessen Begleitung sie war.«

»Darauf hoffe ich. Und auf eine Beschreibung.«

»Clay hat einen guten Blick.«

»Das sehe ich.«

Ich merkte zu spät, dass es wie Anmache klang, und wollte die Sache zurechtrücken, aber sie schien gar nichts dagegen zu haben.

Mittlerweile waren wir vom Stau auf dem FDR Drive zum Stau auf der Triborough Bridge vorgedrungen. Ich konnte mich umdrehen und die Skyline von Manhattan genießen.

»Toll, nicht wahr?«, sagte sie.
»Wirklich.«
»Ich kann mich nie sattsehen.«
»Sind Sie aus New York?«
Sie zögerte.
»Auch ein großes Geheimnis?«
»Aus Harrisburg«, sagte sie. »Pennsylvania.«
»Ich kann mir nicht vorstellen, dass die Wilhelmina-Agenten in Harrisburg rumhängen.«
»Da war einer auf der Durchreise«, sagte sie ein wenig ausweichend.
»Und Ihre Eltern haben Sie einfach so weggelassen? In die große Stadt?«
»Bill und Helen Davies. Denen war alles egal.«
Ihre Stimme sagte mir, dass das Thema beendet war.
Sie lehnte sich zurück und sah eine Weile aus dem Fenster, aber wohl kaum, um das Kriechtempo zu genießen.
»Laufen wäre schneller«, sagte sie nach einer Weile.
»Wollen wir? Ich bin dabei.«
»Vielleicht nicht in diesen Sandalen«, sagte sie. »Hast du Hunger?«
»Klar. Und du?«
»Ich hab immer Hunger«, sagte sie. »So ist das mit den Models. Sie haben immer Hunger, weil sie immer hungern müssen.«
Als ein Imbiss in Sicht kam, schob sie die Trennscheibe auf und sagte: »Carlo, kannst du bitte ranfahren?«
Wir fuhren in den Drive-through, sie bestellte einen Hamburger Royal mit allem Drum und Dran, mit Fritten, einem Schoko-Shake, und verdrückte alles mit einem Heißhunger, der an Ekstase grenzte.
»Verrat es nicht Clay«, sagte sie mit vollem Mund.

»Ich bestimmt nicht, aber was ist mit Carlo?«
»Den habe ich bestochen.«
Offenbar mit Burgern. Carlo nahm zwei davon und eine Superportion Fritten. Ich begnügte mich mit Hähnchen-Sandwich und Eistee.
Meiner Figur wegen, natürlich.
»*Verdammt*, ist das gut!«, seufzte Shea, und zum ersten Mal hörte ich ein bisschen Harrisburg aus ihr heraus. »Das kostet mich drei Stunden Laufband und ist jeden Schritt davon wert.«
»Wie wär's mit einem Strandlauf?«
Sie schüttelte den Kopf. »Die Sonne.«
»Oh.«
Shea warf dramatisch den Kopf zurück, drückte den Handrücken an die Stirn und rief: »Ich bin ein Gefangener meiner Schööönheit!«
Dann lachte sie und stopfte sich Fritten in den Mund. Eine, die nicht hineinwollte, saugte sie genussvoll auf.
Hatte ich erwähnt, dass ich Shea Davies mochte?

Die Hamptons sind so, wie Gott sie erschaffen würde, hätte er das Gemüt eines New Yorkers von der Upper East Side, der an den Strand will, aber nicht die Richtung kennt. Southampton liegt nordöstlich von Westhampton, Easthampton nordöstlich von Southampton, dann gibt es Bridgehampton, das aber keins von den anderen Hamptons überbrückt oder irgendwas anderes, was sich überbrücken lässt. Außerdem gibt es noch West Hampton Dunes und Westhampton Beach und Hampton Bay und Hampton Park. Wenn es also immer »die Hamptons« heißt, dann ist das kein Scherz.

Um die Sache noch zu komplizieren, fuhren wir zu keinem der Hamptons, sondern nach Water Mill, das aber, wie mir Shea versicherte, eigentlich ein Ortsteil von Southampton ist.

Clay, erklärte sie mir, hatte ein Cottage in Water Mill.

Klar. Und Kublai Khan hatte eine Gartenlaube in Xanadu.

Vielleicht habe ich zu viele Serien gesehen, aber wenn ich »Cottage« höre, denke ich an ein kleines, efeuumranktes Feldsteinhäuschen mit Strohdach und mit Rosen davor, die von einer schrulligen Engländerin mit großem Strohhut und Gesundheitsschuhen beschnitten werden.

Weit gefehlt.

Das Cottage von Clayton Welles bestand aus einem zweistöckigen Mittelbau mit zwei Flügeln im Winkel von fünfundvierzig Grad, und es blickte auf eine Bucht des Atlantischen Ozeans, der gerade in allen Rottönen des Sonnenuntergangs erglühte. Rechts neben dem Cottage ein umzäunter Tennisplatz – eigentlich zwei –, und links davon begann der Golfplatz.

Carlo fuhr auf das Rondell zu, vorbei an einer ganzen Autoshow – Mercedes, Porsche, BMW, ein Rolls und ein paar Golf Carts.

Offenbar hatte Welles Besuch.

»Ich will nicht die Party sprengen«, sagte ich höflichkeitshalber.

»Das ist keine Party«, sagte Shea. »Die Partys sind am Samstag. Das ist nur der Freitagabend in den Hamptons. Die Leute versammeln sich irgendwo zu einem Feierabenddrink. Und heute ist wohl Clay dran.«

Während Carlo den Wagenschlag für Shea aufhielt, sah ich Clay Welles zum ersten Mal.

Er trat aus der Haustür und kam direkt auf uns zu.

Der Kerl sah unverschämt gut aus.

Um einen Meter sechsundachtzig, markantes Gesicht, blaue Augen. Sein dunkelblondes Haar war lang und zottig, was ihn bedeutend jünger aussehen ließ als Mitte vierzig. Seine satte Bräune kontrastierte aufs vorteilhafteste mit dem altmodischen Jeanshemd, das an ihm besonders modisch wirkte, den weißen Jeans und den Loafers ohne Socken.

Er nahm Sheas Hand und half ihr aus dem Wagen.

»*Jetzt* kann das Wochenende losgehen!«, rief er und küsste sie. »Jetzt geht das Wochenende *los!*«

Dann sah er mich, hob eine Augenbraue und schaute sie fragend an.

Ich stieg aus und ging zu ihm herum.

»Frank Decker«, sagte ich und gab ihm die Hand.

»Clayton Welles.«

Er wirkte nicht unfreundlich, man konnte ihn durchaus als »charmant« bezeichnen, aber in seiner Stimme klang eine unüberhörbare Frage mit: *Ich bin Clayton Welles, und wer zum Teufel bist du?*

In Momenten wie diesen sehne ich mich nach meiner Dienstmarke zurück.

Ich musste mich begnügen mit: »Mr. Welles, ich bin Privatermittler und arbeite an einem Fall. Ich hatte gehofft, Sie können mir ein paar Fragen beantworten.«

»Nennen Sie mich Clay«, sagte er. »Oder ist das einer von Sheas kleinen Streichen? Willst du mich aufs Kreuz legen, Baby? Ist das Versteckte Kamera?«

Er schaute suchend in die Runde.

»Er sucht nach einem vermissten Kind«, sagte Shea.

»Mein Gott«, sagte Clay. »Ist das Ihr Ernst?«

»So ernst wie ein Anruf nach Mitternacht.«

Ich hatte ihn genau beobachtet, als Shea das »vermisste Kind« erwähnte. Keine Regung in seinen blauen Augen.

»Ich fürchte, ich weiß nicht …«

»… wie Sie mir helfen können?«

»Genau«, sagte Welles. »Ich meine, wenn ich kann, tue ich natürlich alles. Ein vermisstes Mädchen …«

Shea hatte nichts von einem Mädchen gesagt.

Ich auch nicht.

»Vielleicht haben Sie etwas gesehen?«, fragte ich ihn.

»Ich hoffe *sehr*.«

Ich erzählte ihm vom Abend des 13. August an der Tankstelle von Jamestown. Er sah mich fragend an.

»Sie waren dort«, sagte ich.

»Ich?«

»Nun, Ihr Fahrzeug war es.« Ich hätte auch Auto sagen können, aber Fahrzeug klingt amtlicher und macht die Leute nervös. Ich wollte gern, dass Welles nervös wurde.

Da hatte ich mir was vorgenommen.

Ein so selbstsicherer Typ wie Clayton Welles war mir noch nicht untergekommen.

»Wo war das noch mal?«, fragte er.

Ich wiederholte es.

»Route 86«, sagte er.

»Richtig.«

»Ach, ich kam von Chicago«, erinnerte er sich. »Ich hatte dort ein Shooting und war mit dem Auto gefahren.«

Ich sagte nichts.

Regel Nummer eins beim Zeugenverhör.

Immer reden lassen.

»Und ich hielt zum Tanken«, sagte er. »Sie können recht haben, irgendwo bei Jamestown. An dem See, stimmt's?«

»Stimmt.«

»Riiichtig!«, rief er.

»Haben Sie da zufällig ein kleines Mädchen gesehen?«

Welles schüttelte den Kopf. Aber er fragte: »Können Sie es beschreiben?«

Ich lächelte ihn an, beschrieb ihm Hailey und fügte hinzu: »Seltsamerweise sieht sie aus wie die jüngere Version von Shea.«

Er zeigte keine Reaktion.

Welles bestand darauf, mich hereinzubitten.
»Ich möchte nicht stören«, sagte ich, »ich suche mir ein Hotel.«

Er lachte. »Hotels in den Hamptons? Höchstens Gästehäuser oder Pensionen. Und da finden Sie nichts an einem Augustwochenende.«

»Vielleicht gibt es einen Zug zurück nach New York.«

»Keine Chance«, sagte er. »Sie wohnen bei uns. Wir haben jede Menge Platz, und meine Gäste werden *beglückt* sein. Ein echter Privatdetektiv, das glaubt mir *keiner!*«

Er legte den Arm um Shea, und ich folgte ihnen ins Haus.

Das Glück seiner Gäste wollte ich nicht schmälern.

»Tut mir leid, dass ich Ihnen wegen des Mädchens nicht behilflich sein kann«, sagte Welles. »Aber wer weiß, vielleicht bringe ich mein Gedächtnis noch auf Trab. Ich hoffe doch.«

Die Nicht-Party war in vollem Gange.

Von den »Beautiful People« hatte ich schon oft gehört, aber ich hatte noch nie welche gesehen. Dass in einer größeren Gesellschaft alle durch die Bank gut aussahen, kam mir unwahrscheinlich vor, aber es war so. Ich glaube, die Chancen dafür steigen dramatisch, wenn man das Landhaus eines Modefotografen in den Hamptons betritt.

Ich sehe ganz passabel aus – zumindest hatte das Laura immer behauptet –, aber unter diesen Leuten kam ich mir vor wie Rumpelstilzchen an einem besonders schlechten Tag.

Alle hier waren entweder Models oder Ex-Models oder werdende Models oder hätten Models werden können, wenn sie nicht schon Schauspieler oder Schauspielerinnen, Filmemacher oder Schriftsteller oder Choreographen, Tänzer oder Sterneköche oder einfach nur so stinkreich gewesen wären.

Der Barmann war ein Collegestudent, der mich herablassend nach meinen Wünschen fragte.

»Ein Bier?«, schlug ich vor.

»Ich hätte Blue Point, Blind Bat, Fire Island, Brick House ...«

»Bud?«

»Weiser?«

»Genau.«

»Nein«, sagte er. »Bedaure.«

Von Bedauern war nichts zu spüren.

»Dos Equis?«, fragte ich.

Er durchsuchte den Eiswasserbehälter und schwenkte triumphierend eine tropfende Flasche Dos Equis.

Für den Neandertaler.

»Gibt es wirklich ein Bier, das Blind Bat heißt?«, fragte ich. »Blinde Fledermaus?«

»Sicher.«

»Warum?« Ich ließ ihn mit dieser Frage allein und schlenderte durch die offene Terrassentür zum Pool.

Einige Schauspieler glaubte ich von der Krimiserie zu erkennen, die Laura immer sah, mich aber zu sehr an meinen Job erinnerte. Die meisten waren langbeinige, ausgemergelte Models, die nur eine Bambussprosse vom hypoglykämischen Schock entfernt schienen.

Aber Dirty Martinis schlürften.

»Alkohol statt essen, und das jeden Tag«, flüsterte mir Shea zu, als hätte sie meine Gedanken erraten. »Es spricht sich gerade rum, dass du Privatdetektiv bist. Vielleicht hast du heute Abend Glück.«

»Ich bin kein richtiger Privatdetektiv.«

»Nein«, sagte sie, »nur der Finder verlorener Kinder.«

»Nicht mal das. Ich habe sie noch nicht gefunden.«

»Aber du wirst sie finden«, sagte sie und schaute mir tief in die Augen.

»Klar.«

Die Abenddämmerung setzte ein. Ein milder Augustabend mit Blumenduft und sanfter Seebrise.

Und Kräutergeruch.

Eine Marihuana-Wolke waberte über den Pool. Welles kam zu mir herüber und sagte wie nebenbei: »Manche Leute sind nervös, weil wir einen Cop hier haben.«

»Ich bin keiner mehr«, sagte ich.

»Dann ist es okay?«

Ich rauche kein Dope. Aber wie die meisten meiner Generation habe ich es probiert. Auch in Irak, um mir die Zeit ein bisschen erträglicher zu machen, die ich als pure Langeweile mit Einsprengseln nackten Terrors erlebt habe. Aber das war's auch schon. Und ich werde keinem erzählen, dass ich nicht inhaliert habe. Nur, dass es mir nie sonderlich geschmeckt hat.

»Es ist Ihr Haus«, sagte ich. »Ihre Party.«

Und was für eine!

Die Hemmungen schwanden mit dem Tageslicht. Auch eine Menge Kleidungsstücke. Einige der Reichen und

Schönen fanden sich ohne Kleider noch schöner, und ich kann nicht bestreiten, dass sie recht hatten.

Im Handumdrehen also war der Pool und der Jacuzzi voll von schönen nackten Menschen, die Cocktails tranken und Dope rauchten. Ich ließ meine Klamotten an und schloss Wetten mit mir ab, wann die Orgie losgehen würde.

Sie ging nicht los, zumindest nicht so, wie ich gedacht hatte. Nicht, dass ich je eine Orgie gesehen oder gar erlebt hätte. Ein paar Pärchen oder Trios verzogen sich in dunkle Ecken oder in den »*grotto*«, der offenbar für den Zweck gedacht war, aber es spielte sich alles sehr diskret ab.

Trotzdem. Sex breitete sich über die Party wie eine Wolke aus Parfüm: schwül, sinnlich, aufreizend.

Eine Frau, bekleidet, setzte sich in meiner Nähe an den Rand des Pools.

Sie trug einen eleganten schwarzen Badeanzug, kurzes, kastanienbraunes Haar mit Strähnchen und sah aus wie Anfang vierzig.

»Ich kenne Sie nicht«, sprach sie mich an. »Normalerweise kenne ich jeden, der zu so etwas kommt.«

»Normalerweise *komme* ich nicht zu so etwas«, erwiderte ich.

»Also, was führt Sie her?« Sie klang höflich und interessiert – auch ein wenig herausfordernd.

»Shea Davies hat mich eingeladen«, sagte ich, »und ich dachte mir: Warum nicht?«

»Wenn Shea mich einladen würde, käme ich auch«, sagte sie und reichte mir die Hand. »Addie Van Wyck, übrigens.«

»Frank Decker.« Ich schüttelte ihre Hand.

»Oh, Sie sind der Privatdetektiv«, sagte sie. »Ihretwegen das ganze Gewisper.«

»Gewisper?«

Addie lachte. »Wenn man ein Penthouse in der Fifth Avenue und ein Cottage in den Hamptons hat, werden einem solche Vokabeln verziehen, ja, fast von einem erwartet.«

»Wie anstrengend.«

»Endlich weiß es mal einer zu würdigen«, sagte Addie. »Die sozialen Verpflichtungen lasten schwer auf meinen Schultern.«

Das bot mir den Anlass, etwas Nettes über ihre Schultern zu sagen, denn die waren wirklich gut. Wie auch alles andere. Ein Körper, der nach Coaching aussah, Tennisplätzen, Swimmingpools und Yogakursen. Und ganz diskret nach Schönheits-OP. Aber ich schnappe nicht nach jedem Köder.

»Nehmen Sie sich ein Beispiel an mir«, sagte ich. »Ich habe eine 74er Corvette, lebe aus dem Koffer und habe keinerlei soziale Verpflichtungen. Woher kennen Sie Welles?«

»Ich bin die Vorsitzende seiner Stiftung«, sagte sie. »›Modefotografen gegen Krebs‹ sammelt Millionen für die Brustkrebsforschung ein. Nächste Woche gibt es übrigens ein Event. Außerdem sind wir hier draußen Nachbarn. Sie suchen nach einem vermissten Kind?«

»Das stimmt.«

»Wie furchtbar«, sagte sie. »Allein der Gedanke …«

»Haben Sie Kinder?«

»Eine vierzehnjährige Tochter. Und Sie?«

»Keine.«

Ich beließ es dabei.

»Gehen Sie doch rein«, sagte Addie und wies mit dem Kopf auf den Pool.

»Ich habe keine Badehose.«

Addie lächelte und zuckte die Schultern. »Sind Sie schüchtern?«

»Nennen wir es reserviert.«

»Reserviert ist ja süß. Wie altmodisch!«

»Alte *Schule*, vielleicht.«

»Aber Sie sind jünger als ich«, sagte Addie.

»Das bezweifle ich.«

»Und charmant«, sagte sie im Aufstehen. »Ich hoffe, Sie finden das arme Kind. Wenn ich etwas für Sie tun kann … Geld … Unterkunft …«

»Ich bin versorgt, aber vielen Dank. Das ist sehr großzügig von Ihnen. Sehr freundlich.«

»Nennen Sie es alte Schule«, sagte sie und ging.

Wenig später kam Shea an den Rand des Pools geschwommen. Beim Anblick ihrer Nacktheit kam ich mir beinahe pädophil vor.

Nicht dass sie etwas Kindliches hatte – es war ihre Ähnlichkeit mit Hailey, die mich beklommen machte, als sie ihre Ellbogen auf den Rand stützte. Die Unterwasserbeleuchtung umschmiegte ihren Körper wie ein Seidenschleier. Ihr Haar war nass, Tröpfchen glitzerten auf ihrem Gesicht wie kleine Brillanten.

»Ein heißer Flirt mit Addie Van Wyck?«, spöttelte sie. »Es gibt Männer, die versuchen seit Jahren, ihr an den Slip zu gehen, und du stichst sie alle aus.«

»Ich weiß gar nicht, wovon du redest.«

Ein Blick in ihre Augen verriet mir, dass sie high war, sehr high, die Art von high, die man bei einer schönen Frau mit Karriere, Geld und einem reichen Boyfriend nicht erwartet. Die Art von high, die nicht verzaubert, sondern einfach nur betäubt.

Gab es dafür einen Grund?

»Wo ist Clay?«, fragte ich.

Shea zuckte die Schulter. »Wen interessiert's?«

»Ich würde meinen, dich.«

»Wir haben eine exklusive Beziehung«, sagte sie. »Ich schlafe exklusiv mit Clay, er schläft exklusiv mit wem er will.«

»Und das findest du okay?«

Wieder das Schulterzucken. »Solange er Safe Sex macht.«

Safe Sex.

Eine der großen Lügen unserer Zeit.

Der kollektive Selbstbetrug.

Sex war niemals und wird niemals »safe« sein.

»Es geht mich ja nichts an«, sagte ich, »aber ich glaube, du hast Besseres verdient als das.«

Sie sah mir tief in die Augen.

»Ich mag dich, Deck«, sagte sie.

»Ich dich auch.«

»Du bist ein lieber Kerl.«

Vielleicht, vielleicht nicht.

Ich schaute über den Pool.

Da stand Welles und starrte zu uns herüber.

Wie gesagt, es war ein großes Haus, daher glaube ich, dass mir Welles das Zimmer, das neben seinem Schlafzimmer lag, absichtlich gab.

Ich sollte hören, wie sie sich liebten.

Ich wollte es nicht hören, also stand ich auf und ging auf den kleinen Balkon mit Blick auf den Pool. Es half nichts, weil auch die andere Balkontür offen stand und der Lärm in der Nachtluft noch aufdringlicher klang.

Ich kannte Kerle wie Welles.

Es reichte ihm nicht, sich mit einer schönen, viel jüngeren Frau zu schmücken, er musste auch mit ihr prahlen. Der Sex war besser, wenn er andere Leute neidisch machte.

Aber natürlich ging es nicht um Sex.

Es ging um die Macht.

Nicht um Shea als Frau, sondern um Welles als Mann.

Ich lehnte mich aufs Geländer, blickte hinab in das funkelnde Wasser und fragte mich, was für eine Art Mensch dieser Welles war.

Vielleicht war es belanglos, dass er »Mädchen« statt »Kind« gesagt hatte.

Vielleicht hatte er nur vermutet, dass es sich bei dem vermissten Kind um ein Mädchen handelte.

Jedenfalls reichte es nicht zu einem begründeten Verdacht.

Aber da war noch etwas – die Hast, mit der er das Thema beendet hatte.

Ein Detektiv steigt mit seiner Freundin aus dem Auto und befragt ihn wegen eines vermissten Kindes – ob er irgendetwas gesehen hat –, und er wischt die Sache schlicht beiseite, sagt »sorry« und fragt nicht mal nach einem Foto.

Dann lädt er den Detektiv in sein Haus ein und schläft demonstrativ mit Shea, nachdem ihm der Detektiv versichert hat, sie habe Ähnlichkeit mit dem vermissten Kind.

Zwei Dinge standen für mich fest: Evelyn Jenkins hatte ein Mädchen gesehen, das Hailey ähnelte und ein Spielzeugpferd bei sich trug.

Und Welles war auch dort gewesen.

Nein, ich wusste noch mehr.

Shea Davies war eine etwa fünfzehn Jahre ältere Hailey Hansen.

Der Liebeslärm verebbte schließlich, aber ich war zu aufgekratzt, um ins Bett zu gehen, außerdem konnte ich jetzt die Stille genießen und die kühle Luft. Eine sanfte Brise wehte vom Atlantik herüber.

Ich setzte mich in den Lounge Chair und ließ meinen Gedanken freien Lauf.

Plötzlich schrien die beiden sich an.

Warfen sich Wörter an den Kopf, die nicht unbedingt mit Liebe zu tun haben.

»Schlampe«, »Dreckskerl« und Schlimmeres.

Fenster knallten zu, und ich wollte schon hinübergehen und klopfen, damit die Dinge nicht außer Kontrolle gerieten.

Da sah ich Shea unter mir aus dem Haus rennen.

In einer weißen Seidenrobe setzte sie sich an den Rand des Pools und hängte die Füße ins Wasser.

Als sie sich umblickte, sah ich, dass sie weinte.

Ich folgte ihr nach unten.

Was soll ich sagen?

Manchmal bin ich eben ein lieber Kerl.

Hat er dich geschlagen?«, fragte ich.

Erste Frage, eine Polizistenfrage. Nicht dass ich raufgerannt wäre und ihn vertrimmt hätte. Der Gedanke war verlockend, aber kindisch. Wahrscheinlich hätte ich Carlo aufgespürt und ihn dazu gebracht, Shea sofort in die City zurückzufahren.

Dann wäre ich zu Welles gegangen und hätte ihm ein paar Takte erzählt.

Bei meinem Dad habe ich gelernt, dass ein Mann, der eine Frau schlägt, kein Mann ist.

»Wenn er ein Mann ist«, hatte er gesagt, »*beschützt* er die Frau.«

Er war wirklich alte Schule, mein Alter.

Was nicht das Schlechteste ist.

Aber Welles hatte Shea nicht geschlagen.

»Er braucht mich doch«, sagte sie. Erst verstand ich nicht, dann erklärte sie mir: »Blaue Flecken kann er sich nicht leisten. Zu viele Leute sehen meinen Körper – beim Make-up, beim Frisieren, beim Beleuchten. Nein, Clay verletzt mit Worten.«

»Mit welchen Worten?«

»Den üblichen.«

»Ich weiß nicht, welche die üblichen Worte sind, Shea.«

»Lass mich überlegen«, sagte sie. »Zum Beispiel Schlampe, Zicke, Emanze, Junkie, weißer Abschaum aus dem Trailerpark, und ohne ihn wäre ich ein Nichts. Ich könnte ganz schnell wieder in dem Dreck landen, aus dem er mich gezogen hat.«

»Ich dachte, ein Talent-Scout hätte dich entdeckt.«

»Nein, das war Clay.«

Meine halbe Karriere habe ich mit Zeugenbefragungen verbracht. Ich merke mir, was Zeugen sagen, und ich hatte mir gemerkt, was Shea mir erzählt hatte. Ich konfrontierte sie nicht damit – für eine Nacht hatte sie genug Männer, die sie kleinkriegen wollten.

»Wie alt warst du da?«, fragte ich.

»Vierzehn.«

Sie hatte »dreizehn« gesagt.

»Das ist sehr jung.«

»Nicht wirklich«, sagte sie in einem Ton, der mir verriet, dass sie nie richtig jung gewesen war.

Ich ließ ihr ein wenig Luft, dann bohrte ich weiter: »Shea ... sag mir, ich soll dich in Ruhe lassen, wenn du willst, aber ... wann hast du und Clay ...«

Ich suchte nach dem gängigen Euphemismus.

»›... was miteinander gehabt?‹«, half sie nach. »Bleib locker, Ex-Bulle. Ich war siebzehn.«

In New York das legale Mindestalter.

»Für drei Jahre also ...«

»Ich hatte Betreuerinnen«, sagte sie. Dann begriff sie. »O Gott, du glaubst doch nicht –«

Ich erzählte ihr nicht, was ich glaubte oder nicht glaubte, aber sie war geschockt. Und wütend.

»Nichts von dem, was du denkst! Er hat mich nie angerührt! Wenn du glaubst, Clay hat was mit dem vermissten Kind zu tun ...«

Sie stand auf.

»Wohin gehst du?«

»Zurück ins Bett.«

Sie sah meinen Blick.

»Ich liebe ihn«, sagte sie leise. »Und verdammt, er hat recht. Ohne ihn wäre ich ein Nichts.«

Sie ließ mich stehen, nun schon das zweite Mal.

Ich hätte sie zu gern festgehalten, aber das ging nicht.

Das Frühstück war lustig.
Nur ich und Welles. Im sonnendurchfluteten Esszimmer. Draußen in der Bucht tupften weiße Segel die glitzernde Wasserfläche.

Eine Haushälterin oder Köchin hatte schon die silbernen Kaffeekännchen gebracht, Grapefruit in kleinen Schüsseln, Rührei auf der Wärmeplatte, Toastscheiben im Toastständer.

»Wenn Sie was anderes wollen«, sagte Welles, »Josie bringt es Ihnen.«

»Nein, so ist es wunderbar.«

»Freut mich, dass Sie zufrieden sind«, knurrte er, unüberhörbar gereizt.

Ich goss mir Kaffee ein, nahm mir Rührei und setzte mich ihm gegenüber. In den weißen Jeans und dem frischen Arbeitshemd sah er keineswegs schlechter aus als am Abend zuvor. Sein Haar war feucht von der Dusche, und er war noch unrasiert, was sehr smart nach Dreitagebart aussah.

»Ich höre«, sagte er nach einer kleinen Kunstpause, »dass Sie Shea in der Nacht *trösten* wollten.«

»Ich weiß nicht, ob ich Erfolg damit hatte«, sagte ich.

»Sie haben unseren Streit mitgekriegt.«

»Mehr den Ton als den Inhalt.«

»Shea ist eine sehr provozierende Frau«, sagte er. »In mehr als einer Hinsicht.«

»Sie glauben gar nicht, wie oft ich das schon gehört habe«, sagte ich. »Meist von Männern, die ich festnehmen musste.«

»Das kann ich mir vorstellen.«

»Und wie wurden *Sie* von ihr provoziert?«, fragte ich.

Er sah mich scharf an: »Unter anderem, indem sie sagte, sie wolle mit Ihnen ...«

»Ich habe aber nicht mit ihr.«

»Klar«, sagte er, als wäre das eine abwegige Vorstellung. »Das sind so ihre Spielchen. Besonders wenn sie high ist.«

»Sie erzählte mir, Sie zwei hätten eine Abmachung.«

»Shea erzählt viel, wenn der Tag lang ist. Was hat sie noch erzählt?«

Ich antwortete nicht.

»Sind Sie etwa auch Beichtvater?«, fragte Welles.

»Nein, aber wenn Sie beichten wollen: Ich höre.«

Tatsächlich haben mir Ganoven schon aus geringerem Anlass ihr Herz ausgeschüttet.

»Was soll ich beichten?«, fragte Welles. »Dass ich sechsundvierzig bin und mit einer Einundzwanzigjährigen schlafe? Schuldig. Dass ich gern mit schönen Frauen schlafe? Schuldig. Nun erteilen Sie mir Absolution!«

»Sprechen Sie drei Ave-Marias und trinken Sie eine Flasche Vitamin-E-Saft«, sagte ich.

Er lachte. »Sie müssen wissen, dass Shea ein Problem mit der Wahrheit hat. Wenn ihr die Wahrheit nicht passt, denkt sie sich Geschichten aus. Manchmal sind die ganz amüsant, manchmal auch traurig, oder sie treiben einen zur Weißglut. Wie auch immer: Sie sollten auf ihre Geschichten nicht reinfallen.«

Eines dürfte klar sein: Hätte ich immer auf die Ratschläge anderer Leute gehört, wäre ich nicht weit gekommen. Jedenfalls nicht bis hierher, an den Frühstückstisch von Clay Welles. Ich schaute hinaus auf den manikürten, smaragdgrünen Rasen, die makellos geschnittenen Hecken, die gestutzten Bäumchen, und setzte mein Fragespiel fort: »Was ist denn so problematisch an Sheas Wahrheit?«

Er blickte an die Decke und dachte nach, bevor er sagte: »Ich glaube nicht, dass ein Kind, das nachts Besuch vom Stiefvater bekommt, diese Wahrheit mag. Oder glauben *Sie* das?«

Das war sein Gegenschlag, mit dem er mich in die Defensive bringen wollte. »Manche Leute sagen, es wäre Kindsraub gewesen«, fuhr er fort. »Andere gehen so weit zu behaupten, ich hätte Shea – damals hieß sie noch Jennifer – ihrer Kindheit beraubt. Was sie nicht sagen, weil sie es nicht wissen: Ich habe sie gerettet.«

Er ließ seine Worte wirken.

»Ja, ich habe sie *gerettet*. Habe ich mich später in sie verliebt? Ja. Und ich bin immer noch in sie verliebt. So, wie Sie auch, ein bisschen zumindest, wenn Sie so ehrlich sind, wie Sie tun.«

Er verstummte – Shea kam herein.

Ich weiß nicht, wie sie es schaffte, so schlecht und so gut zugleich auszusehen. Ohne Make-up, das Gesicht glänzend, mit nassem Haar, sah sie noch jünger und unschuldiger aus, abgesehen von den dunklen Augenringen – den Spuren eines ausgewachsenen Katers.

Sie goss sich Kaffee ein. »Habt ihr über mich geredet?«

»Du hältst dich wohl für den Nabel der Welt«, sagte Welles.

»Aber es stimmt«, sagte sie.

»Ja doch, es stimmt«, seufzte er. »Du bist unser gemeinsames Problem.«

Shea nahm ihre Tasse und schlurfte zur Terrassentür.

»Ich bin draußen am Pool.«

»Denkst du an die Sonne?«, mahnte Clay.

»Fick dich!«, sagte sie und ging hinaus.

»Sie ist ein Morgenmuffel«, bemerkte Welles. »Also, Decker, kann ich noch was für Sie tun?«

Er wollte mich von hier weghaben, und ich konnte es ihm nicht verdenken.

»Sie haben also keine weiteren Erinnerungen an jene Nacht?«, fragte ich.

»Ich wünschte, ich hätte sie«, sagte Welles.

Normalerweise lege ich Zeugen nichts in den Mund. Das korrumpiert ihre Erinnerung, verschmutzt den Brunnen, wenn man so will, aber im Moment hatte ich keine andere Wahl.

»Haben Sie noch ein anderes Auto dort gesehen?«, fragte ich.

Er schüttelte den Kopf. Jetzt wurde er ungeduldig.

»Einen weißen Van?«, bohrte ich nach.

»Tut mir wirklich leid.«

Ich stand auf. »Schon in Ordnung. Ich danke Ihnen für all Ihre Gastfreundschaft.«

»Carlos kann Sie zum Bahnhof fahren.«

»Danke. Sehr nett von Ihnen.«

Er nickte, dann zeigte er auf Shea. »Sagen Sie ihr lieber goodbye, sonst lässt sie es an mir aus.«

Ich dankte ihm noch einmal und gab ihm die Hand.

Er ging nach oben und ich hinaus an den Pool. Die Sonne war grell und heiß. Shea hielt die Hand über die Augen, um mich zu sehen.

»Fährst du ab?«

»Ja.«

Sie sagte nichts.

»Danke für alles, ja?«, sagte ich.

»Morgen Abend habe ich ein Shooting in der City. Wenn du kommen willst«, sagte sie. »Mir bei der Arbeit zusehen.«

»Danke, aber ich bleibe wohl besser bei meinem Job.«

»Nur falls du Lust hast.«

»Ich überleg's mir.«

Ich wandte mich zum Gehen.

»Deck?«

»Ja?«

»Ich hoffe, du findest das kleine Mädchen.«

Ich nahm den Zug zurück in die City.
Er war fast leer – nur der letzte Loser fährt an einem Samstagnachmittag im August von den Hamptons nach New York zurück.

Die Long Island Railway brachte mich zur Penn Station, von dort nahm ich die Linie 1 zur Upper West Side. Als ich mein Hotelzimmer betrat, war ich nur noch ein verschwitztes Bündel, und die Dusche bekam reichlich zu tun.

Ich musste mehr von mir abspülen als nur den Schweiß.

Erst einmal die Hamptons selbst mit all diesen tollen Leuten von der Freitagabend-Nichtparty. Dann die hässliche Auseinandersetzung zwischen Shea und Welles und meine nächtliche Unterhaltung mit ihr am Pool. Vom Vormittag das, was Welles über ihre Kindheit erzählt hatte.

Und das Gefühl des Verdachts.

Der Verdacht dringt einem Cop durch alle Poren und geht ihm über in Fleisch und Blut. Laura hat einmal behauptet, sie könne das an mir riechen, und ich bin nicht sicher, ob sie es nur im übertragenen Sinn meinte. Das Gefühl braucht Jahre, bis es in einen eingedrungen ist, aber wenn es dann passiert ist, kann man es nicht mehr ausschwitzen oder wegduschen.

Ich hatte Shea im Verdacht.

Und ich hatte Welles im Verdacht.

Shea hatte ich im Verdacht, Märchen zu erzählen – über ihre Vergangenheit, über ihr Leben mit Welles.

Ihn hatte ich im Verdacht ...

Das war das Problem – ich wusste nicht, worauf sich der Verdacht richtete. Clayton Welles entsprach in keiner Weise dem Profil eines Kindesentführers. Dazu war er zu alt, er war erfolgreich, kein Einzelgänger, alles andere als ein Loser.

Er hatte an der Tankstelle von Jamestown gehalten, an dem Abend, als Hailey dort gesehen wurde, und er hatte eine Freundin, die ihr frappierend ähnlich sah.

Das Zusammentreffen dieser beiden Zufälle ließ mich nicht los. Wäre es nur das eine oder das andere gewesen, hätte ich die Sache fallenlassen. Hätte mir gesagt, wieder eine falsche Spur. Hätte die Sachen gepackt und mich auf den Weg gemacht, die nächste Spur aufnehmen.

Es wäre das einzig Vernünftige gewesen.

Stattdessen zog ich mein letztes sauberes Hemd an – weiß, kurzärmlig – und verließ das Hotel ohne bestimmtes Ziel. Ein Samstagabend in New York? Den durfte ich mir nicht entgehen lassen.

Einfach zu laufen, den Kopf klarzukriegen, die Gedanken zu ordnen war auch keine schlechte Idee.

Ich lief den Broadway hinab. In der Luft lag leichter Müllgeruch, während ich mich dem Strom derer anschloss, die nicht das nötige Kleingeld hatten, am Wochenende die Stadt zu verlassen. Die Dusche war eine vergebliche Übung gewesen, nach Minuten schon war ich mit einer dicken Schweißschicht bedeckt, aber es machte mir nichts aus.

Es war angenehm zu schwitzen, angenehm zu laufen, angenehm, allein zu sein – so allein, wie man in New York nur sein kann. Und vielleicht ist man im Herzen einer Metropole, wo einen keiner kennt und keiner beachtet, einsamer als irgendwo sonst auf der Welt. Aber egal: Das Gefühl hatte etwas Befreiendes, das ich sehr genoss, während ich unter einer Baumgruppe mit Bänken entlanglief, die sich Straus Park nennt, und dann den Duke Ellington Boulevard überquerte.

In diesem Teil Manhattans ist der Broadway das, was sein Name suggeriert – er ist breit, und man sieht viel Himmel. Die Häuser sind vorwiegend älter, meist nicht höher als zehn bis zwanzig Stockwerke. Hier gab mir der Broadway ein Gefühl der Weite, als wäre er der letzte Ausläufer des amerikanischen Westens. Dabei war er voller Läden und Restaurants, Delis und Pizzerien, Zeitungsstände und Eisbuden.

Der Himmel, und es gab reichlich davon, zeigte eine Farbe, die die Natur nicht kennt – eine Mischung aus Orange, Pink und Schiefergrau, zusammengesetzt aus Hitze, Feinstaub und Dämmerung. Die verschiedensten Sprachen umschwirrten mich – Englisch und Spanisch, karibische, osteuropäische, irische, indische Idiome und solche, die ich nicht identifizieren konnte. Ich hörte fröhliches und böses Geschrei, Liebesgeflüster, geile Anmache, lautes Lachen, das aufgeregte Gefasel der Schizos, die sich mit den Stimmen in ihrem Kopf unterhielten.

Die alten Männer auf den Bänken des Mittelstreifens sahen aus, als säßen sie immer dort, an jedem warmen Abend, um über ihre Frauen, Kinder, Enkel zu reden, Säufer und Junkies bettelten um Kleingeld. An der Ecke 103rd Street warf ich einem Saxophonspieler, der »My Funny Valentine« dudelte, einen Dollar in den Kasten und kassierte ein Nicken.

Es machte Spaß, einfach so zu laufen.

Auf dem Broadway roch es nach Leben.

Irgendwo auf Höhe der 96th wusste ich, dass Shea es war, die mich in New York festhielt. Ich musste mir eingestehen, dass sie mehr für mich war als nur ein Hailey-Ersatz – mehr als ein Mädchen, das vielleicht meine Hilfe brauchte.

An der 87th sah ich ein, dass auch das eine Illusion war. Ich konnte Shea nicht helfen, selbst wenn sie es wollte, genauso wenig, wie ich Hailey hatte helfen können. Das Beste, was ich für beide tun konnte, war, die nächste Spur aufzunehmen, wie immer die aussah.

Und Welles?

An der Ecke 79th kam ich zu dem Schluss, dass er die Wahrheit sagte, dass es meine Abneigung gegen ihn war ... und okay, meine Eifersucht, die mir den Verdacht eingegeben hatte. Es gab nichts Greifbares, was ihn mit Hailey Hansen in Verbindung bringen konnte.

Plötzlich hatte ich Hunger.

An der Ecke 78th sah ich Nick's Burger Joint, ein Lokal mit kleinen Außentischen, und ließ mich nieder. Eine Serviererin mit leuchtend rotem Haar und noch leuchtenderen blauen Augen reichte mir die Karte, ich bestellte einen Cheeseburger und Eiskaffee. Als sie die Bestellung brachte, war frisches Eis im Kaffee, und der Burger hatte die Größe einer Bauernpranke. Als treuer Sohn Nebraskas bin ich natürlich auf Rind eingeschworen, aber ich war entschlossen, meine kulturellen Vorurteile zu überwinden, und siehe da: Dieser Burger schmeckte mir gewaltig.

Ich saß und kaute und ließ New York an mir vorüberziehen – Verliebte und Einsame, klapprige alte Ladys und schräge Teenager, grazile Schwule und schwarzgekleidete

Ballerinen mit strengen Haarknoten, Retrojazzer mit Porkpie Hats, italienische Gentlemen in schwarzen Seidenanzügen, Inderinnen in Saris, puerto-ricanische Mädchen in bunten Sommerkleidern. In den Gesichtern Hoffnung und Begierde, Träume und Ängste, Energie und Gelassenheit, Reinheit und Verdorbenheit, Glaube und Erlösung, Verlorenheit und Glück.

Ich stellte fest, dass so eine Straße wie ein Fluss ist, wie ein Forellenbach, in den man hineinschauen kann. Mit Strömungen und Strudeln, mit seichten Stellen, wo Stichlinge spielen, und düsteren Untiefen, wo Hechte lauern, mit friedlichen Abschnitten und tückischen Fallen und, obwohl ich sie an diesem Abend nicht sah, gefährlichen Wirbeln, die einen einsaugten und nie wieder losließen.

Ich zahlte meine Rechnung und machte mich auf den Rückweg.

Jetzt wusste ich, was ich zu tun hatte. Packen, schlafen und in aller Frühe abreisen.

Zu irgendeinem Fluss, der mich zu Hailey führte.

Ich war fest entschlossen.

Bis ich mein Zimmer betrat und feststellte, dass ich nicht allein war.

Er war etwa einen Meter achtundsiebzig, kräftig gebaut, mit Pistolenhalfter unter dem Jackett. Er hatte eine Halbglatze mit schmutzig blondem Haaransatz, der spitz in seine breite Stirn ragte.

Dass ich ihn in meinem Zimmer überraschte, schien ihn nicht zu stören.

»Sind Sie Frank Decker?«

»Und wer sind *Sie?*«

Er zeigte mir seine Marke. »Detective Sergeant Russo, NYPD.«

Es wäre albern gewesen, nach seinem Durchsuchungsbefehl zu fragen. Offenbar hatte er die Marke an der Rezeption gezückt, einen Schlüssel bekommen, und mehr an Formalitäten brauchte er nicht.

»Ich bin Decker«, sagte ich. »Was machen Sie in meinem Zimmer?«

»Ich filze es.«

Ich bewunderte seine Offenheit. »Und? Haben Sie was gefunden?«

»Sie reisen mit leichtem Gepäck.«

»Mit leichtem Gepäck reist es sich besser.«

»Tragen Sie was bei sich, was ich wissen sollte?«

»Ich habe eine 38er im Waffensafe meines Autos.«

»Das ist okay«, sagte er und wischte sich mit dem Handrücken den Schweiß von der Stirn. »Ist ja eine Bullenhitze hier.«

Ich ging ans Fenster und schaltete die Klimaanlage ein. Sie setzte sich ratternd in Bewegung und produzierte widerwillig ein wenig Abkühlung.

Russo okkupierte den einzigen Stuhl, so dass mir nur das Bett als Sitzplatz blieb. Der übliche Trick, Leute zu verunsichern – eine Frage der Dominanz. Aber der Trick funktionierte nicht, weil ich einfach stehen blieb und fragte: »Was machen Sie in meinem Zimmer, und was wollen Sie?«

»Mr. Welles hat mich gebeten, Sie zu überprüfen«, sagte Russo.

»Arbeiten Sie öfter für Mr. Welles?«

»Ja«, gab er unumwunden zu. »Welles mietet Cops für die Sicherung seiner Shootings. Manchmal braucht er einen zivilen Bodyguard. Er zahlt gutes Geld, und meine Tochter studiert an der NYU. Die tollen Girls bei ihm sind auch kein Hinderungsgrund. Wenn er also eine Bitte hat, wird sie gewöhnlich erfüllt.«

»Welche Bitte hatte er denn?«

»Ihn abzuschirmen«, sagte Russo.

»Ich bin nicht an ihm dran.«

»Aber Sie fahren mit seiner Schnecke in die Hamptons. Kommen Sie, Decker!«

Ich wollte ihn über Hailey aufklären, doch Welles hatte ihn schon informiert. »Welles steht auf junge Hühner, aber er ist kein Pädo.«

»Ich wollte nur wissen, ob er was gesehen hat.«

»Aber er hat nichts gesehen.«

»Sagt er.«

»Sie glauben ihm nicht?«

Warum sollte ich meine Karten aufdecken?« »Es gibt keinen Grund, an seiner Aussage zu zweifeln.«

»Gesprochen wie ein Cop.«

»Ich möchte was aus der Schublade holen«, sagte ich.

»Sie wissen ja schon, dass da keine Waffe drinliegt.«

»Nur zu.«

»Vielen Dank.«

Ich nahm die Akte heraus und zeigte ihm Haileys Foto. Er sah sich das Foto an und gab mir die Akte zurück.

»Sieht aus wie Shea. Na und?«

»Kommt Ihnen das nicht seltsam vor?«

»Nach zwanzig Jahren NYPD kommt mir nichts mehr seltsam vor.« Russo überlegte kurz. »Sie kennen die Geschichte von Shea?«

»Ich kenne verschiedene Geschichten von Shea«, antwortete ich. »Haben Sie eine neue für mich?«

Er erhob sich von seinem Stuhl. »Ich könnte ein kühles Bier gebrauchen.«

»Kennen Sie hier eine Bar?«

»Das ist ein altes irisches Viertel«, sagte er. »Wer hier keine Bar findet, folgt einfach seinem Blindenhund.«

Wir liefen um ein paar Ecken, einige Kellertreppen hinab und landeten in einer düsteren Spelunke. Russo ging an die Bar und holte zwei Bier. Ich sah, dass er nur Trinkgeld hinlegte.

»Ist es wahr, was man so hört? Sie haben einfach gekündigt, um nach diesem Mädchen zu suchen?«

»Kann man so sagen.«

Wer hatte ihm das erzählt? Shea oder Welles?

»Und was wird aus Ihrer Pension?«

Ich zuckte die Schultern.

»Sie sind mir ja ein Schauspieler.«

»Ich verstehe nicht …«
»Der Cop ist gekauft, der Schauspieler ist engagiert.«
Er leerte sein Glas in einem Zug und stand auf.
»Kommen Sie.«
»Wohin wollen Sie?«
Eine kleine Runde, meinte er.

Eine Führung durch die Hölle kriegt man nicht alle Tage. Aber Andy Russo tat mir den Gefallen.

Wir stiegen in seinen zivilen Chevy Impala und fuhren zum Port Authority Building, dem großen Busbahnhof der City, wo mir Russo die Zuhälter zeigte, die auf der anderen Seite der 8th Avenue warteten.

»Das geht hier wie am Nummernautomaten«, sagte er. »Achtundvierzig Stunden nach ihrer Ankunft sind achtzig Prozent der Ausreißerinnen schon auf der Straße.«

Er ließ mich eine Weile schauen, dann fuhren wir weiter südwärts zum Straßenstrich: 28th Street in der Nähe des Hudson.

Und ich wunderte mich, dass ich keine Mädchen sah.

»Das war mal«, sagte er. »Damit haben wir Schluss gemacht. Was sehen Sie hier?«

»Geparkte Autos und Vans.«

»Schauen Sie hin.«

Ich sah Männer, meist mittleren Alters, die aus geparkten Autos stiegen und zu den Vans gingen. Die Hecktüren öffneten sich, und sie stiegen ein.

»Die Mädchen«, sagte Russo, »und die meisten sind wirklich Mädchen, ›machen Party‹ in diesen Vans. Das ist der neue Trend. Die Mädchen *gehen* nicht mehr auf den Strich, sie *fahren* auf den Strich.«

Die Freier können per Smartphone Kontakt aufnehmen, chatten und twittern, erklärte er mir. Sie lassen sich Fotos oder einen Link schicken, damit sie die Katze nicht im Sack kaufen. Dann wählen sie den Straßenabschnitt aus, und es geht zur Sache.

Im Durchschnitt, so Russo, bedienten die Mädchen sechs oder sieben Männer pro Nacht und nahmen zwischen achthundert und tausend Dollar ein. Selbst Zuhälter ohne große Ambitionen hatten gut und gerne zwölf Mädchen auf der Straße und ließen sie sieben Tage die Woche arbeiten, zweiundfünfzig Wochen das Jahr, so lange, wie sie funktionierten.

Nach vorsichtiger Schätzung belief sich das auf dreihunderttausend Dollar pro Mädchen und Jahr.

Drei Millionen pro Zuhälter.

Ein lukratives Geschäft.

»Das bringt mehr als Drogen«, sagte Russo. »Verkaufst du ein Tütchen, ist das Tütchen weg. Das Mädchen kannst du immer wieder verkaufen.«

Jetzt stieg eins aus ihrem Van.

Ich schätzte sie auf fünfzehn.

Blond, blauäugig, mit einem neongelben Top und Shorts, die schon aufhörten, bevor sie richtig anfingen.

High Heels.

»Das durchschnittliche Einstiegsalter ist dreizehn«, sagte Russo. »Obwohl ich schon Elfjährige hochgenommen habe. Die meisten hier sind aber älter. Sind sie unter dreizehn, zählt das als Missbrauch und bringt maximal fünfundzwanzig Jahre. Das ist den meisten Freiern zu heiß.«

Das Geschäft mit Kindern, erklärte er mir, laufe vorwiegend in Motels und Privatwohnungen. »Ihr vermisstes Mädchen werden Sie hier nicht finden.«

Das »Noch« ließ er im Raum stehen.

Das blonde Mädchen verschwand mit einem Freier im Van.

Russo sah meinen Gesichtsausdruck, als ich die lange Reihe der Vans und Schwarztaxen entlangblickte.

»Ich weiß«, sagte er. »Hier möchte man Dirty Harry spielen und einfach mit dem Maschinengewehr durchgehen. Keine Jury der Welt würde das verurteilen. Wenn wir Razzien und Festnahmen machen, ist ein paar Tage Ruhe. Dann simsen sie und chatten sie und suchen sich eine andere Gegend. Die sozialen Medien haben alles verändert.«

Er nannte mir Standorte: Murray Hill, SoHo, Tribeca, Houston Street und Christie Street, die 133rd an der Park Avenue, Lexington Avenue zwischen der 24th und 30th Street. Und das war nur Manhattan. Dasselbe lief in der Bronx, in Brooklyn und in Queens.

»Gibt es Zahlen, was die Mädchen betrifft?«, fragte ich.

»Es sind zwischen drei- und fünftausend.«

»Ziemlich ungenau, die Schätzung.«

»Die gehen eben nicht zur Volkszählung.«

Am Ende läuft in der Kriminalistik alles auf Zahlen hinaus. Die brauchst du, um den Bedarf an Ressourcen und Personal zu berechnen. Und den Bedarf an Mitteln für die Ressourcen und das Personal.

Aber Zahlen sind abstrakt und unpersönlich, letzten Endes unmenschlich. Klar, ich weiß, dass man Verbrechensopfer in Zahlen fassen muss, um ihnen zu helfen, aber damit wächst die Gefahr, dass sie selbst zu Zahlen werden: drei- bis fünftausend Mädchen.

Dazu eine kleinere, aber ebenso beachtliche Zahl von Strichjungen.

Jedes einzelne Kind hat eine Geschichte.

Jede Geschichte ist anders, und doch gleichen sie sich in bedrückender Weise.

Ich bekam es vor Augen geführt, als Russo mit mir zur East 26th Street hinüberfuhr und vor einem Laden hielt.

»Was gibt's hier?«, fragte ich.

»Mal sehen«, sagte er im Aussteigen.

Wir betraten den Laden.

Eine Frau, vielleicht Ende zwanzig, half einem halbwüchsigen Mädchen beim Kochen. Das Mädchen rührte in einem großen Topf mit Spaghetti, der auf einem alten Herd stand. In einem kleineren Topf brodelte die Tomatensoße. Andere Mädchen hingen auf Sitzkissen, Plastikstühlen, zerschlissenen Sofas herum, sahen fern oder saßen bei einem Jungen, der auf der Gitarre klimperte. Wieder andere, vor allem Mädchen, lagen wie tot in Schlafsäcken auf dem Fußboden.

»Schwester Catherine, haben Sie einen Moment Zeit?«, fragte Russo.

»Für Sie immer.«

»Schwester Catherine – Frank Decker«, stellte er uns vor.

Sie wischte sich die Hände an einem Tuch ab und begrüßte mich. »Hallo«, sagte sie.

»Hallo.«

»Mr. Decker sucht nach einem vermissten Mädchen«, sagte Russo. »Ich dachte, Ihr Laden könnte ihn interessieren.«

»Safe Haven« war eine Anlaufstelle für Ausreißer. Es gab Kaffee, warme Mahlzeiten, Schlafgelegenheiten und Beratung für Kinder, die das wollten, auch die Möglichkeit, mit Angehörigen Kontakt aufzunehmen.

»Meistens«, sagte Schwester Catherine, »sind wir das, was der Name sagt: ein sicherer Hafen, den die Kinder ansteuern können, wenn auch nur kurz. Polizisten wie Andy sorgen dafür, dass die Zuhälter die Kinder nicht mit Gewalt wegholen.«

Sie erzählte mir noch mehr.

Manche der Kinder waren von zu Hause weggelaufen, andere wurden »weggeworfen«, wie sie das nannte – die Eltern oder Pflegepersonen waren überfordert oder hatten sich nie richtig um sie gekümmert.

Die Zuhälter haben immer Zeit für sie – anfangs.

Sie entwickeln einen ausgeprägten Beuteinstinkt – wie Raubtiere. Sie sehen Kindern an, ob sie von zu Hause ausgerissen sind oder vor die Tür gesetzt wurden. Die Zuhälter pirschen sich an sie heran, versprechen ihnen das Blaue vom Himmel – *du siehst toll aus, du bist anders als die anderen, ich bringe dich ganz groß raus.*

Es ist ein Klischee, weil es so wahr ist: Mädchen, die von ihren Eltern keine Liebe bekommen, suchen die Liebe woanders. Oft beim Erstbesten, der sie ihnen bietet.

Der Zuhälter hat immer Zeit für das Mädchen – anfangs.

Er verwöhnt sie, kauft ihr Kleider und Schmuck, bezahlt ihr Friseur und Make-up, geht mit ihr aus.

Das Mädchen merkt nicht, dass sie Schulden aufhäuft, die sie nie zurückzahlen kann.

Dann kommt es zu Zärtlichkeiten.

Am Anfang ist es schön und natürlich, weil das Mädchen denkt, das sei die Liebe.

Am Anfang.

Dann wendet sich das Blatt. Der Zuhälter bittet sie um einen Gefallen, er hat ein kleines Problem: Baby, wir sind pleite, wir brauchen Geld fürs Essen, für die Miete, für unsere gemeinsame Zukunft. Tu es für uns – und sie glaubt an dieses »Wir«, weil sie so gern daran glauben möchte.

In vielen Fällen, so Schwester Catherine, wurde das Mädchen als Kind sexuell missbraucht – von einem Nachbarn, einem Verwandten, und sie sagt sich: Was soll's? Ich bin sowieso schon versaut. Also kann sie auch gleich ein bisschen Geld damit machen und dem Mann helfen, der sie »liebt«.

Oder sie wird gezwungen. Bedroht, geschlagen, gefoltert, terrorisiert, bis sie ihren Widerstand aufgibt und sich verkauft.

Hat sie die Grenze einmal überschritten, glaubt sie, es gibt für sie kein Zurück mehr. Der Zuhälter gibt ihr Drogen gegen die Schmerzen und den Kummer, dann braucht sie den Kick, und sie geht anschaffen, um das Dope zu finanzieren.

»Nur das eine Mal« wird zu sieben Mal täglich, während sie versucht, alles abzuzahlen, die Drogen, das Zimmer, die Klamotten.

Er nimmt ihr ab, was sie verdient, und lässt ihr gerade das, was sie zum Essen braucht.

Sie lernt ihre Gefährtinnen kennen, die anderen Mädchen, die auf sie aufpassen müssen, und ihr wird eingeschärft: Wenn du abhaust, werden *sie* geschlagen, werden *sie* gefoltert. Wenn du zur Polizei gehst, müssen *sie* sterben, selbst wenn du es überlebst.

»Diese Kids zu einer Aussage zu bringen ist schwerer als bei der Mafia«, sagte Russo. »Entweder sie sind noch halb verliebt in den Zuhälter, oder sie haben Angst, nach Hause geschickt zu werden, was vielleicht noch schlimmer ist – oder sie fürchten, dass ihren ›Schwestern‹, die dem Zuhälter ausgeliefert sind, was passiert.«

»Und was machen Sie mit den Kindern?«, fragte ich Schwester Catherine.

»Viele Möglichkeiten haben wir nicht«, sagte sie. »Die Angehörigen werden benachrichtigt, oder wir setzen sie wieder auf die Straße, oder sie gehen als Kronzeugen in Haft. Manchmal kriegen wir sie in ein Programm – hier oder irgendwo für länger –, aber die Plätze reichen nicht.«

»Woher bekommen Sie Ihre Mittel?«, fragte ich. »Von der Kirche?«

»Schön wär's!« Sie schnaubte. »Nein. Von hier und da. Wir nehmen, was wir kriegen.«

»Wie viele Kinder leben so?«

»Aufs ganze Land gerechnet?«, fragte sie. »Geschätzte hunderttausend. Die gute Nachricht: Früher waren es etwa dreihunderttausend.«

Hunderttausend Kinder.

Etwa so viele, wie Lincoln, Nebraska, Einwohner hat.

Und das war die *gute* Nachricht.

»Sie wissen, warum ich Ihnen das zeige«, sagte Russo.

Ja, ich hatte begriffen.

Das Gleiche hätte Jennifer Davies geblüht, wenn Welles nicht gekommen wäre. Er hatte sie aus dem Dreck gezogen und »Shea« aus ihr gemacht.

Vom Stiefvater missbraucht? Ein Mädchen wie sie? Sie wäre nach New York durchgebrannt, und ein Zuhälter hätte sie gleich am Busbahnhof abgefangen. Mit ihren einundzwanzig Jahren wäre sie inzwischen ein hoffnungsloser Junkie und eine kaputte Prostituierte – wenn sie überhaupt noch am Leben wäre.

Russo wollte mir also begreiflich machen, dass es nicht

das Schlimmste war, von Welles als Betthäschen benutzt zu werden. Das war sicher kein Zuckerschlecken, und Shea mochte ihre Probleme haben, aber es war tausend Mal besser als die Alternative.

Nachdem er mir das verklickert hatte, meinte Russo: »Aber das wird Ihnen auch nicht weiterhelfen.«

»Ich muss total verknallt in dich sein, Russo«, sagte die Frau.

»Das sind sie alle«, erwiderte Russo lächelnd.

Wir saßen in einem Coffeeshop in Hell's Kitchen, die Frau hieß Tracy Barnes und arbeitete bei der Polizei, Abteilung sexueller Missbrauch. Sie war hübsch – kurzes, aschblondes Haar, zierlich, aber gut gebaut, weiße Jacke und weiße Jeans. Ihre Nase sah aus wie von einem Bildhauer gemeißelt, der vor dem letzten Handschlag einen Martini getrunken hatte. Sie war ein wenig schief geraten, und das erhöhte Tracys Reiz. Ich schätzte sie auf Mitte dreißig, mit Augen, die älter wirkten.

Wenn man sieht, was sie zu sehen bekam, passiert das eben.

»Es ist Wochenende!«, rief sie. »Ich könnte jetzt ein Date haben!«

»Und? Hast du eins?«, fragte Russo.

»Nein, aber danke für die Erinnerung.« Sie fragte mich: »Wie kann das sein? Samstagabend, und ich ohne Date?«

Mir fiel keine Antwort ein.

»Zahlst du wenigstens meinen Kaffee?«, fragte sie Russo. »Oder ein Stück Kuchen?«

»Ich mache das«, sagte ich.

»Siehst du, Andy? Ein Gentleman.«

»Decker sucht nach einem vermissten Mädchen«, sagte Russo.

»Wie alt?«, fragte sie. »Wie lange weg?«

»Inzwischen sechs«, sagte ich. »Seit einem Jahr.«

Ich sah in ihre traurigen Augen. Ihr Blick hatte sich verhärtet, keine Frage, aber sie konnte noch Gefühle zeigen.

»Hast du Grund zur Annahme, dass sie sich in New York aufhält?«

»Möglicherweise wurde sie auf der Route 86 in Jamestown gesehen«, sagte ich.

»Das ist alles?«, fragte Tracy. »Sie könnte in Buffalo sein, Albany ... genauso gut in Pittsburgh.«

Die Serviererin kam.

»Da mich die Herren heute einladen«, sagte Tracy, »nehme ich einen Kaffee, und haben Sie diese schwarz-weißen Cookies?«

»Die sind unser Renner.«

»Dann bitte einen davon.«

Sie Serviererin sah mich und Russo an. Ich nahm an, sie erwartete so etwas wie Platzmiete von uns, also bestellte ich mir Kaffee, ebenso Russo.

»Hast du Bilder?«, fragte mich Tracy.

Ich zeigte ihr zwei, die ich in der Brieftasche hatte – das alte Foto von Hailey und ein Phantomfoto ihres jetzigen Aussehens.

Tracy schüttelte den Kopf. »Habe ich nicht gesehen. Wenn du willst, kopieren wir die Bilder und stellen sie ins Netz.«

»Sie stehen schon im nationalen Register.«

»Klar«, sagte sie. »Ich meine unser lokales. Für die Abteilung sexueller Missbrauch und die Streifenbesatzungen.«

»Das wäre gut.«

»Frank?«

»Ja?«

Sie zögerte. »Ein Kind dieses Alters ... ein Jahr vermisst ...«

»Ich weiß«, sagte ich.

Wir sahen uns in die Augen, und ich verstand, was sie mir sagen wollte: Diese Geschichten endeten fast immer traurig, und sie wollte mich darauf vorbereiten.

Das war nett von ihr, und ich verschwieg ihr, dass ich mich seit einem Jahr darauf vorbereitete.

»Decker hat seinen Job aufgegeben, um sie zu suchen«, sagte Russo, fast als wäre ich sein Schützling.

»Wirklich wahr?«, staunte Tracy.

Ich zuckte die Schultern.

»Er war ein heißer Kandidat in Lincoln«, sagte Russo. »Für den Posten des Kripochefs.«

»Das ist nur eine kleine Truppe«, wiegelte ich ab und warf Russo einen fragenden Blick zu.

»Ich habe eben meine Schularbeiten gemacht«, sagte er. »Die loben Sie in höchsten Tönen, übrigens.«

»Es sind nette Menschen.«

»Tracy, kannst du ihm was sagen, was ihm weiterhilft?«, fragte Russo. »Prostitution, Kinderpornographie?«

Tracy hatte einiges zu erzählen.

Bei Kindern dieses Alters spielt sich alles hinter verschlossenen Türen ab – in Motels, Bordellen, Privatwohnungen.

»Du wärst geschockt, was da in einigen Spitzenhotels los ist«, sagte sie. »Wir weisen die Eigentümer darauf hin, aber die sind schwer zu fassen, und das Management sträubt sich, Gäste solcher Taten zu bezichtigen oder gar Anzeige zu erstatten.«

Ein Mann oder ein Pärchen reist mit einem Kind an, es wird als eigenes Kind ausgegeben, als Nichte oder als Enkelkind, wer fragt da schon nach Papieren? Sie belegen ihr Zimmer, checken am nächsten Morgen aus, und keiner weiß, was da passiert ist.

»Was ist mit Kinderpornographie?«, fragte ich.

»Das meiste kommt aus dem Ausland«, sagte Tracy. »Hergestellt in Heimarbeit. Die Aufklärung ist fast unmöglich, wenn nicht jemand auspackt.«

»Wie läuft das in den Bordellen?«

Tracy sah Russo an und sagte: »Ich war schon länger nicht bei Madeleine.«

Russo reagierte mit einem zweifelnden Blick. »Ist die nicht eine Nummer zu heiß für dich?«

Tracy hielt seinem Blick eine Weile stand, dann sagte sie: »Was soll's? Ich hab eh kein Date. Aber darf ich erst meinen verdammten Cookie aufessen?«

Sie aß den ganzen Riesencookie, ohne uns etwas abzugeben.

Das imponierte mir.

Wir fuhren mit Russos Auto zu einem Apartmenthaus in der East 78th Street zwischen First und Second Avenue.

Die schicke Upper East Side.

Es war eine ruhige Wohngegend mit Portiers in den Eingängen, auch in diesem Haus, einem schmalen fünfstöckigen Ziegelbau.

Der Portier stoppte uns. Ein Riesenkerl mit Schultern wie ein Rausschmeißer. Im langen roten Mantel mit verblassten Goldepauletten und mit einem Charme, den meine Mutter als »glitschig« bezeichnet hätte.

»Sind Sie denn verabredet?«, fragte er, als Tracy ihm sagte, dass wir zu Madeleine Chandler wollten.

Tracy zeigte ihre Marke.

Der Portier war ein Witzbold. »Da oben ist mindestens ein Richter, bei dem Sie eine Vollmacht beantragen können.«

»Okay«, sagte Tracy. »Und es gibt mindestens einen, der nicht da oben ist. Wenn ich mit einer Vollmacht und zwanzig Beamten komme, werden dir die Witze schon vergehen, du Arschgeige.«

Er ging ans Telefon.

»Sind Sie für Detective Sergeant Tracy Barnes zu sprechen, Ms. Chandler? Sie ist hier mit zwei ›Freunden‹.«

Er hörte ein paar Sekunden zu, dann sagte er: »Zweite Etage.«

»Wissen wir selber.« Tracy lief weiter, zum Fahrstuhl.

»Nette Uniform«, meinte Russo. »Marx Brothers?«

Warum fiel *mir* so was nicht ein?

Madeleine war jünger, als ich sie mir vorgestellt hatte, und viel schöner. Sie empfing uns an der Tür und küsste Tracy auf beide Wangen. »Tracy, Daaaarling!«

Wahrscheinlich hatte ich mir Puffmütter immer weißhaarig vorgestellt, mollig mit riesigen Brüsten und engem Korsett, aber Madeleine war groß und schlank wie eine Gerte, mit langem roten Haar, das auf ihre nackten Schultern und das schwarze Kleid fiel.

Dass Tracy die Küsse erwiderte, fand ich ein bisschen seltsam.

»Madeleine, erinnern Sie sich an Andy Russo?«, fragte sie.

»Wie könnte ich den vergessen?« Sie küsste Russo nicht. »Ist lange her.«

»Ich bin jetzt bei der Mordkommission«, sagte Russo.

Madeleine schaute mich an. Besser gesagt, sie musterte mich von oben bis unten und taxierte meinen Nettopreis. »Und Sie sind …«

»Frank Decker.«

»Sehr erfreut«, sagte sie, doch ihr Ton ließ keinen Zweifel, dass die Freude ganz auf meiner Seite war.

Der Salon war ein Wartezimmer der besonderen Art, nur dass hier keine Kunden warteten und niemand Ragtime spielte. Er war (natürlich!) geschmackvoll eingerichtet, mit individuellen Sesseln und je einem Tischchen dazu. Hochglanzmagazine – *GQ*, *Esquire*, *Vogue* – und das *Wall Street Journal* lagen fächerförmig ausgebreitet.

Weiße Orchideen in teuren Vasen.

An der Bar Mineralwasser und Säfte, wie ich bemerkte, aber kein Alkohol.

Tracy und Russo hatten mir erklärt, wie das Geschäft funktionierte.

Madeleine bot ihre Räumlichkeiten für Kunden an, die nicht wollten, dass die Mädchen zu ihnen nach Hause oder ins Hotelzimmer kamen. Ihre »Mädchen« waren Spitzenkräfte, sie verlangten zwei- bis dreitausend Dollar pro Kunde, wovon Madeleine die Hälfte kassierte. Mit anderen Worten, sie konnten zehntausend pro Nacht verdienen, wenn sie es drauf anlegten. Madeleine achtete derweil streng darauf, dass die Kunden kamen und gingen, ohne einander zu begegnen.

»Können wir irgendwo in Ruhe reden?«, fragte Tracy.

»Mein Büro?«

»Das wäre toll.«

Madeleine krümmte einen langen, eleganten Finger. »Folgen Sie mir.«

Ich will ehrlich sein – ich hatte noch nie ein Bordell von innen gesehen.

Nicht mal in Irak.

Mit den Jungs von der Bandenkriminalität war ich mal nach Omaha gefahren, um Crack-Dealer hochzunehmen, die einen Schwulenpuff betrieben, aber in einem richtigen »Freudenhaus« war ich nie gewesen, weder beruflich noch privat.

Ich kannte so was nur aus dem Kino und hatte mir gedacht, dass es genau das war: Kino.

Bei Madeleine war alles anders.

Wer hat das nicht schon erlebt? Man gerät in eine Modeboutique und merkt sofort an der Atmosphäre, dass man sich dort höchstens ein Paar Socken leisten kann, wenn überhaupt.

So war das bei Madeleine.

Mir fiel dazu der Ausdruck »Exklusive Klientel« ein.

Die Wände in verschiedenen Schattierungen von Grau waren edel mattiert und bildeten den perfekten Hintergrund für große, teuer gerahmte Aktfotos in Schwarzweiß – weibliche und männliche Körper in eleganten Posen, aber oberhalb beschnitten – Gesichter sah man nicht. Man konnte sie nicht mal als »Erotika« bezeichnen, aber genau das waren sie.

Die Teppiche waren weiß.

Absolut weiß, ohne ein Stäubchen.

Wir folgten Madeleine durch einen Flur mit mehreren Türen zu beiden Seiten. Aus einer der Türen trat eine Gestalt mit tiefschwarzem Pagenschnitt, die ich nur als göttlich bezeichnen konnte. Sie trug ein taupefarbenes Negligé (ja, auch in Lincoln, Nebraska, kennt man *taupe*), nickte Madeleine höflich zu und ließ uns passieren, bevor sie ihren Kunden hinausgeleitete.

Das Büro war sparsam, aber teuer möbliert. Ein antiker Mahagonischreibtisch, ein kleines weißes Sofa, zwei schwarze Eames Chairs.

Eine Reihe von Monitoren gegenüber dem Schreibtisch lieferte Überwachungsbilder vom Hauseingang, dem Salon und dem Korridor, aber nicht von den Zimmern.

Ein Spiegel bedeckte die Wand hinter Madeleines Schreibtisch, vermutlich mit derselben Funktion wie der Einwegspiegel im Verhörzimmer – ein Knopfdruck, und er wird zum Fenster.

Madeleine nahm Platz an ihrem Schreibtisch, lud uns mit einer Geste zum Sitzen ein und sagte mit vornehm gehobener Augenbraue: »Ich gehe davon aus, dass ich mit meinen Verpflichtungen auf dem Laufenden bin.«

»Darum geht es nicht«, sagte Tracy.

»Worum geht es also?«

»Zeig ihr das Foto, Frank«, sagte Tracy.

Ich legte Haileys Foto auf den Schreibtisch.

Madeleine nahm es in die Hand, betrachtete es, legte es wieder hin und sagte: »Das finde ich *sehr* kränkend!«

»Das will ich doch hoffen, Madeleine«, erwiderte Tracy.

»Alle meine Mitarbeiterinnen«, sagte Madeleine, »sind mindestens achtzehn. Das ist genauestens dokumentiert. Die meisten sind Mitte zwanzig oder älter – die Beschäftigung auf diesem Niveau erfordert Fähigkeiten, die nur durch Erfahrung zu erlangen sind.«

»Ihre Kunden haben doch sicher spezielle Vorlieben«, sagte Tracy.

»*Solche* Vorlieben nicht.«

»Aber Männer verlangen so etwas«, sagte Tracy.

»Und ich lehne so etwas ab.«

»Haben Sie auch Nachfragen nach einem Mädchen abgelehnt, das dieser Beschreibung entspricht?«

»Nein.«

»Aber wenn, rufen Sie mich an.«

»Ist das eine Bitte oder eine Feststellung?«

»Bitten will ich Sie um Folgendes«, sagte Tracy. »Wenn Sie derartige Vorlieben nicht bedienen – können Sie mir sagen, wo das aktuell passiert?«

Dass Madeleine Angst zeigen würde, hatte ich nicht erwartet. Aber da war sie: ein kurzes Flackern, bevor sie ihre eiskalte Beherrschung zurückgewann. Tracy hatte es auch bemerkt, denn sie sagte: »Wir halten Sie da raus, Madeleine.«

»Ich fürchte, das übersteigt Ihre Gehaltsklasse, meine Gute«, sagte Madeleine.

Tracy lächelte – ich hätte gesagt »herzig«, aber »herzig« gehörte nicht in ihr Gefühlsregister. »Hier ist mein Deal: Ich weiß, dass Sie im dritten Stock ›Spezialkunden‹ bedienen. Chefs, die sich auspeitschen lassen, Politiker, die ihre Mommy brauchen, mir egal. Leben und leben lassen. Aber wenn ich Wind davon kriege, dass bei Ihnen irgendwas mit Kindern läuft …«

Tracy richtete einen bohrenden Blick auf Madeleine.

»Mir ist ziemlich egal, was Sie wem bezahlen«, fuhr sie fort, »wie viele von meinen Vorgesetzten heute hier sind oder ob mich das meinen Job und meine Pension kostet. Also kommen Sie mir nicht mit Drohungen wie: ›Sie werden Streife auf der Müllkippe von Bay Ridge laufen‹. Sosehr ich Sie mag, Madeleine, sosehr ich Sie als Geschäftsfrau respektiere – ich werde Sie hier rausholen, der versammelten Presse vorführen, in Handschellen, Hände auf dem Rücken und ohne Ihnen das Gesicht zu verdecken.«

Madeleine nickte gehorsam.

Dann sagte sie: »Ich weiß nicht, wovon Sie reden, und ich kann Ihnen nicht helfen.«

Aber während sie es sagte, schrieb sie etwas auf einen Zettel und schob ihn Tracy hin.

Auf dem Zettel stand, dass wir sie erwarten sollten. Im John Jay Park am East River, zwei Ecken weiter.
»Madeleine heißt nicht Madeleine und auch nicht Chandler«, sagte Tracy. »In Wirklichkeit ist sie Russin – Obblydobbly Nochwas. Sie kam als kleines Mädchen nach New York.«

»Darauf wäre ich nicht gekommen«, sagte ich.

»Das sollst du auch nicht«, sagte Tracy. »Du sollst glauben, sie wäre alter Geldadel aus Manhattan. Das ist ihr Geschäftsmodell.«

»Und ich bin alter neapolitanischer Geldadel«, sagte Russo. »Das ist mein Geschäftsmodell.«

»Und woher hast du diesen Vornamen, Andy?«, fragte Tracy.

»Mein Alter hat eine Polin geheiratet«, sagte Russo. »Schande für die ganze Familie. Sie hätten uns fast aus Bensonhurst verjagt.«

»Aber Tomatensoße kochen hat sie gelernt, oder?«, fragte Tracy.

»Nicht so gut«, sagte Andy. »Meist hat mein Dad gekocht. Er hat's mir beigebracht.«

Tracy, ungläubig: »Du kannst kochen?«

»Mein Nudelauflauf!«, schwärmte Russo. »Da bleibt kein Auge trocken.«

Madeleine brauchte zwanzig Minuten. Und sah nicht begeistert aus.

»Es gibt da Gerüchte«, sagte sie.

»Dass jemand ein kleines Mädchen haben will?«, fragte Tracy.

»Nein«, sagte Madeleine.

Dass jemand eins verkaufen will.

Und Sie haben mich nicht angerufen?« Tracy war wütend.

»Es sind doch nur Gerüchte«, sagte Madeleine.

»Von wem?«, hakte Tracy nach, mit harter Stimme. »Wo haben Sie die gehört?«

Madeleine sprach von »der Gemeinde«, und ich versuchte, mir den Sexmarkt als »Gemeinde« vorzustellen. Es gebe Getuschel, vage Andeutungen, jemand wolle da ins Luxussegment einsteigen.

»Namen!«, sagte Tracy.

»Ich habe keine Namen«, sagte Madeleine. »Da wollte wohl jemand die Fühler ausstrecken, einfach mal testen, ob einer anbeißt.«

»Und? Hat einer angebissen?«

»Nicht, dass ich wüsste.«

»Was genau wurde denn *gesagt?*«, fragte Tracy.

»Sie hätten läuten hören, dass da jemand sei, der kleine Mädchen zu bieten hat.«

»Ich müsste Sie sofort festnehmen«, sagte Tracy.

Es war eher Wut und Frust als eine wirkliche Drohung. Tracy hatte nichts in der Hand, und auf ein bloßes Gerücht hin konnte auch sie niemanden verhaften.

Aber darum ging es gar nicht.

Ich wusste jetzt eine Menge mehr.

Erstens: Madeleines Büro war verwanzt. Deshalb hatte sie den Zettel geschrieben.

Zweitens: Das Bordell gehörte ihr nicht, und wenn doch, dann hatte sie Partner: Sie war nicht Herr im Hause und konnte die Wanze nicht einfach abschalten, wenn es nötig wurde.

Drittens: Sie hatte Angst, wenn auch nicht vor uns.

Hier hakte Russo ein: »Wir sind Ihre Rettungsleine. Greifen Sie zu.«

Sie lachte ihm ins Gesicht.

»Sie und meine Rettungsleine? Wo haben Sie heute gegessen? Ich im Le Cirque. Wo wohnen Sie? In Queens? Ich in der Park Avenue. Was fahren Sie? Ich fahre nicht, ich lasse mich fahren. Und wenn schon Rettungsleine, dann werfe *ich* die. Und Sie, Tracy ...«

Eigentlich unter ihrer Würde, diese billige Nummer, dachte ich. Vielleicht war sie einfach nur wütend.

»... halten sich da raus. Sie wissen nicht, worauf Sie sich einlassen.«

Russo setzte mich vor meinem Hotel ab.

Und wartete mit einer Überraschung auf.

»Ab jetzt übernehmen wir«, sagte er. »Und lassen Sie wissen, wenn es irgendwelche Erkenntnisse zu Ihrem Mädchen gibt.«

Er sah meinen Blick.

»Wenn Sie denken, wir wollen uns aus der Affäre ziehen«, sagte er, »dann liegen Sie falsch. Sie kennen ja Tracy jetzt. Glauben Sie, die lässt locker? Oder ich?«

»Denken Sie, ich?«

»Hören Sie, Deck. Wir wissen nichts Genaues. Selbst wenn das mit den Gerüchten stimmt, wissen wir nicht, ob die sich wirklich auf Ihr vermisstes Mädchen beziehen. Sie haben keine Polizeibefugnisse in New York – Scheiße, Sie haben überhaupt gar keine. Sie kennen sich hier nicht aus. Sie können nur abreisen und woanders weitersuchen. Wenn wir was hören, rufe ich Sie an, das verspreche ich.«

Ich öffnete den Wagenschlag und stieg aus.

Die Hitze war immer noch unerträglich.

»Danke, Andy.«

»Sie sind ein guter Mann, Deck. Ich hoffe, Sie finden das Kind.«

Ich wartete, bis er weg war, dann ging ich zur Parkgarage, zu meinem Auto.

Ich holte die Pistole aus dem Waffensafe, steckte sie ein, löste das Auto aus und fuhr los.

Richtung Süden.

Es war drei Uhr morgens, und mir fiel ein Satz von F. Scott Fitzgerald ein. »In der dunklen Nacht der Seele ist es immer drei Uhr morgens« – oder so ähnlich.

In diesem Abschnitt der 28th Street war es immer drei Uhr nachts. Die Vans waren noch da, auch die Freier, die in ihren Autos ankamen. Ich hatte keine Nummer gebucht, also fuhr ich an den geparkten Autos entlang, suchte den Van, den ich am Abend gesehen hatte, stieg aus und klopfte an.

Der Zuhälter ließ die Scheibe runter. Weiß, Ende zwanzig, schwarzes Haar unter einem Basecap der Mets. »Was willst du?«

»Was glaubst du denn?«

Er beäugte mich von oben bis unten. »Bist du ein Cop?«

»Stimmt. Ich bin ein Cop.«

Vermutlich nahm er es als Witz. »Ein Hunderter. Halbe-halbe.«

»Fünfundsiebzig«, sagte ich. »Nur das Hauptgericht.«

»Plus Trinkgeld«, sagte er.

»Wenn sie gut ist.«

»Sie ist gut. Warte.«

Ich hörte ihn reden, dann ging die Hecktür auf. Es war das Mädchen von vorhin.

Sie hatte blaue Flecken im Gesicht.

Frische blaue Flecken.

»Hi«, rief sie mit breitem Lächeln. »Ich bin Angel. Willst du reinkommen?«

Der Zuhälter stieg aus, ich gab ihm das Geld.

»Halt dich ran«, sagte er.

»Keine Sorge.« Ich schnappte Angel beim Handgelenk und zerrte sie aus dem Van.

»Hey!«, jaulte sie auf.

»Hey, was soll das, Mann?«, brüllte der Zuhälter.

»Sie kommt mit.«

Er reagierte wie erwartet und griff nach seiner Kanone.

Ich bin kein harter Typ.

Ich war nur ein ziemlich guter Marine.

Jedenfalls hatte ich meine schneller zur Hand und schlug zu. Sein Wangenknochen knirschte. Noch ein paar Schläge, und er ging zu Boden. Mit einem Tritt beförderte ich sein Schießeisen unter den Van, dann trampelte ich auf seinen Händen herum, bis es klang wie zerbrochenes Glas. So schnell würde er kein Mädchen mehr anfassen.

Ein anderer Zuhälter kam gerannt.

Solidarität, vermutlich.

Die »Gemeinde«?

Ohne Angel loszulassen, zielte ich auf ihn. »Na, komm!«

Er sah seinen Kumpel, der bei dem Versuch aufzustehen sein Blut auf dem weißen Lack des Vans verschmierte, und beschloss, dass Solidarität ihre Grenzen hatte. Ich hielt ihn mit der Pistole in Schach, während ich Angel zum Auto zog, die Beifahrertür öffnete, sie hineinschob. Dann ging ich rum, stieg ein und fuhr los.

»Wer sind Sie?«, fragte sie. »Wo fahren Sie mit mir hin?«

»Bleib ruhig.«

Angel blieb ruhig. Sie sah verängstigt aus und tat mir leid, aber es musste sein.

»Du kannst nicht zurück«, sagte ich. »Nicht, nachdem ich deinen Typ vertrimmt habe.«

»Ich weiß. Vielen Dank auch.«

Im Ernst? Nach zwölf Jahren Ehe hatte ich ein gutes Gespür für Sarkasmus entwickelt, aber diesmal war ich mir nicht sicher.

Egal.

Ohne viel zu reden, brachte ich sie zum Safe Haven.

Ich stieg aus und hielt ihr die Tür auf: »Komm!«

Sie war Befehle gewohnt. Aber sie fragte: »Was ist das hier?«

»Hier helfen sie dir, wenn du sie lässt«, sagte ich und ging mit ihr hinein.

Schwester Catherine sah mich komisch an.

»Haben Sie ein Bett für Angel?«, fragte ich.

»Natürlich.« Sie musterte Angel. »Hello, Darling. Schön, dass du uns besuchst.«

Angel sagte nichts. Sie misstraute allem und jedem, und ich konnte es ihr nicht verdenken. Als ihr Schwester Catherine den Arm um die Schulter legte, zuckte sie zusammen.

Ich stieg ins Auto und fuhr zurück ins Hotel.

Du kannst nicht jedes Kind retten.

Vielleicht nicht mal das eine, mit dem das alles angefangen hat.

Aber wenigstens *dieses*.

Wenigstens für eine Nacht.

Manchmal muss das reichen.

Das Mädchen träumt von einer fremden Welt.
Seltsam aufwühlende Träume von einem Vorgarten, einer Straße, einem Park, einer Mutter und einer Großmutter, die sie nicht kennt und die ihr doch so vertraut sind.

Im Traum rennt sie, fällt in einen großen Laubhaufen, liegt im Schnee und breitet Arme und Beine aus, um einen Engel zu machen.

Sie träumt von einem richtigen Bett, einem dicken Kopfkissen, schönen Sachen zum Anziehen im Schrank, Bildern an der Wand, doch all diese Dinge gehören nicht ihr, sondern einem anderen Mädchen, das zum Greifen nah ist.

Die Träume wühlen sie auf, aber wenn sie dann wach ist und sich im Schlafsack wiederfindet, auf dem Campingbett, umgeben von ihren Bildern, ist sie enttäuscht.

Sie will das andere Mädchen festhalten, doch es verschwindet im Lichtschein der Glühbirne, die ihre Sonne geworden ist.

Sie kennt das Mädchen nicht, kennt nicht mal ihren Namen.

Nur ihren eigenen.

Mandy.

Und sie weiß nur, dass das Mädchen Pferde mag.

Das haben sie gemeinsam.

Aber sie wird dem anderen Mädchen ihr Pferd nicht geben.

Magic ist nur für sie allein da, und er ist alles, was sie hat.

Nach ein paar Stunden Schlaf stand ich auf, suchte im Internet nach neuen Hinweisen zu Hailey, fand keine und ging erst mal frühstücken. In einem Coffeeshop bestellte ich das Breakfast Special – zwei Eier, Sauerteigtoast, Schinken und Kaffee – und las die Zeitungen.

Falls ich mir Vorwürfe wegen des übel zugerichteten Zuhälters machte, gelang es mir mühelos, sie zu unterdrücken.

Am Sonntag ist es ruhig in New York.

Ich hatte reichlich Zeit, daher lief ich wieder den Broadway hinab und floh vor der Hitze in ein klimatisiertes Kino.

Was ich sah, habe ich vergessen. Irgendwas mit einem Mann, der von seiner Freundin verlassen wird und dann erlebt, dass eine andere Freundin ihn glücklicher macht, aber die erste Freundin kommt zurück, daher verlässt er die Freundin, die ihn glücklicher gemacht hat, worauf ihm erst richtig klarwird, dass sie ihn glücklicher gemacht hat, also jagt er ihrem Taxi nach, durch ganz Manhattan, und kriegt sie am Ende.

Woraus erhellt, dass Gefühle noch turbulenter sein können als der New Yorker Verkehr.

Wie wahr.

Nach dem Kino lief ich vom Columbus Circle zum

Times Square. Ich hätte auch die Subway nehmen können, aber das Laufen machte mir Spaß, und das Shooting mit Shea begann erst um fünf Uhr nachmittags.

Ich bummelte an Penn Station vorbei, durch den Garment District, durch Chelsea, bis hinunter ins Greenwich Village.

»The Village« bei Kennern und Insidern.

Dort konnte ich nicht länger leugnen, dass ich hungrig, überhitzt und pflastermüde war. In einem Straßencafé am Sheridan Square bestellte ich mir Eiskaffee und ein Clubsandwich.

Dann stoppte ich ein Taxi, das mich nach Dumbo bringen sollte. Nein, nicht zu dem Elefanten mit den großen Ohren. Dumbo ist ein Viertel in Brooklyn.

Kurz für *Down Under the Manhattan Bridge Overpass*.

Früher, so las ich, hieß die Gegend Fulton's Landing, weil dort Fultons Dampffähren landeten. Jetzt ist sie ein Szeneviertel mit Boutiquen, Restaurants, Galerien.

Das »neue Greenwich Village«.

Jedenfalls eine Gegend, die als »hip« gilt. Als Location für Clay Welles wie geschaffen.

Die Location war nicht schwer zu finden – direkt am Sockel der Brücke. Und jenseits des East River die Skyline von Manhattan. Keine schlechte Wahl.

Am Absperrseil der »Sicherheitszone« sammelten sich Neugierige. Shea saß unter einem Sonnenzelt und wurde geschminkt.

Andy Russo hatte ich schon entdeckt, bevor er mich sah.

Er schien nicht gerade beglückt und behandelte mich wie einen Verräter. Was ich gewissermaßen auch war. Es wurde nicht besser, als er sagte: »Letzte Nacht wurde der Zuhälter Jimmy Jay überfallen. Schläge mit der Pistole und Fußtritte.«

Ich zuckte die Schulter.

»Er liegt im Roosevelt Hospital, sein Zustand ist kritisch. Sein linkes Ohr musste angenäht werden, und es heißt, seine Cellistenkarriere ist vorbei, bevor sie richtig anfing.«

»Die Konzertwelt in Trauer.«

»Schwester Catherine sagt, Sie hätten ihr eine Minderjährige namens Angel zugeführt.«

»Nonnen sind notorische Lügnerinnen«, sagte ich. »Kennen Sie *The Sound of Music?*«

»Was haben Sie hier zu suchen?«, knurrte er und ließ seine eigentliche Botschaft ungesagt: *Hatte ich Ihnen nicht gesagt, Sie sollten aus der Stadt verschwinden?*

Ich war drauf und dran gewesen, aus der Stadt zu verschwinden – bis mir Welles einen Cop auf den Hals schickte, um mir auszurichten, ich solle aus der Stadt verschwinden. Dafür konnte es nur einen Grund geben: Welles fühlte sich von mir bedroht. Also legte ich noch eins drauf.

»Ich möchte Welles ein paar neue Fotos zeigen«, log ich.

»Schicken Sie die mit der Post«, sagte Russo.

»Meine Briefmarken sind alle.«

»Decker, Sie –«

In dem Moment entdeckte mich Shea. Sie sprang auf und winkte mich heran.

»Dame sticht Bube«, sagte ich.

»Da ist man machtlos«, erwiderte Russo. »Aber denken Sie nicht, Sie kommen damit durch.«

Er hakte das Absperrseil auf und ließ mich durch.

Ich kam mir vor wie eine V.I.P.

Shea küsste mich behutsam auf die Wange. »Pass auf, mein Make-up!«

»Glaubst du etwa, das ist mein erstes Shooting?«

Sie lachte. »Ja, allerdings. Aber bestimmt nicht dein erstes Rodeo.«

Ein Rodeo hatte ich nie besucht, doch wenn sie eine Art Cowboy in mir sah, war es mir recht.

Auch die anderen Models arbeiteten an ihrem Make-up, aber Shea war hier der absolute Star. In der schulterfreien schwarzen Robe sah sie atemberaubend aus – retro und hip zugleich. Der Name des Designers, den sie mir nannte, sagte mir nichts, aber ich nickte beeindruckt.

»Clay macht Aufnahmen bei Sonnenuntergang, dann das Gleiche bei Nacht. Das wird eine richtig starke Doppelseite.«

»Hoffen wir's.«

Techniker ließen einen kleinen Zeppelin steigen und zogen ihn an Seilen umher.

»Der Beleuchtungsballon«, erklärte mir Shea. »Der bringt das weiche, diffuse Licht, das ich brauche. Ich werde schließlich nicht jünger.«

»Genau. Ich wollte mit dir über dein Rentenmodell reden.«

Ein lahmer Witz, okay. Sie verstand mich nicht und ich mich auch nicht, ehrlich gesagt.

Welles schien mit seinem Beleuchter beschäftigt, der die Abstände zur Kamera vermaß.

Als er mich sah, winkte ich ihm nett zu.

Er verzog angewidert das Gesicht.

»Wusste Clay, dass du mich eingeladen hast?«, fragte ich Shea.

»Ich bin doch nicht sein Eigentum!«, protestierte sie.
»Das bildet er sich ein. Nimm's nicht persönlich – vor dem Shooting ist er immer ein Griesgram.«
»Und während des Shootings?«
»Ist er ein Genie.«
Klar, dachte ich. Ein Genie.
Ich will nur einen kleinen Ausrutscher von ihm, ein kleines Loch in seiner glatten Fassade.
Einen Einstieg.
Ich stand rum und wartete, dass er mir einen bot.
Als Shea mal kurz auf die Mobiltoilette ging, kam er auf mich zu.
»Das ist mein Arbeitsplatz«, sagte er.
»Meiner auch.«
»Hat Russo nicht mit Ihnen geredet?«
»Doch.«
»Und?«, fragte er.
»Könnte ich Ihnen vielleicht noch ein paar Fotos –«
»Warum sind Sie damit nicht in mein Büro gekommen?«
»Da waren Sie nicht«, sagte ich. »Jetzt sind Sie hier. Und Shea hat mich eingeladen.«
»Machen Sie's kurz«, sagte er. »Die Sonne wartet nicht.«
»Nicht mal auf Sie?« Ich zog die Fotos aus der Tasche und beobachtete ihn, während er sie besah. Was mich interessierte, war seine Reaktion.
Vielleicht war es Einbildung.
Oder Wunschdenken.
Oder das weiche, diffuse Licht.
Aber ich hatte den festen Eindruck, dass ich keinen Mann sah, der ein fremdes Mädchen betrachtete, sondern einen Mann, der das Mädchen *wiedererkannte*.
Er schüttelte den Kopf. »Nein, tut mir leid.«

»Sie sind sich ganz sicher?«

»Absolut.«

»Sie haben dieses Mädchen nicht an der Tankstelle von Jamestown gesehen?«, bohrte ich nach.

»Wie ich Ihnen sagte.«

»Oder irgendwo anders?«

Jetzt wurde er richtig sauer. »Was wollen Sie damit sagen?«

»Nur Standardfragen«, sagte ich so unschuldig, dass die Lüge offenkundig war.

»Wenn Sie Hunger haben«, sagte Welles, »dort drüben ist das Buffet. Bedienen Sie sich.«

»Danke.«

Er war schon im Gehen, als ich ihn fragte: »Hey, Mr. Welles, wieso hängen eigentlich Aktfotos von Shea im Bordell von Madeleine Chandler?«

Treffer.

Kein großes Loch, nur ein kleiner Riss in der Fassade, aber unübersehbar.

Aus seinem Blick sprach blanke Wut. Bei Soziopathen hatte ich die schon erlebt – die Wut, dass jemand wagte, ihnen zu nahe zu treten.

Nur für den Bruchteil einer Sekunde.

Wie eine Momentaufnahme.

Welles antwortete nicht.
Ich hatte nichts anderes erwartet.
Ich wollte nur eine Reaktion.

Er ließ mich stehen, und ich dachte über die Geometrie des Dreiecks nach.

Dreiecke sind selbsttragende Strukturen, drei Seiten, die sich gegenseitig stützen.

Nummer eins: Welles war an der Tankstelle, als Evelyn Jenkins das Mädchen sah, in dem sie Hailey Hansen erkannte.

Nummer zwei: Welles hat eine Freundin, die genauso aussieht wie Hailey.

Nummer drei: Fotos von Shea – wenn auch gesichtslos – als Wandschmuck eines Edelbordells, in dem Kinderprostitution kein fremdes Thema ist.

Parallelen können Zufall sein. Ähnlichkeiten, die sich niemals treffen.

Linien, die sich kreuzen, können ebenfalls Zufall sein.

Aber ein stabiles Dreieck? Wohl kaum.

Es gibt gute Gründe, warum die Pyramiden der Ägypter schon so lange stehen.

Darüber grübelte ich nach, als Shea zurückkam. »Habt ihr euch gut unterhalten?«, fragte sie.

»O ja!«

»Siehst du? So ein Monster ist er doch nicht.«

Irrtum, Shea, dachte ich. Er hat etwas mit Hailey zu tun. Zumindest weiß er mehr, als er zugibt.

Was weiß er noch?

Dass ich nichts gegen ihn in der Hand habe.

Und was weiß ich über Dreiecke?

Wenn man eine Seite wegzieht, klappt es zusammen.

Shea beim Shooting zu sehen war eine Offenbarung.
»Sie hat den Q-Faktor«, erklärte mir ihre Visagistin.
»Was ist das?«
»Das gewisse Etwas. Keiner weiß, was es ist. Nur dass die Kamera sie liebt.«
Und sie liebte die Kamera zurück.
Man sah es an ihren Bewegungen, an ihrem unbefangenen, herausfordernden Blick. Als würde die Frau in ihr nur für die Kamera existieren.
Ich hatte Shooting-Sessions im Kino gesehen – zusammen mit Laura. Zur Entschädigung für die *Stirb-langsam*-Ballerfilme, die ich ihr zumutete. Sogar in *Sex and the City* war ich mit ihr gegangen.
Im Kino jedenfalls umschmeichelt der Fotograf seine Models und verwöhnt sie mit Ermunterungen wie *Schön, Baby!, Genau so, Baby, super! Jetzt strahlen, Sweetheart!*, während das Model von einer Pose in die andere wechselt, meist also die Kinnhaltung ändert oder eine Strähne zurückstreicht.
Das hier war anders.
Ein langsames, intensives Arbeiten, das sich meist um die Beleuchtung drehte. Techniker justierten Lampen, und Shea musste genau definierte Posen einnehmen, die Welles korrigierte, nachbesserte und noch einmal nachbesserte.

Dann blieb sie bewegungslos, bis Welles seine Fotos geschossen hatte.

Und alles begann von vorn.

Shea kam während einer Pause zu mir herüber, setzte sich und trank ein wenig Wasser mit dem Glasröhrchen.

»Aufregend, nicht wahr?«, sagte sie.

»Ja, wirklich, ohne Scherz.«

Ich fand tatsächlich spannend, wie sich Welles sein Model erschuf.

Ihr eine Form verlieh, eine Gestalt, und das immer von neuem. Jedes Mal eine neue Kreation, und jedes Mal erfüllt von Leben. Meine literarische Bildung reichte gerade so weit, mich an Pygmalion denken zu lassen.

Ein Mann versucht, eine Frauenstatue zum Leben zu erwecken.

Shea war nicht für die Kamera gemacht.

Sie war *nur* für die Kamera gemacht.

Welles brauchte sie nicht als Geliebte – er brauchte die totale Kontrolle.

Eine Statue.

Eine lebende Puppe.

Bei der nächsten Pause machte ich eine entsprechende Bemerkung.

Sie verzog das Gesicht.

Und sagte einen Satz, der mich umhaute.

»Lieber eine lebende Puppe als ein zerbrochenes Spielzeug.«

Später am Abend besuchte mich die Puppe im Hotel. Ich wollte ins Internet, nebenbei mein Abendessen verdrücken und versuchte gerade, die Fettlache auf der Peperoni-Pizza mit einer Papierserviette aufzusaugen, als es klopfte.

Ich öffnete, und vor mir stand Shea. Mit einer schwarzen Bluse, die nichts verbarg, und in engen Jeans, die noch weniger als nichts verbargen.

Ihre Pupillen waren verengt.

»Darf ich reinkommen?«, fragte sie.

Ich ließ sie ein, sie sah sich um. »Der Trump Tower war wohl ausgebucht?«

Vermutlich ein anderes Hotel, dachte ich.

Vielleicht ein bisschen besser als meins.

»Ich hab mein Bett.«

»Das sehe ich«, sagte sie und setzte sich auf selbiges.

»Bist du high?«, fragte ich.

»Stört's dich?«

»Ja.«

»Nur Diätpillen«, sagte sie. »Ein Gramm mehr auf der Hüfte, und du bist fett. Glotz mich nicht so an! Ich bin nicht süchtig!«

»Möchtest du Pizza?«, fragte ich.

»Nicht *diese* Pizza.«

»Stört es dich, wenn ich esse? Ich bin am Verhungern.«
»Offensichtlich.«
Ich setzte mich an den kleinen Tisch und fing an zu essen.
»Du hast Clay gefragt, warum mein Foto bei Madeleine Chandler hängt.«
»Hm.«
»Meinst du etwa, ich arbeite für sie?«
»Und? Arbeitest du für sie?«
»Nein«, sagte sie. »Ein paar Models von Clay machen das – und verdienen ganz gut. Ich hab das nicht nötig. Ich verdiene auch so genug. Zufrieden?«
»Schon eher.«
»Hat dich das Foto heißgemacht?«
»Ich ziehe leibhaftige Frauen vor.«
»Ach, wirklich?«
Sie zog die Bluse über den Kopf und warf sie auf den Fußboden. Dann schüttelte sie die Schuhe ab und fing an, ihre Jeans herunterzupellen.
»Lass es sein«, sagte ich.
»Gefalle ich dir nicht? Ich bin doch deine ›lebende Puppe‹. Oder magst du keine Puppen? Bist du etwa schwul? Kein Problem, ich kann was arrangieren. Anruf genügt.«
»Weiß Clay, dass du hier bist?«
»Und ich dich flachlegen will? Nein, er ist nicht mein Zuhälter, wenn du das meinst. Egal, was du denkst, ich bin nicht sein Eigentum. Und ich werde es dir beweisen.«
Ihre Jeans fielen zu Boden.
»Geht es dir darum?«, fragte ich. »Um Clay und dich?«
Jetzt wurde sie wütend. »Ich bin nicht sein Eigentum! Und ich bin keine Puppe! Für keinen, verdammt noch mal!«
»Okay.«
Aber ich glaubte ihr nicht.

»Ist wieder gut«, sagte sie und lehnte sich entspannt zurück. »Ich bin dir nicht böse.«

»Das weiß ich.«

Ihr Duft erfüllte den Raum.

Zart, betörend.

»Dann komm«, sagte sie. »Wenn du denkst, ich bin eine Hure, dann bin ich deine Hure. Alles, was du willst, okay? Willst du kleine Mädchen retten? Bitte sehr! Ich bin für dich da. Für eine Nacht.«

»Und dann?«

»Dann gehst du«, sagte sie, »und lässt mich in Ruhe.«

»Dich oder Welles?«

»Ihn und mich. Ich sagte dir doch, er hat mich nicht zu dir geschickt.«

»Es war also deine Idee.«

»Ich will, dass du uns in Ruhe lässt.«

»Ich lasse euch in Ruhe«, sagte ich, »wenn du mir eine vernünftige Antwort auf diese Fragen geben kannst: Warum schickt Welles einen Cop, der mich vertreiben soll? Warum tauchst du hier auf und ziehst diese Nummer ab? Bin ich euch zu nahe getreten? Habe ich einen Nerv getroffen, Shea? Also, was willst du hier?«

»Fick dich!«

»Danke«, sagte ich, »kein Bedarf.« Ich hob ihre Sachen auf und warf sie ihr auf den Schoß. »Ich gehe jetzt ins Bad. Wenn ich zurückkomme, bist du bitte angezogen. Oder besser noch: verschwunden.«

Ich drehte den Wasserhahn auf und gab ihr Zeit. Aber egal, wie lange das Wasser lief, es blieb lauwarm. Ich wusch mir das Gesicht, bis ich mich ein bisschen sauberer fühlte.

Sie war nicht verschwunden, als ich ins Zimmer zurückkam.

Sie stand angezogen da und sah beleidigt aus. Wütend.

»Weißt du, wie sich das anfühlt, wenn man sich einem Kerl an den Hals wirft und man holt sich eine Abfuhr?«

»Ehrlich gesagt, nein.«

Sie lachte, und ich fing wieder an, sie zu mögen.

»Aber was eine Abfuhr ist, weiß ich sehr gut«, sagte ich.

»Von Mrs. Decker?«

Ich zuckte die Schulter.

»Verschwinde von hier, Deck«, flehte sie. »Bitte!«

»Warum?«

»Weil du mich mit Dingen konfrontierst ...«

Sie stockte.

»... von denen du nichts wissen willst«, führte ich ihren Satz zu Ende.

Shea nickte und biss sich auf die Lippe, um nicht zu weinen.

»Es kommt noch schlimmer, Shea«, sagte ich. »Ich gebe nicht auf. Ich mache weiter Druck.«

»Warum denn?«

»Weil Welles etwas über Hailey weiß«, sagte ich. »Sonst wärst du jetzt nicht hier.«

»Er ist alles, was ich habe«, sagte sie leise.

»Das ist nicht wahr.«

»Doch!«, zischte sie. »Du hast es gerade bewiesen.«

»Shea –«

»Verschwinde von hier, Decker«, sagte sie im Gehen. »Fahr nach Hause!«

Ja, das mache ich.

Aber nicht ohne Hailey Hansen.

Erst schickte er mir einen Cop, dann seine Geliebte. Um mich zu vertreiben.

Keiner macht so was ohne Grund. Welles hatte irgendwie mit Haileys Entführung zu tun, und die hatte mit dem Gerücht zu tun, von dem Madeleine Chandler gesprochen hatte. Das sagte mir mein Instinkt. Auch die Logik sprach dafür.

Was tun? Ich musste Welles weiter nerven. Mal sehen, was er sich noch alles einfallen ließ.

Am Morgen leistete ich mir wieder ein Special Breakfast und fuhr mit der Linie 1 zu seinem Büro.

Felicity war so glücklich, mich zu sehen, dass sie beinahe eine Miene verzogen hätte.

»Mr. Welles ist nicht da«, sagte sie.

»Wo ist er denn?«

»Ich habe Anweisung, keine Auskunft zu geben.«

»Sie haben Anweisung? Macht nichts, dann warte ich eben.«

Ich setzte mich.

»Ich habe Anweisung, Sie entfernen zu lassen«, sagte Felicity mit einer gewissen Freude. Oder bildete ich mir das nur ein?

»Felicity«, sagte ich. »Man ›entfernt‹ Pickel, man ›entfernt‹ Warzen. Menschen wirft man einfach raus.«

Jetzt hellte sich ihre Miene wirklich auf. »Wie Müll«, sagte sie.

»Sie sagen es.« Ich nahm ein Hochglanzmagazin vom Coffeetable und fing an zu blättern.

»Mister ...«

»Decker«, half ich nach.

»Mr. Decker, wenn Sie nicht freiwillig gehen, muss ich Sie hinauswerfen lassen.«

»Sagen Sie mir, wo Welles ist, und ich bin weg.«

»Das hieße ja den Zweck verfehlen«, näselte sie.

Keine Ahnung, warum sie plötzlich Oxford-Englisch sprach.

»Ja, das hieße es dann wohl«, näselte ich zurück.

Felicity griff zu ihrem iPhone.

Ich griff nach meinem Handy.

»Wen rufen Sie an?«, fragte sie.

»Die *New York Post*«, sagte ich. »Die werden wild sein auf die Story. ›Kindesentführung. Modefotograf setzt Ermittler vor die Tür!‹«

Sie legte das iPhone hin.

»Das ist Erpressung.«

Ich nickte. »Eine echte Zwickmühle. Wenn Sie mir sagen, wo er steckt, sind Sie gefeuert. Wenn Sie es nicht sagen, rufe ich die *New York Post* an, Welles erscheint auf Seite sechs, und Sie sind gefeuert.«

»Ich brauche diesen Job«, sagte Felicity und klang fast menschlich. Beinahe hätte ich Mitleid bekommen.

»Sie müssen mir ja nicht verraten, wo er ist«, sagte ich. »Gehen Sie kurz mal für kleine Mädchen, und ich war nie hier.«

»Wirklich?«

Ich hob zwei Finger. »Pfadfinder-Ehrenwort!«

»Sie waren bei den Pfadfindern?«

»Nein«, sagte ich. »Und an diesem kleinen Geständnis sehen Sie, dass ich Sie nicht belüge.«

Ihr Blick hätte komplette Truthähne schockfrosten können, aber sie stand auf und verschwand im Flur. Ich ging an ihren Platz und klappte den Laptop auf. Nach circa fünf Sekunden hatte ich Welles' Terminkalender vor mir.

Shea musste am Nachmittag auf die »Gangway«. Einen Tag zuvor noch hätte ich sie beim Bodenpersonal eines Flughafens vermutet, aber mittlerweile war mir der Modejargon voll vertraut. Es war eine öffentliche Modenschau, also genau das Richtige für mich.

Ich verließ das Atelier und fuhr in den Garment District.

Seltsamerweise verstellte mir ein Wachmann vorm Einlass den Weg. Vielleicht wirkte ich in meinem blauen Blazer nicht modisch genug.

»Haben Sie ein Ticket, Sir?«

»Selbstverständlich.«

Ich fischte es aus der Jackentasche, was ihn sichtlich irritierte.

In der dritten Reihe über dem Laufsteg fand ich meinen Platz, direkt neben zwei Ladys in *haute couture*, und setzte mich. Die Ladys reagierten, als hätte jemand einen Müllsack über ihnen ausgeleert.

»Hi«, sagte ich.

»Hello.«

»Spannend, nicht wahr?«, sagte ich. »Ich mag Mode.«

»Das sieht man Ihnen gar nicht an«, entgegnete die eine spitz.

Ein Kellner bot mir ein Glas Champagner an, und ich nahm es. Dann brachte mir eine Serviererin etwas Undefinierbares auf einem Zahnstocher, und ich nahm auch das. Was gratis ist, schmeckt besser. Eine alte Maxime von mir.

Welles stand auf der anderen Seite des Laufstegs und war ziemlich überrascht, mich zu sehen.

Ich winkte ihm zu.

Die Ladys staunten. »Sie kennen Clay?«

»Wir hängen zusammen ab, in den Hamptons«, sagte ich.

»Ach! Wo denn?«

»Ganz egal«, sagte ich. »Hauptsache, Hamptons.«

Welles winkte nicht zurück. Er funkelte mich wütend an.

Dann gingen die Lichter aus, Techno hämmerte los, und die Show nahm ihren Lauf, während ein langbeiniges Model nach dem anderen über die »Gangway« stakste, in Kleidern, die eine halbwegs normale Frau nicht mal anfassen würde.

Jetzt kam Shea, sie sah prächtig aus und strahlte geradezu – ihre Augen hatten ein ganz eigentümliches Leuchten. Ob es Adrenalin war oder irgendwas Künstliches, konnte ich nicht entscheiden. Um den Fummel zu beschreiben, den sie trug, fehlt mir das Vokabular. Ich musste mich mit der Behauptung der Ansagerin zufriedengeben, dass es sich um die neue Herbstmode handelte.

Sie ging bis ans Ende des Laufstegs, vollführte eine atemberaubende Drehung und wollte zurück, da sah sie mich aus dem Augenwinkel – und stolperte wie ein Rennpferd beim Start.

Sie fing sich sofort, aber das Publikum hielt kollektiv die Luft an, und zufällig sah ich Welles im Geflirre der Laserstrahler auftauchen.

Sein wutverzerrtes Gesicht.

Ich fing an, ihm ins Geschäft zu pfuschen.

In der Pause pirschte ich mich an ihn heran, während er mit zwei sehr schlanken und durchdesignten Designern parlierte.

Ich schob meine hässliche Visage direkt zwischen sie und sagte hallo.

»Entschuldigt einen Moment«, sagte er zu den Designern in einem Ton, den Leute gebrauchen, wenn sie erst einen lästigen Anrufer loswerden müssen.

»Sie spielen ein gefährliches Spiel«, sagte er zu mir.

»Ich spiele nicht.«

»Ich sorge dafür, dass Sie Hausverbot bekommen.«

»Unbedingt. Damit es aktenkundig wird.«

Da es ihm offenbar peinlich war, mit mir gesehen zu werden, zog er die Karte, die reiche Leute meistens ziehen, wenn sie nicht weiterwissen: »Wollen Sie Geld? Was kostet es, Sie loszuwerden?«

»Ich will Ihr Geld nicht.«

»Was dann?«

»Die Wahrheit«, sagte ich. »Sind Sie Teilhaber bei Madeleine Chandler? Haben Sie Anteile an dem Bordell?«

»Madeleine Chandler hat ein paar Fotos von mir erworben. Was sie damit macht, ist ihre Sache.«

»Was wissen Sie über Hailey Hansen?«, fragte ich.

»Überhaupt nichts!«, zischte er laut und merkte ein wenig zu spät, dass er Aufsehen erregte. »Lassen Sie mich in Ruhe!«

»Nein.«

Die Lasershow brach ab, die Modenschau ging weiter.

Welles verzog sich auf seinen Platz.

Denn wahrscheinlich stimmt der Spruch: Mode kann nicht warten.

Wieder hämmernde Bässe, Punktstrahler, noch mehr Models und noch mehr Applaus. Auch Shea trat noch einmal auf, diesmal in einem silbrigen Etwas. Sie wirkte unkonzentriert, abgelenkt. Und achtete peinlich darauf, mich nicht zu sehen.

Nach der Show stand Welles plötzlich vor mir.

»Ich habe nichts mit Ihrer Vermissten zu tun«, sagte er.

»Sie sind ein besessener –«

»Da haben Sie recht.«

»Und Sie werden ein gefährlicher –«

»Verrückter?«, schlug ich vor.

»Ja, allerdings.«

»Dann warten Sie mal ab«, sagte ich. »Das Beste kommt noch.«

»Hören Sie auf damit«, sagte Welles. »Treiben Sie es nicht zu weit!«

»Oder?«

Er drehte sich weg und ging.

Jetzt war ich wirklich neugierig auf das Oder.

Am Abend traf ich Russo erneut. Auf der Fifth Avenue. Er sperrte gerade den Zugang zur Sponsorengala ab, die auf einer Penthouse-Terrasse stattfand.

»Modefotografen gegen Krebs.«

Als ich hineinwollte, verstellte er mir den Weg. Obwohl ich ein sauberes weißes Hemd und mein knitterfreies blaues Sakko trug.

»Stehe ich nicht auf der Gästeliste?«, fragte ich.

»Keine Chance«, sagte er. »Auf der Liste steht: Jeder hat Zutritt – außer Frank Decker. Eher kommt hier Charlie Manson rein. Oder Jeffrey Dahmer.«

»Jeffrey Dahmer ist mausetot.«

»Trotzdem kommt der eher rein als Sie.«

Auf den Parkplätzen standen auffallend viele Polizeiautos, ein großer Ü-Wagen war da, und es liefen Fotografen herum, die wohl zur Spezies der Paparazzi zählten.

»Der Bürgermeister kommt«, sagte Russo. »Und Promis vom Broadway und vom Film.«

»Die Reichen und die Schönen.«

»Sie sagen es.«

»Ich bin auch schön.«

»Nein«, sagte Russo. »Sie sind hässlich wie die Nacht.«

»Das tut weh.«

»Die Wahrheit tut meistens weh.«

»Apropos Wahrheit«, sagte ich. »Warum bietet mir Welles Geld an, damit ich ihn in Ruhe lasse?«

Russo war nicht auf den Kopf gefallen. »Aus demselben Grund, warum Leute Hämorrhoidensalbe kaufen.«

»Russo, Sie wissen genau, warum er das macht.«

»Wenn ich Sie reinlasse«, sagte er, »kann ich mir solche Jobs für immer abschminken.«

»Wäre das der Weltuntergang?«

Wir wurden unterbrochen, weil der Bürgermeister mit seinem Tross anrollte und hineinging, gefolgt von Schauspielern, die mir bekannt vorkamen – wahrscheinlich aus den Filmen, in die mich Laura schleppte –, dann kamen irgendwelche Stars der Modebranche.

Es blitzte wie bei einem Sommergewitter.

»Sie müssen mich nicht reinlassen«, sagte ich. »Nur eine Sekunde wegsehen.«

»Das müssen Sie mir nicht erklären«, sagte er. »Aber wenn Sie da reingehen und eine Szene machen –«

»Ich will Ihnen nichts vormachen, Andy. Aber genau deshalb muss ich rein.«

»Und warum sollte ich das zulassen?«

Endlich eine Frage, auf die ich eine Antwort wusste.

Mehrere sogar.

»Weil Sie eine Tochter haben«, sagte ich. »Weil Sie Polizist sind. Weil Sie den richtigen Riecher haben, der Ihnen sagt, dass die Sache zum Himmel stinkt. Und weil Ihr Polizistengewissen rebelliert, wenn einer einem kleinen Mädchen was antut, und Sie können es verhindern.«

Russo starrte mich wortlos an. Dann sagte er: »Gehen Sie durch den Service-Eingang. Zusammen mit dem Catering. Und wenn ich Sie da oben raushole, haben Sie nichts zu lachen.«

Er drehte sich weg, brüllte einen Fotografen an wegen irgendeiner Übertretung, und ich schlüpfte hinter ihm hinein. Fuhr im Lift mit einem Schauspieler, der ebenso wie ich annahm, dass ich ihn kennen müsste, und betrat das Penthouse.

Es gibt solche und solche Reiche. Den alten Geldadel und die Neureichen. Aber dieser Geldadel hier war älter als alt. Nicht dass ich was von altem Geld verstehe. Ich gebe meins aus, bevor es auch nur laufen lernt.

Die Van Wycks lebten schon so lange in New York, dass sie die Pilgerväter als Greenhorns betrachteten. Um das zu illustrieren, hatten sie ihre Wände mit gerahmten alten Karten behängt, aus einer Zeit, als die Upper East Side noch Ackerland war, das angeblich zu großen Teilen den Van Wycks gehörte.

Ich ging hinaus auf die Terrasse.

Sie hatte die Ausmaße eines kleinen Flugzeugträgers.

Nur dass Flugzeugträger meist keine Aussicht auf den Central Park zu bieten haben. Jenseits des Parks erkannte ich die Zinnen des Dakota Building, vor dem, wie selbst ich kultureller Analphabet wusste, einst John Lennon erschossen wurde.

Das war die Kulisse.

Die Bühne wurde von Leuten bevölkert, wie ich sie schon von den Hamptons kannte. Nur dass sie noch besser angezogen und noch selbstgefälliger waren und sich gegenseitig aus den Augenwinkeln taxierten.

Auch mich taxierten sie. Fast sah ich die Denkblasen: *Wer zum Teufel ist das? Was hat der hier zu suchen?*

Madeleine Chandler tat, als hätte sie mich nie gesehen. Als ich nahte, drehte sie sich auf dem Absatz und begann eine Konversation mit einem jungen Glamourpärchen.

Ich schlenderte weiter zu Shea.

»Wenn Clay dich sieht, scheißt er sich ein«, sagte sie.

»Das kommt nicht gut – bei seinem weißen Anzug.«

Ich sah zu ihm hinüber, er produzierte sich gerade vor einer ganzen Schar hingerissener Zuhörer. Weißes Hemd, weiße Jeans, weiße Schuhe. Jeder andere hätte lächerlich ausgesehen, aber er sah umwerfend aus – natürlich.

»Bitte geh«, sagte Shea.

»Nein.«

»Du weißt nicht –«

»Worauf ich mich einlasse? Dann sag's mir doch.«

Sie antwortete nicht.

»Wenn du Ärger hast, sag's mir. Ich kann dir helfen.«

Shea schüttelte den Kopf. »Kannst du nicht.«

»Wenn du von ihm wegwillst, wir können sofort gehen«, sagte ich. »Ich hole dich hier raus. Ich passe auf dich auf.«

»Ich liebe ihn.«

Sie drehte sich um und ging, gerade als Addie Van Wyck zum Mikrofon griff und die Sponsorengala eröffnete. »Alle mal herhören, jetzt fangen wir an. Zuerst meinen ganz, ganz herzlichen Dank, dass Sie alle gekommen sind. Es geht um ein wichtiges Anliegen, das uns ganz viel bedeutet. Aber kommen wir gleich zum Höhepunkt dieses Abends. Ich möchte Ihnen einen Mann vorstellen, den die meisten von Ihnen schon kennen. Er ist ein einflussreicher Künstler und ein großer Menschenfreund, wie er auch heute wieder beweist. Ladies and Gentlemen, liebe Freunde, ich begrüße die treibende Kraft hinter ›Modefotografen gegen Krebs‹ … Clay Welles!«

Kräftiger Applaus, als Clay nach vorn ging und mit charmantem Lächeln das Mikro übernahm.

»Schöne Frauen«, sagte er, »waren immer gut zu mir.«
Alles lachte.

»Und jetzt«, fuhr er fort, »ist die Gelegenheit gekommen, mich zu revanchieren. Täglich richte ich den Fokus auf Frauen, doch jetzt ist es an der Zeit, dass ich den Fokus auf etwas richte, was Frauen tötet. Jetzt ist es an der Zeit für uns alle, die wir von der Schönheit der Frauen leben, den Blick auf eine weniger schöne Realität zu lenken …«

Er machte seine Sache gut.

Beinahe hätte ich selbst gespendet, als er seine Rede beendete: »Ich fordere also meine Kollegen auf, ebenfalls drei Prozent – drei Cent pro Dollar, liebe Kollegen – von ihren Honoraren im Monat September für den Kampf gegen den Brustkrebs zu opfern. Und, um Sie noch stärker zu motivieren, habe ich die Ehre, Ihnen mitzuteilen, dass die Van Wyck Foundation jeden einzelnen Dollar, den wir spenden, mit einem Dollar aus dem Stiftungsvermögen verdoppelt.«

Großer Applaus.

Addie Van Wyck quittierte ihn mit einem graziösen Knicks, nahm das Mikro und verkündete: »Jetzt stellt sich Clay den Fragen der Medien.«

»Wie viele Modefotografen haben sich dem Programm bereits angeschlossen, Clay?«

»Nun, im Moment sind wir fünf«, sagte Welles. »Aber ich bin sicher, dass der heutige Abend seine eigene Dynamik entwickeln wird.«

»Können Sie uns sagen, was Sie besonders motiviert, Clay?«

Welles blickte kurz zu Boden, und als er den Kopf wieder hob, wirkte er traurig und ernst. »Sehen Sie, wir alle kennen Frauen, die …«

Er unterbrach sich, um seine Rührung zu verarbeiten.

»Sagen wir einfach, es sind persönliche Gründe«, fuhr er fort. »Aber ich wette, es ist keiner unter uns, der nie mit Krebs in Berührung gekommen ist.«

»Was wissen Sie über Hailey Hansen, Clay?«

Ich fürchte, die Frage kam von mir.

Denn alle Blicke richteten sich auf mich, und alle zeigten sie denselben entgeisterten Ausdruck.

Welles beugte sich zu Addie Van Wyck hinunter und flüsterte ihr etwas ins Ohr. Sie reckte den Kopf zum Eingang, hob einen Finger.

Daher beeilte ich mich: »Wir wissen, Clay, dass Ihnen die Frauen am Herzen liegen. Können Sie uns also sagen, was Sie über Hailey Hansen wissen? Können Sie uns sagen, was Sie mit dem vermissten kleinen Mädchen zu tun haben?«

Es war eine verdammt gute Frage.

Allerdings verpasste ich die Antwort, weil mich Wachmänner von der Terrasse wegzerrten, durch das Penthouse schleiften und mit mir in den Lift stiegen.

Russo nahm mich persönlich in Empfang und verhalf mir zu einer harten Landung auf dem Bürgersteig.

»Sie sind ein Arschloch, Decker«, rief er mir nach. »Ich sage Ihnen ein letztes Mal: Verschwinden Sie aus dieser Stadt!«

Oder?

Die Faust traf, bevor ich reagieren konnte.
Ich hatte meine Zimmertür aufgeschlossen, war eingetreten, und sie traf mich auf die rechte Schläfe. Es war ein professioneller Schwinger, präzise, wuchtig, ich hörte die Engel singen und riss die Schulter hoch, um den nächsten Schlag abzufangen, den ich schon kommen sah. Er prallte von der Schulter ab, gegen mein Kinn, und ich wäre in die Knie gegangen, hätte mich nicht ein zweiter Kerl von hinten festgehalten, damit sein Kumpel drei Uppercuts in meiner Magengrube versenken konnte.

Ich wehrte mich mit einer kraftlosen Rückhand in der Hoffnung, ihn zu bremsen, aber der Kerl hinter mir fixierte mich mit einem Doppelnelson, und dann kamen die eigentlichen Schläge.

Und die Lektion.

»Du – *klatsch!* – solltest – *bumm!* – aus der Stadt – *klatsch!* – verschwinden – *bumm!*«

Ein bulliger Typ, der klassische Mobster, vom Messerformschnitt bis zum Billigparfüm, von dem er eine ganze Flasche über sich ausgeleert haben musste. Er hatte große, massige Hände, und sie taten höllisch weh, wenn sie mir ins Gesicht und in die Rippen krachten.

Der Kerl hinter mir hatte mich im Schwitzkasten. Ich wollte mich ducken und ihn ausheben, aber er hatte Kraft, meine Beine wurden schon zu Spaghetti. Mir blieb nur übrig, den Kopf einzuziehen und möglichst kein Ziel zu bieten.

»Du hättest – *klatsch!* – hören sollen. – *Bumm!* Deinetwegen musste ich das Fest verlassen.«

Ich merkte mir die Visage. Kurzes blondes Haar, braune Augen, eine kleine Narbe unter dem rechten Auge. Schwarzes Muscle-Shirt. Der Kerl prahlte mit seinen Bizepsen. Er schlug noch einmal zu, und meine Beine sackten weg.

Auch mein Verstand meldete sich gerade ab, als mich der andere Typ rückwärts fallen ließ. Ich schaute auf meinen Gürtel, um sicherzugehen, dass ich nicht auf den Hinterkopf fiel.

Braunauge packte mich beim Kragen, zerrte mich ins Bad und stieß mich in die Dusche.

Sein Kumpel zog die Pistole und zielte auf meinen Kopf. Dieser Typ war mindestens genauso bullig, nur kleiner. Jetzt sah ich, dass er Handschuhe trug. Schwarzes Haar, blaue Augen, lange, schiefe Nase. Jemand musste sie ihm gebrochen haben. Ich wünschte mir sehr, ich wäre es gewesen.

»Du hättest hören sollen«, wiederholte Blauauge.

Und drückte ab.

Keine Sorge. Nicht mal in meinem Halbdusel hatte ich geglaubt, dass sie geladen war. Kerle, die dir die Kugel geben wollen, fangen keine Prügelei an, sondern geben dir gleich die Kugel.

Andererseits – es gibt ja immer die Ausnahmen. Sadisten, die dich erst quälen und dann erschießen.

Aber ich hörte das trockene Klicken und das Lachen der beiden.

Klar – sehr witzig.

»Ich hab dich in die Dusche gelegt, falls du dich einscheißt«, sagte Braunauge. Er beugte sich über mich. »Weißt du, wer wir sind?«

Im Film hätte der Cop jetzt eine smarte Erwiderung draufgehabt, aber ich war vollauf damit beschäftigt, bei Bewusstsein zu bleiben, und sagte gar nichts.

»Wir arbeiten für Mr. Massarano«, sagte Blauauge.

Jetzt meldete sich mein scharfzüngiger Witz zurück, und ich fragte: »Für wen?«

»Mafia, du Arschloch«, sagte er. »Er möchte, dass du die Stadt verlässt, und er sagt es nicht zweimal. Wir müssen dir nicht die Rechte vorlesen, und deinen Warnschuss hast du weg. Nächstes Mal ist die Kanone geladen. Hast du verstanden?«

Ich parierte glänzend mit »Ja«.

»Gut«, sagte er. »Ich will dich nicht wiedersehen und du mich erst recht nicht. Denn das wäre das Letzte, was du siehst.«

Sie ließen mich in der Dusche liegen.

Was sehr bequem war, weil ich zusehen konnte, wie mein Blut im Abfluss verschwand.

Okay, dachte ich, jetzt habe ich die Antwort auf mein »Oder«.

Ich kostete gerade meine große Befriedigung aus, als die Tür erneut aufsprang.

Vielleicht hatten sie etwas vergessen.

Unter Schmerzen öffnete ich ein Auge – und sah Tracy über mir stehen.

Jedes Jahr sterben fast siebzehntausend Menschen, weil sie in der Dusche ausrutschen«, sagte Tracy.

»Woher weißt du das?«, fragte ich.

»Eins meiner Hobbys«, sagte sie.

Wir saßen in der Notaufnahme und warteten auf den Arzt. Das heißt, *ich* wartete, sie leistete mir Gesellschaft, und sie hatte ihre Marke vorgezeigt, damit ich schneller drankam.

Mein Kopf dröhnte, ich war immer noch benebelt. »Darf ich fragen, was du in meinem Hotel wolltest?«

»Ich wollte dir sagen, dass die Gerüchte, von denen Madeleine Chandler sprach, mit dem Massarano-Clan zu tun haben könnten. Aber das weißt du wahrscheinlich schon.«

»Warum hast du mich nicht einfach angerufen?«

»Ich dachte mir, vielleicht lädst du mich zum Essen ein«, sagte sie. »Aber ich habe mal wieder Pech. Wie immer.«

Ich blieb hartnäckig. »Warum bist du zu mir ins Hotel gekommen?«

»Du Armer, du hast eine Gehirnerschütterung. Ich werde dem Arzt sagen, dass wir essen waren und Sex hatten. Weil du dich an nichts erinnerst.«

»Ich hatte keinen Sex. Seit mehr als einem Jahr.«

»Du Armer.«

Der Arzt kam, um mich zu untersuchen. Ein netter

Schwarzer mit karibischem Akzent, der mir erklärte, ich hätte eine leichte Gehirnerschütterung, Prellungen, Rippenbrüche, die sich erst nach einer Röntgenaufnahme beziffern ließen, und eine Schnittwunde über dem rechten Auge, die genäht werden müsse, mit Betäubung, natürlich.

»Aber nur lokal, wegen der Gehirnerschütterung«, sagte er.
»Welches Lokal?«, fragte ich.
»Lokalanästhesie.«
»Ich dachte, Sie meinten ein Lokal.«
»Nein.«
»Er hat eine Gehirnerschütterung«, sagte Tracy.
»Ich weiß. Ich bin der Arzt.«
»Klar.«
»Eine Prügelei?«, fragte er.
»Nein«, sagte ich. »Ich wurde überfallen. Bei einer Prügelei wären *die* jetzt hier.«
»Es geht ihm schon besser«, sagte der Arzt zu Tracy.

Sie warfen mir ein Tuch mit einem viereckigen Loch über den Kopf, spritzten mich mit irgendeinem Betäubungsmittel und setzten fünf Stiche. Dann ging es zur Röntgenabteilung, und ich musste noch eine Weile mit Tracy warten.

Irgendwann kam der Arzt mit dem Befund: »Keine inneren Blutungen, also keine Organschäden. Eine Rippe angebrochen, zwei geprellt. Ich kann Sie jetzt nur verbinden und Ihnen ein Schmerzmittel verschreiben. Möchten Sie Oxy oder Vike?«

»Kannst du das übersetzen?«, fragte ich Tracy.
»Oxycodone oder Vicodin«, sagte sie, dann zum Arzt: »Ich glaube, wir nehmen Tylenol.«

Wir verließen das Krankenhaus, fuhren zu einer Apotheke und kauften Tylenol.

»Wohin jetzt?«, fragte sie, als ich zu ihr ins Auto stieg.

»Zumindest muss ich dich jetzt zum Essen einladen«, sagte ich.

»Okay«, sagte sie, »wenigstens die halbe Miete.«

Ich hatte keinen Appetit.

Tracy schon. Sie verdrückte einen Cheeseburger und eine große Portion Fritten. »So eine postkoitale Phantasie macht hungrig«, erklärte sie.

»Die Kerle hat mir Russo geschickt«, sagte ich.

Sie schüttelte den Kopf. »Doch nicht Andy! Ein Gratis-Sandwich ab und zu, klar. Sich von einem jungen Model einen blasen lassen, wer täte das nicht? Aber Johnny Mass einschalten? Nein. Wenn Andy dir einen Denkzettel verpassen will, macht er das selber.«

»Wer ist Johnny Mass?«, fragte ich.

»John Massarano«, sagte sie. »Der letzte Mafioso alter Schule.«

»Ich dachte, die Zeiten der Mafia sind vorbei?«

»Die sind auch nicht mehr, was sie mal waren«, sagte Tracy. »Aber keine Sorge, noch sind die Mobster gut im Geschäft.«

»Willst du damit sagen, dass Welles Beziehungen zur Mafia hat?«

»Du weißt doch gar nicht, ob Welles dahintersteckt.«

»Dass ich nicht lache!«

»Du hast dich in Clay Welles verbissen«, sagte sie. »Vielleicht weil du seine Freundin vögeln wolltest. Hey, ich kann's dir nicht verdenken. Ich hab sie gesehen.«

»Das ist es nicht.«

»Vielleicht nicht *nur*«, sagte sie.

Ich erklärte ihr meine Dreieckstheorie. Sie war so beeindruckt, dass sie nur abwinkte: »Du hast nichts gegen Welles in der Hand. Von Shea hängen ein paar Aktbilder bei Madeleine Chandler. Na und? Welles ist Fotograf. Mit dem Verkauf seiner Bilder hat er nichts zu tun.«

»Außer, er ist Madeleine Chandlers Teilhaber.«

»Was du nicht sagst!« Sie stopfte sich noch eine Scheibe Toast in den Mund, aber jetzt schien sie interessiert.

»Hunderte schöne junge Frauen kommen zu Welles ins Atelier«, sagte ich, »und lassen ihre Bewerbung da. Manche nimmt er, manche nicht. Vielleicht empfiehlt er sie an Madeleine weiter. Schöne junge Frauen sind auch *ihr* Geschäft.«

»Das klingt weit hergeholt.«

»Ganz und gar nicht«, sagte ich. »Eine exklusive Klientel? Models? Passt wunderbar zusammen.«

Manche Mädchen verdienten bei Madeleine besser als bei Welles. Wenn die beiden Partner waren und Welles hatte etwas mit Hailey zu tun, war es plausibel, dass Madeleine in ihrem Büro nicht reden wollte. Uns in den Park bestellte und Tracy ein paar vage Hinweise gab, mit denen sie von sich ablenken wollte. Und Massaranos Schlägertypen sprachen dafür, dass die Mafia mitmischte.

»Du solltest öfter mal eins aufs Dach kriegen«, sagte Tracy.

»Du klingst wie meine Frau.«

»Hoppla!« Sie wirkte erschrocken.

»Ex-Frau«, korrigierte ich. »Bald, jedenfalls.«

Inzwischen ging es mir schon besser, und ich riskierte einen Blick auf Tracy. Sie hatte sich geschminkt, eine flotte grüne Seidenbluse angezogen.

Und sah ziemlich gut aus.

»Aufgebrezelt« war wohl das richtige Wort.

»Ich mache keine Ehe kaputt«, sagte sie.

Hatte ich ihr auch nicht zugetraut.

»Nein, das habe ich schon selber gemacht«, sagte ich.

»Mit dieser Suchaktion?«

»Ich glaube, es wäre auch so passiert.«

»Tut mir leid.«

Ich zuckte die Schultern.

»Ich würde dir ja anbieten, mit zu mir zu kommen«, sagte Tracy. »Aber für einen Mann mit Gehirnerschütterung und zwei Rippenprellungen hätte ich keine Verwendung. Und, um ehrlich zu sein, besonders gut siehst du im Moment auch nicht aus.«

»Stimmt.« Mit der geplatzten Lippe, die beim Lächeln weh tat, der geschwollenen Visage und der Naht über dem Auge war ich etwa so verführerisch wie ein Verkaufsgespräch für Ferienwohnungen.

»Und was machst du jetzt?«

»Ich fahre ins Hotel und schlafe mich aus.«

»Mit einer Gehirnerschütterung darfst du nicht schlafen«, sagte sie. »Aber ich meinte: Was willst du jetzt machen? Wenn diese Kerle für Johnny Mass arbeiten, war das kein Scherz. Die bringen dich um.«

»Dann sollte ich wohl besser aus der Stadt verschwinden.«

»Aber das wirst du nicht, oder?«

Ich schüttelte den Kopf.

Ich war dicht dran an Hailey. So dicht wie nie zuvor.

Ich nahm die Linie D nach Brooklyn.
Bensonhurst, um genau zu sein.

Das sollte ein altes italienisches Viertel sein, doch es kam mir eher chinesisch vor. Chinesische Restaurants und Gemüseläden, wohin das Auge blickte, auch die Neonreklamen waren chinesisch.

Doch das Saint Rosalia Festival, auch »Das Fest« genannt, war alles andere als chinesisch. Es war reines Sizilien. St. Rosalia, bekannt als *La Santuzza* – die kleine Heilige –, hatte Palermo vor der Pest errettet, damals im Jahre ... sagen wir, in den Zeiten der Pest. Und Bensonhurst feiert das Ereignis jedes Jahr, seit fast hundert Jahren.

Daher war ein langer Abschnitt der 18th Avenue – der Hauptstraße von Bensonhurst – für den Verkehr gesperrt und voller Buden, Verkaufsstände und Karussells. Lichterketten überspannten die Straße, eine trug den Schriftzug SANTA ROSALIA. Lautsprecher in einer Konzertmuschel schmetterten sizilianische Weisen, die von der lustigen Sorte, mit viel Akkordeon.

Es war abends nach zehn, um elf wurde geschlossen, aber die Straße war voller Menschen, darunter auch viele ehemalige Anwohner, die in die Vororte gezogen waren und nur herkamen, um das Fest zu feiern.

An einer Bude kaufte ich mir einen Hotdog mit Peperoni und Zwiebeln. Ich stellte mich an den Stehtisch und ließ die Welt an mir vorüberziehen. Junge Pärchen, Familien, alte Leute, Kinder.

Es war nett.

Als ich mir gerade ein paar *zeppoli* einverleibte, flanierte John Massarano vorbei. Ich erkannte ihn nicht sofort, aber er entsprach eindeutig den Fotos, die ich bei Google gefunden hatte.

Langes, schmales Gesicht, glatt zurückgekämmtes weißes Haar. Adlernase, dünne Lippen, aristokratischer Blick.

Seine Biographie hatte ich mir schon angesehen. Er war Kapitän seines Clans gewesen, als er über die RICO-Gesetze stolperte und für zwanzig Jahre in den Bau ging. Seit zwei Jahren war er wieder auf freiem Fuß, und da die jüngeren Führer des Clans entweder im Gefängnis saßen oder dank Zeugenschutzprogramm in alle Winde verstreut waren, war ihm keine andere Wahl geblieben, als erneut die Zügel zu ergreifen. Es hieß, er hätte die alten Sitten wieder eingeführt – mit harter Hand.

Die alten Sitten.

Zum Beispiel Kinderprostitution.

Über die Mafia kann man sagen, was man will – und ich sage, die meisten Mobster sind Dreckskerle –, aber es gab ein paar Anstandsregeln, an die sie sich hielten. Bis die Drogenurteile der neunziger Jahre kamen, die RICO-Gesetze und Rudy Giuliani, der ihre ganzen Strukturen zerstörte, und seitdem machen die Mobster alles – Hauptsache, es bringt Geld.

»Flanieren« war nicht das richtige Wort für Massaranos Gangart. Es war vielmehr eine königliche Prozession. Jüngere Männer begleiteten ihn, und die Leute verrenkten sich die Köpfe nach ihm, während er majestätisch einherschritt, Ehrenbezeigungen quittierte und mit huldvollem Nicken erwiderte.

Braunauge und Blauauge gehörten zu seinem Gefolge. Ich gab ihnen etwa zehn Meter Vorsprung und schloss mich der Prozession an.

Massaranos Aufpasser achteten auf gar nichts. Der Auftritt auf der Festmeile sollte wohl demonstrieren, dass der Clan noch präsent war. Und kein Mensch, der halbwegs bei Sinnen war, würde es wagen, sich auf dem Saint Rosalia Festival an einem Mafiaboss zu vergreifen.

Zu dumm nur, dass ich kein bisschen bei Sinnen war.

Massarano zeigte seine Volksverbundenheit, indem er an einer Bude stehen blieb und eine Portion *braciola* bestellte. Da stand er nun, plauderte und scherzte mit den Leuten.

Dann ging die Prozession weiter, vorbei am Karussell, dem Trampolin, der Austernbar. Ich mischte mich unter die Menge, wühlte mich durch, Massarano und sein Gefolge immer im Auge behaltend.

Und wartete auf meine Chance.

Die bekam ich, als sie vor einem Restaurant stehen blieben. Massarano verabschiedete ein paar seiner Leute mit Wangenkuss und Umarmung, man wünschte sich gute Nacht. Dann betrat er das Restaurant mit drei Männern, gefolgt von Braunauge und Blauauge.

Das Restaurant hatte schon geschlossen. Die Kellner saßen an einem Tisch und aßen, der Barmann putzte die Theke. Massarano und seine Leute durchquerten das Lokal und strebten auf ein Hinterzimmer zu.

Kurz entschlossen trat ich ein.

Das war meine Chance.

Als Braunauge den anderen Männern ins Hinterzimmer folgte, packte ich ihn von hinten und rammte seinen Kopf gegen den Türpfosten. Er sackte zusammen, ich nahm ihm die Pistole weg, richtete sie auf Massarano und schloss die Tür hinter mir mit dem Fuß.

Blauauge griff in seine Jacke.

»Versuch's«, sagte ich, »und ich erschieße deinen Boss.«

Seine Hand erstarrte.

Einer sagte, weil es einer sagen musste: »Sie wissen nicht, was Sie tun. Sie sind schon tot.«

»Vielleicht«, sagte ich. »Aber als Zweiter.«

»Haltet mal die Klappe«, sagte Massarano. Das musste ich ihm lassen, er war ruhig wie ein Waldsee. Er sah mich an und fragte: »Was soll das Ganze? Was wollen Sie?«

»Ich heiße Frank Decker.«

Wenn ihm der Name was sagte, ließ er es nicht durchblicken. Ohnehin gehörte er zu denen, die ihre Gedanken für sich behalten.

»Das heißt?«

»Das heißt, ich bin hier, um Ihnen zu sagen, dass ich nicht aufgebe. Ich werde weiter nach dem kleinen Mädchen suchen. Die nächsten Männer, die Sie mir schicken, werde ich töten. Und danach töte ich Sie.«

Das zeigte Wirkung. Die Männer brüllten auf mich ein, doch Massarano brachte sie mit einer Handbewegung zum Schweigen.

»Welches kleine Mädchen?«, fragte er.

»Hailey Hansen.«

Massarano beredete sich auf Italienisch mit seinem Nebenmann. Der zuckte die Schultern, und er wandte sich wieder an mich. »Mit diesem kleinen Mädchen habe ich nichts zu tun.«

»Ihr Clan hat Beziehungen zu Madeleine Chandler«, sagte ich.

»So?«

»Und Clay Welles.«

»So?«

»Zwei Ihrer Leute haben mich überfallen, damit ich Welles in Ruhe lasse«, sagte ich. »Ihre Familie handelt mit Kindern.«

Massarano wurde krebsrot, sein Kinn schob sich vor. »Jetzt beleidigen Sie mich. Ich habe Töchter, Enkeltöchter. Wird denen jemals ein Haar gekrümmt, dann ...«

Was er dann tun würde, ließ er offen. Ich war auch nicht sonderlich darauf erpicht, es zu hören.

»Wollen Sie damit sagen, dass es nicht wahr ist?«

»Ich sage damit, dass es eine Infamie ist!«

»Beweisen Sie es«, sagte ich. »Geben Sie mir freie Hand mit Welles, dann wird es sich zeigen.«

Ich hoffte darauf, dass Massarano alte Schule war, und setzte alles auf eine Karte. Ich verwettete mein Leben auf das Ehrgefühl eines Mobsters.

Keine gute Idee.

Er dachte kurz nach – und hob zu einer kleinen Rede an: »Die Sitten sind verkommen. Zu meiner Zeit war das anders. Da wären Sie nie durch diese Tür gekommen. Da wären Sie schon unterwegs zum Atlantik.«

Er streifte Blauauge mit einem angewiderten Blick und fuhr fort: »Zu meiner Zeit ... da war ein Mann, der Kindern etwas antat, ein *animale*. Und so sind wir mit ihm verfahren. Keiner hätte es gewagt, uns Kinderhandel vorzuwerfen. Er wäre auf der Stelle erschossen worden. Denn zu meiner Zeit ... da war es die Aufgabe des Mannes ... die Bestimmung des Mannes ... die Kinder zu *schützen*.«

»Das sehen wir genauso«, sagte ich.

»Unsere Viertel waren die sichersten der Welt. Unsere Kinder konnten auf der Straße spielen. Keiner hat ihnen Drogen verkauft, keiner hat sie in Autos gelockt, keiner hat versucht, sie in die Sklaverei zu verkaufen. Ich gebe Ihnen freie Hand, Mister Decker – unter einer Bedingung.«

»Unter keiner Bedingung.«

»Diese werden Sie akzeptieren. Wenn Ihre Spur Sie hierherführt, kommen Sie zuerst zu mir.« Er warf seinen Leuten einen Blick zu. »Dann regle *ich* das.«

Ich nickte.

»Ich bin ein alter Mann«, sagte er. »Und jetzt möchte ich mich setzen.«

Er setzte sich langsam, ein wenig resigniert. Ein Mann, der wusste, dass er der Boss war, aber auch, dass seine Macht enden würde.

»Ihr Vater hat Sie gut erzogen«, sagte er und blickte zu mir hoch. »Er kann stolz auf Sie sein.«

»Ich hoffe, er war es«, sagte ich. »Er ist schon tot.«

»*Bon anima*«, sagte Massarano. »Jetzt gehen Sie, Mister Decker. Bevor mir wieder einfällt, dass Sie hier eingedrungen sind und mich mit der Waffe bedroht haben.«

»Ich bitte um Entschuldigung«, sagte ich. »Es war respektlos. *Mi dispiace.*«

Ein Brocken Italienisch, den ich in der Subway eingeübt hatte.

Und der Massaranos Gefallen fand.

»Wenn Sie die Waffe noch einmal auf mich richten, sind Sie ein toter Mann, *capisce?*«

»*Capisce.*« Ich senkte die Pistole, öffnete das Magazin und ließ die Patronen auf Braunauges schlaffen Körper fallen.

Dann tat ich etwas, was ich nicht hätte tun sollen.
Aber so bin ich nun mal.
Ich kann es nicht ausstehen, verdroschen zu werden.
Eine blitzschnelle Wendung, und ich versetzte Blauauges Kinn den härtesten Schlag, zu dem ich fähig war.
Der Schmerz in meinen Rippen brannte wie Feuer, aber auf einem anderen Level fühlte er sich gut an.
Besonders, als Blauauge umfiel wie ein Baum.
»Jetzt gehe ich«, sagte ich.
Ich war halb durch die Tür, schon auf eine Kugel gefasst, als mich Massarano zurückrief: »Mister Decker!«
Ich drehte mich um.
»Wenn Sie einen Job brauchen«, sagte er, »kommen Sie zu mir. Es ist heutzutage schwer, Leute von Format zu finden.«
Ich ging hinaus auf die Straße.
Das Fest war in vollem Gange.
Die Musik spielte.
Die Lichter blinkten.
Eltern hoben ihre Kinder behutsam aus dem Karussell.

Ich nahm ein Taxi zum Apartment von Welles.
Der Portier sagte: »Sie können nicht –«
Doch, ich konnte. Ich lief an ihm vorbei zum Lift, fuhr in die fünfzehnte Etage und ließ den Daumen auf der Klingel, bis die Tür aufging.

Welles, in Boxershorts und T-Shirt.

»Welles, du hast es verkackt«, sagte ich. »Deine Gorillas hätten mich sofort umlegen müssen.«

Eine Weisheit fürs Leben: niemals drohen.

Wenn du was tun willst, dann tu's. Drohst du vorher, gibst du dem anderen Gelegenheit, zu reagieren.

»Wovon reden Sie überhaupt?«, sagte Welles.

Er wusste es genau. Ich sah es an dem Blick, mit dem er meine geschwollene Visage musterte.

Er hatte die Kerle losgeschickt.

»Ich komme direkt von John Massarano«, sagte ich. »Und weißt du was? Er hat deine Schonfrist aufgehoben.«

Jetzt sah ich noch mehr in seinem Blick.

Angst.

Er war an seine Beschützer gewöhnt. Jetzt hatte er keine mehr. Und ich hoffte, dass ihn die Angst zu Fehlern verleitete.

Also machte ich kräftig Druck.

»Ich bin Jäger«, sagte ich. »Das war ich im Krieg, und

das bin ich jetzt. Die Jagdsaison auf Clayton Welles ist eröffnet, und ich schwöre, ich bringe dich zur Strecke.«

Hinter ihm tauchte Shea auf.

Als sie mein Gesicht sah, bekam sie einen Schreck. Ich wollte nicht ihr Mitleid und nicht ihre Betroffenheit. Es war mir egal, ob sie Bescheid wusste oder nicht. Ich schaute an Welles vorbei und sagte zu ihr: »Wenn du etwas über Hailey weißt, dann sag es jetzt. Wenn nicht, blüht dir das Gleiche wie ihm. Hast du verstanden?«

Sie nickte.

»Gut.«

Die Lifttür ging auf, und ich stieg ein.

Während die Lifttür schloss, fing ich Sheas Blick auf.

Vielleicht war es Einbildung oder so was wie Wunschdenken, aber sie hatte Tränen in den Augen. Ich war mir ganz sicher.

Dann klingelte mein Handy.

Es war Willie.

Und als ich sie wegklickte, kam ich mir vor wie der größte Idiot der Weltgeschichte.

Das hatte Willie mir zu berichten: Sie hatte Tage gebraucht, um in den Datenbanken nach John Benson zu forschen.

»Er hat eine Akte«, sagte Willie. Ich hörte das Zittern in ihrer Stimme. »Halt dich fest, Deck, er hat 2009 in Lewisburg gesessen.«

Eine Ozeanwelle schlug über mir zusammen.

»Zur selben Zeit wie Harold Gaines«, sagte ich.

»Sie saßen in einer Zelle.«

»Mein Gott! Willie, kannst du –«

»Ich bin schon auf dem Weg zum Gefängnis.«

Ich verfluchte mich in die tiefste Hölle. Ich war der falschen Spur gefolgt – bis zu Clay Welles nach New York.

Hastig checkte ich aus, lief zur Parkgarage. Und kam mir vor wie der letzte Trottel.

Wegen ihrer Ähnlichkeit mit Hailey hatte ich mich in Shea verknallt. Der größte Fehler, der einem Ermittler passieren kann. Du lässt dir von einer Zeugin den Kopf verdrehen, und schon biegst du die Beweise zurecht, bis sie passen.

Welles hatte also einen Cop angeheuert, um mich von ihm fernzuhalten.

Na und?

Er hatte mir Geld geboten – den Preis, den es kostete,

mich loszuwerden, wie er selbst gesagt hatte. Und mir Schläger auf den Hals gehetzt.

Aber was konnte ich anderes erwarten, nachdem ich ihn öffentlich gedemütigt und mit einer Kindesentführung in Verbindung gebracht hatte?

Die Prügel hatte ich mir redlich verdient.

Ich löste mein Auto aus und fuhr Richtung Norden.

Ich war schon am Ziel gewesen. Und irgendwie hatte ich Hailey verfehlt.

Meine Chancen standen schlecht wie nie.

Hailey Hansen war nicht mehr am Leben – mit an Sicherheit grenzender Wahrscheinlichkeit.

Ich betete um ein Wunder.

Das Mädchen hört Schritte über sich, dann spricht der Mann mit der Frau.
»Ich kann das nicht«, sagt die Frau.
»Es muss sein«, sagt der Mann.
Das Mädchen hört die Frau weinen.
»Ich kann das nicht! Ich kann das nicht!«
»Dann muss ich es tun.«
»Wag es bloß nicht!«
Sie hört ein klatschendes Geräusch, den Aufschrei der Frau. Sie klingt wie ein jaulender Hund.
Dann wieder den Mann. »Willst du lebenslänglich in den Knast? Die wissen Bescheid, die können jeden Moment hier sein!«
Das Mädchen verkriecht sich in den Schlafsack und hält Magic fest.
Dann öffnet sich die Luke über ihr.

Ich fuhr Route 9, am Westufer des Hudson entlang bis nach Nanuet, dort wechselte ich auf den New York State Thruway, damit ich richtig Gas geben konnte.

Kurz vor New Paltz kam ein neuer Anruf von Willie.

»Ich habe mit Gaines geredet«, sagte sie.

»Und?«

»Er hat mich angegrinst. Und zugegeben, dass er Benson kennt. Aber das hat nichts zu bedeuten, sagt er. Er kennt eine Menge Leute vom Knast. Er bleibt dabei, dass er nichts mit der Entführung von Hailey zu tun hat.«

»Er lügt.«

Es passte alles zusammen: Gaines und Benson hatten die Sache im Knast ausgeheckt. Gaines hatte Benson bei der Entführung von Hailey geholfen und ein paar Wochen später dasselbe mit Brittany Morgan versucht, aber irgendwas war schiefgegangen, das Mädchen starb, und wir konnten Gaines überführen.

Dann hatte mir Gaines weisgemacht, er hätte nichts mit Hailey zu tun, und ich Idiot hatte ihm geglaubt.

Wahrscheinlich lachte er sich über uns kaputt.

Während ich Benson ein Jahr Zeit geschenkt hatte.

»Bleib an ihm dran«, sagte ich, dann rief ich Andy Russo an.

»Das ist hoffentlich ein Fernruf«, sagte Russo.

»Ich habe mich geirrt«, gestand ich ihm. »Machen Sie mit Madeleine Chandler, was Sie wollen, aber Welles ist sauber, zumindest was Hailey Hansen betrifft.«

Ich erklärte ihm die Gründe und sagte ihm, ich sei auf dem Weg nach Bearsville.

»Ich kenne da einen bei der State Patrol«, sagte Russo. »Soll ich schon mal was veranlassen?«

»Noch nicht«, sagte ich.

Die State Patrol arbeitete nach Drehbuch, und ich wusste nicht, ob Hailey so lange warten konnte. Falls sie noch am Leben war.

»Hey, Decker«, sagte Russo. »Ich drück die Daumen.«

»Danke.«

Das war nett von ihm, nachdem ich ihm all den Ärger gemacht hatte wegen nichts und wieder nichts. Dann sagte er noch: »Melden Sie sich mal bei Tracy. Die mag Sie, aus unerfindlichen Gründen.«

So also. Aus unerfindlichen Gründen.

Mag sein, dass sie mich mochte.

Ich sie ganz bestimmt nicht.

Ich überlegte, ob es an der Zeit war, mich bei Welles und Shea zu entschuldigen, beschloss, dass es warten konnte, und fuhr durch bis Bearsville.

Von der Landstraße aus sah ich, dass in Bensons Haus Licht brannte.

Ich nahm die Pistole aus dem Waffensafe und legte sie auf den Beifahrersitz. Dann fuhr ich den Weg hinunter, bog in Bensons lange Zufahrt ein und hielt zwischen Scheune und Haus.

Das Auto der Bensons war nicht zu sehen.

Die Tür war unverschlossen, ich trat ein.

»Hailey? Hailey Hansen?«

Stille.

Sie waren weggefahren, offenbar in großer Eile.

Der Küchentisch war mit zwei Tellern gedeckt. Zwei Burger lagen auf dem Grill, aber das Gas war abgeschaltet, die Burger waren kalt.

Verdammt, hatte Gaines sie benachrichtigt?

»Hailey! Hailey, bist du da?«

Der Kühlschrank war randvoll. Ich nahm einen Milchkarton heraus und roch an der Öffnung – die Milch war frisch.

Hinüber ins Wohnzimmer.

Der Fernseher war abgeschaltet und fühlte sich kalt an.

Die Treppe hinauf.

»Hailey! Hailey Hansen!«

Ein Blick ins Schlafzimmer, den Schrank, das Badezimmer. Ich lief durch den Flur zum verschlossenen Zimmer. Das Vorhängeschloss war geöffnet, ich trat ein.

Die Plantage war intakt.

Die komplette Ausrüstung, reichlich Dope. Sie hatten es *sehr* eilig gehabt.

Ich steckte noch einmal den Kopf durch die Bodenluke und benutzte mein Handy als Taschenlampe.

»Hailey! Hailey!«

Jetzt war ich in Panik. So etwa musste sich Cheryl Hansen gefühlt haben, als ihre Tochter weg war. Ich lief die Treppe hinunter und hinaus auf den Hof. Der Nachthimmel verwandelte sich gerade in ein stählernes Grau.

Ich suchte noch einmal im Keller und in der Scheune.

»Hailey! Hailey!«

Nichts.

Sie waren geflohen und hatten Hailey mitgenommen. Wenn sie noch am Leben war.

Einen anderen Grund zur Flucht hatten sie nicht.

Ich ging zum Auto zurück und rief Willie an.

»Kannst du New York anrufen? Sie sollen sofort Entführungsalarm auslösen. Denk dir irgendeine Begründung aus.«

»Ist schon passiert«, sagte sie. »Der Alarm ist ausgelöst.«

Willie, das Prachtmädchen.

Ich berichtete ihr von der Durchsuchung der Farm – keine Spur von Hailey. Andererseits: keine Spuren von Gewalt. Nicht, dass es viel bedeutete. Sie hatten ein Jahr Zeit gehabt.

»Was machst du jetzt?«, fragte Willie.

»Ihnen auf der Fährte bleiben, auf den Entführungsalarm hoffen, hoffen, dass Gaines aussagt«, sagte ich. »Ich bin kurz davor, die State Patrol zu rufen, damit sie hier nach einer Leiche suchen.«

»Es tut mir leid, Deck.«

»Mir auch.«

Sie legte auf.

Ich setzte mich ins Auto und ließ die Tür offen.

Um ehrlich zu sein: Mir war zum Heulen.

Weil ich wusste, was jetzt kam. Die Suchaktionen, die Freiwilligen, das Durchkämmen der Felder, der Wälder, das Stochern in Bächen und Teichen.

Und dieses Mal wusste ich, wie es enden würde.

Dann sah ich etwas.

Beim ersten Sonnenstrahl.
Ein metallisches Glitzern in einem Busch rechts neben dem Hühnerstall.

Ich ging hinüber zu dem Busch, bog die Zweige auseinander. Ein rechteckiges Metallrohr, das aus dem Boden ragte. Ich bin ein Stadtkind, aber die Stadt war von Farmen umringt. Ich hatte eine Menge Hühnerställe gesehen, doch keinen mit einem Lüftungsrohr.

Verdammt, warum war mir das nicht vorher aufgefallen?

Ich trat die Tür zum Hühnerstall ein und schreckte die Hühner auf.

»Hailey? Hailey, bist du hier?«

Ich kniete mich in die Streu und tastete den Beton ab.

»Hailey, bist du da unten?«

Ich war ungefähr drei Meter weit gekommen, als ich unter dem Stroh auf eine Kante stieß. Ich wischte das Stroh beiseite, und da war sie.

Eine Luke mit Metallgriff, ein Meter mal eins fünfzig.

Bestimmt anderthalb Zentner schwer. Ich ging in die Hocke, zog kräftig und hob sie schließlich an.

Dann stieg ich in ein unterirdisches Verlies. Ungefähr zwei mal drei Meter groß. Der Fußboden aus Sperrholz wellte sich. Auch die Wände waren aus Sperrholz, aber mit schalldämmenden Platten verkleidet. Und mit Zeitungsfotos beklebt – ein Mann, eine Frau, ein Haus, eine Stadt. An der Decke, geschützt von einem Drahtgitter, eine kleine Videokamera. Wahrscheinlich sendete sie ihr Signal zu dem Laptop im Schlafzimmer, so dass die Bensons das Mädchen immer unter Kontrolle hatten.

Eine nackte Glühbirne hing herab.

An der linken Wand stand eine Campingliege mit einer Decke.

In der Ecke gegenüber ein Campingklo – der typische Chemiegeruch. Darüber endete das Lüftungsrohr, das mit einem kleinen Ventilator zum Umschalten versehen war, damit man bei Bedarf auch entlüften konnte.

Es war eine Gefängniszelle.

Für ein Kind.

Aber das Kind war weg.

Ich hob das Campingbett hoch.

Darunter war der Fußboden, und zwischen Fußboden und Wand klaffte ein schmaler Streifen Erde. Vielleicht dreißig Zentimeter lang und zehn Zentimeter breit.

In die Erde war eine Zeichnung geritzt.

Eine kindliche Zeichnung, aber leicht zu erkennen.

Ein Pferd.

Magic.

Ich rannte zurück ins Haus.
Jetzt hatte ich Gewissheit.
Die Bensons hatten Hailey versteckt und gefangen gehalten. Jemand hatte sie am Abend gewarnt, als sie gerade essen wollten. Sie hatten ihren Computer und das Mädchen eingepackt und waren geflüchtet.
Während ich auf dem Weg zu ihnen war.
Vielleicht waren sie mir auf der Fahrt begegnet.
Ich ging ans Küchentelefon, wählte eine Nummer und betete. Vermutlich war Gott in der Leitung, denn nach dem zweiten Klingeln schon meldete sich Tomacelli.
FBI Special Agent John Tomacelli.
»Hier Decker.«
»Mein Gott«, sagte er. »Lange her –«
»Ich brauche Ihre Hilfe, und zwar jetzt«, sagte ich. Dann bat ich ihn, alle Anrufe, sie seit gestern Abend an diese Nummer gegangen waren, zurückzuverfolgen.
»Decker, das bedeutet richterliche Vollmachten, das bedeutet Zugriffe auf die Datenspeicher –«
»Mir egal«, sagte ich. »Begründen Sie's mit der Inneren Sicherheit, Terrorbekämpfung, ich brauche die Nummern. *Jetzt!*«
Er schwieg nur eine Sekunde, dann sagte er: »Ich rufe zurück.«

»Danke.«

Dass Minuten wie Stunden vergehen können, ist ein Klischee. Sie können auch vergehen wie Tage.

Sie hatten Hailey hier gefangen gehalten.

Bis gestern Abend.

Und brachten sie jetzt irgendwohin. Vielleicht, um sie zu töten.

Klingle endlich, verdammtes Telefon!

Tomacelli brauchte fünfzehn Minuten.

»An diese Nummer ist nur ein Anruf gegangen«, sagte er. »Gestern am späten Abend.« Er nannte mir die Nummer und den Namen des Anrufers.

»Sind Sie sicher?«, fragte ich.

»Hundert Prozent.«

Ich dankte ihm, legte auf und musste mich setzen.

In meinem Kopf drehte sich alles.

Es war Sheas Nummer.

Ich war seit einem Jahr auf der Suche.
Hatte Tausende von Meilen zurückgelegt.
Doch eine Fahrt wie diese hatte ich noch nicht erlebt.
Weil ich es verpfuscht hatte.
Nicht Welles, sondern Shea war es gewesen.
Hatte sie Gaines und Benson beauftragt, ein Kind zu entführen, das ihr ähnelte? Warum? Um es dann in einem Erdloch zu verstecken? War sie wirklich so grausam? Oder so krank?
Und ich musste an Hailey denken.
Wie hatte sie es all die Monate in dem finsteren Loch ausgehalten? In dieser Angst, in dieser Einsamkeit?
Was war dort unten alles vorgefallen?
Ein neues Dreieck bildete sich. Gaines – Benson – Shea. Ich hatte Shea unter Druck gesetzt, sie war in Panik geraten und hatte Benson angerufen. Damit er fliehen konnte, Hailey wegbringen oder ...
Das Auto kroch in Zeitlupe dahin.
Ich versuchte, Tracy zu erreichen. Shea musste überwacht, verhaftet werden. Aber Tracy nahm nicht ab.
Dasselbe bei Russo.
Wo steckten sie? Warum gingen sie nicht ans Telefon?
Willie meldete sich sofort.
»Willie, ich brauche alles, was du über eine Jennifer Da-

vies aus Harrisburg, Pennsylvania, herausfinden kannst.«
Ich gab ihr das ungefähre Geburtsjahr.

»Was ist los, Deck?«, fragte sie.

»Jetzt nicht, Willie. Keine Zeit. Es kann sein, dass sie in den späten Neunzigern von zu Hause weggelaufen ist, also könnten die Eltern ...« – wie hießen sie doch gleich? –, »... Bill und Helen Davies, eine Vermisstenanzeige aufgegeben haben.«

»Ist notiert.«

Als Nächstes rief ich Mark Hurley in der Polizeistation von Kingston an.

»Sie sind doch auch für Bearsville zuständig, oder?«

»Nur bei Strafsachen.«

Ich erzählte ihm, was ich auf der Farm der Bensons gefunden hatte.

»Jesus!«

Wahrscheinlich hatte ich mit meinem Eindringen die Beweiskette zerstört und dem späteren Prozess gegen die Bensons alle möglichen Hindernisse in den Weg gelegt, aber es war mir egal.

»Sie sollten mal dort rausfahren«, sagte ich und klickte ihn weg.

Gerade mal zwanzig Meilen hatte ich hinter mich gebracht.

Die Bensons waren am Abend geflohen, inzwischen konnten sie sonst wo sein. Sie konnten Hailey irgendwo getötet haben und waren jetzt auf dem Rückweg zur Farm, wo sie sich sicher glaubten.

Aber so durfte ich nicht denken. Ich musste darauf hoffen, dass Shea die Bensons angerufen hatte, damit sie Hailey an einen anderen Ort brachten.

Oder irgendwo ablieferten.

Vielleicht wurden die Bensons durch den Entführungsalarm gefasst, aber ich zweifelte daran. Sie hatten die ganze Nacht Zeit gehabt, um zu ihrem Zielort zu gelangen, wahrscheinlich waren sie schon dort. Und wenn sie die Leuchttafeln mit Haileys Beschreibung sahen, würden sie sofort abtauchen.

Ich musste zu Shea.

Als ich den New York State Thruway erreichte, trat ich aufs Gas. Ohne Rücksicht auf den Tacho.

Mr. Springsteen fuhr wieder mit.

»*Mr. State Trooper, please don't stop me, please don't stop me.*«

Genau. Liebe Cops, bitte stoppt mich nicht!

Sie liegt im Van auf dem Fußboden und spitzt die Ohren.
»Wohin?«
»Keine Ahnung«, sagt der Mann.
Als kleines Mädchen weiß sie, was Angst ist.
Sie hört die Angst in den Stimmen.
»Möglichst weit«, sagt der Mann.
Dorthin, wo man sie niemals finden wird, hört sie heraus.

Ich parkte zweite Reihe vor dem Haus von Welles, steckte die Pistole in den Hosenbund und ging rein.

»Ich rufe die Polizei!«, rief der Portier, als ich ihn beiseiteschob.

»Die kommt sowieso gleich«, sagte ich und lief zum Lift.

Die Tür zum Penthouse stand offen.

Shea lag auf dem Fußboden des Wohnzimmers, mit ausgestrecktem Arm, ihre Hand umklammerte eine Wodkaflasche.

Als sie mich kommen sah, blickte sie zu mir auf.

»Deck ...« Lallend, mit schwacher Stimme. »Ich ... bin so durcheinander ... Ich weiß nicht, wer ich bin ...«

Ihre Sinnkrise war mir jetzt egal. »Wo ist Hailey? Was hast du mit ihr gemacht?«

»Was?«

»Lüg mich nicht an!«, sagte ich. »Du hast mit John Benson —«

»John Benson ... kenn ich nich' ...«

Ich griff ihr unter die Arme und zog sie aufs Sofa. Sie war völlig hinüber, ihr Atem kaum spürbar.

»Was hast du genommen, Shea?«, fragte ich.

»Weiß nich' ...«

»Pillen?«

Sie nickte. »Ich will tot sein, Deck. Ich weiß nicht, wer ich bin ...«

»Wo ist Welles?«

»Weg«, sagte Shea. »Ich bin so allein ... ganz allein ...«

Sie fing an wegzusacken, ich musste sie schütteln. »Shea, bleib wach!«

Ich nahm sie in den Arm, richtete sie auf und ging mit ihr umher. Sie war meine letzte Verbindung zu Hailey. Wenn sie an einer Überdosis starb, war die Verbindung gekappt, und Hailey würde für immer verschwinden, aus der Welt fallen.

»Wo ist Hailey?«, bohrte ich.

»Weiß nich' ...«

»Wo ist Benson?«

»Weiß nich' ...«

Sie sackte zusammen und wurde bewusstlos.

Die Cops kamen gerade rechtzeitig.

Ob sie die Fahrt im Rettungswagen durchhalten würde, war fraglich. Ein Sanitäter benutzte den Ausdruck »CTD«, den ich von früher kannte.

»*Circling the drain*« – kurz vorm Exitus.

Wag es nur nicht!, dachte ich. Wag es nur nicht, dir das Leben zu nehmen, ohne den Versuch, Haileys Leben zu retten! Wag es nur nicht zu sterben, bevor du mir gesagt hast, wo sie ist!

Wenigstens das schuldest du dem kleinen Mädchen.

»Ich muss mit ihr reden«, sagte ich.

Der Sanitäter zuckte die Schultern. »Versuchen Sie's.«

Im Krankenhaus sah ich Tracy.

»So trifft man sich wieder«, sagte sie.

Ich erklärte ihr die neue Entwicklung. Sie schaute nach, ob es Rückmeldungen zum Entführungsalarm gab.

Bis jetzt keine.

Aber sie gab einen neuen Fahndungsaufruf durch.

Und Shea fiel ins Koma. Sie pumpten ihr den Magen aus, versorgten sie mit Sauerstoff. Keiner konnte sagen, ob sie es schaffen würde.

Felicity wollte nicht mit mir reden. Ich reichte mein Handy an Sergeant Tracy Barnes vom NYPD weiter. Doch Felicity wusste nicht, wo Welles war.

Jetzt konnten wir nur noch warten.

Dass Welles auftauchte.
Dass die Bensons gefasst wurden.
Dass Shea aus dem Koma erwachte.
Dann rief Willie an.
»Was hast du rausgefunden?«, fragte ich.
In Harrisburg hatte es nie eine Jennifer Davies gegeben. Auch Bob und Helen Davies nicht. Auch keine Vermisstenanzeige auf ihren Namen.
Shea war nie Jennifer gewesen.
Ihr Lallen kam mir wieder zu Bewusstsein.
Ich ... bin so durcheinander ... Ich weiß nicht, wer ich bin ...
Plötzlich begriff ich.
Es traf mich wie ein Schlag.
Sie war ein vermisstes Kind.

Mein Bauchgefühl sagte mir, dass Shea entführt worden war. Erst entführt und dann per Gehirnwäsche mit einer neuen Identität versehen.

Es war keine Metapher gewesen.

Sie wusste *wirklich* nicht, wer sie war.

Man kennt ja diese computergenerierten Phantombilder von vermissten Kindern, die zeigen sollen, wie sie aussehen könnten – ein Jahr, drei Jahre, acht, zehn, zwölf Jahre nach ihrem Verschwinden.

Ich hatte zu viele von diesen Bildern gesehen. Das Phantombild von Hailey trug ich mit mir herum – ein Kind dieses Alters verändert sich schnell.

Jetzt überlegte ich, ob man dieses Verfahren auch umkehren konnte – ob man aus dem Foto einer Erwachsenen das Phantombild des Kindes erzeugen konnte, als das sie entführt worden war. Wenn das möglich war, ließ sich ein solches Phantombild mit der Datenbank der vermissten Kinder abgleichen.

Wir haben eine nationale Datenbank für gestohlene Autos.

Wir haben *keine* nationale Datenbank für gestohlene Kinder.

Das verrät einiges über unser Wertesystem, denke ich.

Das Nationale Zentrum für vermisste und missbrauchte Kinder (NCMEC) führt für jeden US-Staat eine gesonderte Datenbank, und die nationale Verbrechensdatei des FBI hat eine Sparte für vermisste Personen, aber es gibt keine Zentraldatei für vermisste Kinder.

Die Vermisstendatei des FBI umfasst fünfundachtzigtausend vermisste Personen.

Etwa die Hälfte sind Minderjährige.

Ich bat Tomacelli, dort anzufangen.

»Sie brauchen eine retrospektive Gesichtserkennung?«, fragte er. »Nach dem Foto einer Erwachsenen, abgeglichen mit allen Einträgen von Tausenden Kindern, die in Frage kommen?«

»So schnell wie möglich.«

Ich half ihm, die Suche einzugrenzen. Geschlecht, Hautfarbe, Alter: Shea hatte behauptet, einundzwanzig zu sein, aber wahrscheinlich kannte sie ihr wahres Alter nicht. Seit sechs Jahren lebte sie offen mit Welles zusammen, diese Jahre konnten wir also streichen. Wenn hier ein Muster vorlag, war sie im Alter zwischen sechs und acht Jahren entführt worden.

Dann die Geographie.

Sheas Aussprache klang nach Ostküste, ganz sicher nicht nach Südstaaten oder Westen. Wir konnten also mit den Mädchen anfangen, die in jenen Jahren im Osten der Staaten entführt worden waren, und uns dann weiter vorarbeiten.

»Aber können Sie so was machen?«, fragte ich. »Retrospektive Gesichtserkennung?«

»Klar können wir«, sagte er. »Aber das dauert Wochen.«

»Mir bleiben ein paar Stunden. Wenn überhaupt.«

»Ich tue, was ich kann«, sagte er. »Haben Sie die Bilder der Gesuchten?«

»Es gibt Tausende«, sagte ich und erklärte ihm, wer Shea Davies war.

»Wäre ich Ihnen doch nie begegnet«, stöhnte Tomacelli. Doch dann sagte er: »Sie holen das Kind zurück, nicht wahr?«

»Das werde ich.«

Aber erst musste ich die wahre Shea finden.

Ich wusste nicht, wen ich zuerst sehen würde. Die Frau oder das Kind.

Warten ist eine Folter der besonderen Art. Soldaten wissen das.

Ich kenne es aus dem Irak. Das Warten war immer das Schlimmste.

Du sitzt da und malst dir aus, was alles passieren kann, passieren wird. Wenn es dann losgeht, ist es wie eine Erlösung, weil du keine Zeit mehr hast, an all das Zeug zu denken.

Ärzte kennen das auch, glaube ich. Sie tun, was in ihrer Macht steht, dann müssen sie abwarten, wie die Natur entscheidet.

Oder Gott, wenn du an Gott glaubst.

Auch Kinder wissen, was Warten bedeutet.

Besonders Kinder, die entführt wurden.

Hailey Hansen wartet schon viel länger, sagte ich mir. Dagegen waren meine Stunden im »Wartebereich« des Krankenhauses ein Nichts.

Russo kam vorbei.

Tracy hatte ihn wohl für sich eingespannt. Er ließ die Drähte heißlaufen, brachte die Ermittler und Polizeistreifen auf Trab, damit sie nach den Bensons suchten.

Und Tracy hatte ihre Abteilung Sexuelle Gewalt losgeschickt. Ihre Leute nahmen sich die üblichen Verdächtigen vor, befragten Säufer, Penner, Junkies, ob sie etwas gesehen, gehört hatten, und setzten ihnen Daumenschrauben an, wenn sie ihr Wissen nicht schnell genug ausspuckten.

»Du siehst wie Scheiße aus«, duzte mich Russo. »Wann hast du zuletzt gegessen, geschlafen?«

Ich zuckte die Schultern.

»Ich hol dir 'n Burger«, sagte er. »Und dann wird gegessen, Arschloch.«

Ich fing keinen Streit an.

Jetzt rief Hurley aus Bearsville an.

»Jesus, Decker!«, sagte er. »Haben die das Kind in dem Loch versteckt?«

»Sieht so aus.«

»Das sind ja Tiere!«

Ich verschwieg ihm, dass ein Mafiaboss sich ähnlich geäußert hatte. »Hören Sie, ich sage das ungern, aber Sie sollten anfangen, die Umgebung abzusuchen …«

»Wir sind schon dabei«, sagte er. »Bis jetzt nichts Auffälliges, die Spürhunde haben nichts gefunden. Die State Patrol hat einen Hubschrauber mit Infrarot im Einsatz. Ich hoffe, auch die finden nichts.«

»Klar.«

»Wir drehen hier jeden Stein um, alle suchen nach dem Hippiepärchen.«

»Sie könnten nach Kanada entkommen sein.«

»Dort wird auch gesucht«, sagte Hurley. »Und in Pennsylvania und Ohio.«

»Danke Ihnen sehr.«

»Halten Sie mich auf dem Laufenden.«

»Versprochen«, sagte ich. »Hören Sie, tut mir leid, dass ich auf der Farm Beweise vernichtet habe.«

»Wovon reden Sie?«, sagte er. »Ich hatte einen anonymen Hinweis auf ein gefährdetes Kind, und der Richter hat die Vollmacht unterschrieben. Wir haben gute Richter hier.«

Nach einem Jahr als Einzelkämpfer hatte ich schon vergessen, wozu ein Team gut sein kann.

Ein seltsames Gefühl, aber kein schlechtes.

Ich musste eingenickt sein. Denn als ich hochschreckte, schob mir Russo eine Schachtel auf den Schoß.

»Krankenhauskantine?«, fragte ich.

»Bist du etwa Kannibale?«, fragte er. »Man hört so Gerüchte. Nein, das hat der Burger Joint geliefert. Die mögen Cops. Mit Fritten und Coke. Bisschen Eiweiß, Zucker, Fett, schon bist du wieder fit.«

Ich verschlang den Burger, die Fritten und kippte die Cola hinterher.

Dann ging ich zur Toilette, mich ein bisschen frisch machen.

Russo hat recht, dachte ich, als ich mich im Spiegel sah. Ich sah wirklich aus wie Scheiße. Ich arbeitete an einem Dreitagebart, meine blau gehauenen Augen changierten in ein morbides Lila, meine Kinnpartie war verquollen, im Mundwinkel hatte ich getrocknetes Blut. Irgendwann hatte es wieder angefangen zu bluten, und ich hatte es nicht gemerkt.

Ich musste fast lachen.

Das war nicht mehr Frank Decker aus Lincoln.

Von dem trennten mich ein Jahr, ein paar tausend Meilen und ein Haufen Erfahrungen.

Das Lustige war, ich konnte mich kaum noch an den Kerl erinnern.

Der steckte irgendwo noch in mir drin, aber wo?

Ich klatschte mir kaltes Wasser ins Gesicht und ging zurück in den Wartebereich.

Es dauerte vier Stunden und fühlte sich an wie vierhundert.

Dann klingelte mein Handy.

»Sie sind ein wahrer Schatz«, sagte Tomacelli.

»Nicht wirklich. Warum?«

Das FBI war fündig geworden.

Ich starrte die Bilder auf dem kleinen Display meines Handys an.

Die biometrische Rekonstruktion von Sheas Aussehen als Kind und ihr echtes Kinderfoto – beide mit dem unverkennbaren Blick.

Das bin ich. Ob ihr wollt oder nicht.

Sheas richtiger Name war Anna King.

Sie war im Sommer 1999 in Camden, New Jersey, von der Straße verschwunden. Mit sieben Jahren.

Ihre Mutter hatte ausgesagt, Anna sei draußen gewesen, zum Seilspringen, und sie durfte den Vorgarten nicht verlassen, nicht in dieser Gegend, und dann … war sie weg.

Jetzt kamen so viele Daten, dass mein Handy streikte und ich aufs Notebook umsteigen musste.

Die Cops in Camden hatten Annas Mutter, DeVonne King, hart in die Mangel genommen, weil sie von einem Fall häuslicher Gewalt ausgingen. Sie glaubten ihr nicht, dass sie nur wegen einer Zigarette ins Haus gegangen war, als ihre Tochter verschwand. Sie wollten den Namen des Freunds oder Freiers, der Annas Vater war, aber sie wusste nur, dass es ein Weißer war.

Sie glaubten auch nicht den Dealern, die erzählten, sie hätten ein Auto gesehen, in dem ein Weißer saß. Es kamen viele Weiße durch diese Straße, um sich Dope zu besorgen oder eine Crack-Hure. Aber kleine Mädchen? DeVonne blieb bei ihrer Darstellung.

»Ich habe mein Kind nicht misshandelt. Niemals würde ich das tun!«

Der Fall blieb ungelöst und wanderte irgendwann ins Archiv.

Annas Foto landete in der Datenbank des FBI und beim Zentrum für vermisste und missbrauchte Kinder. Aber DeVonnes letzte Bemerkung gegenüber der Polizei klang wie eine traurige Wahrheit: »Keiner sucht nach einem Mischlingskind«, hatte sie gesagt. »Keiner sucht nach meiner Kleinen.«

Sie suchten ganz bestimmt nicht in *Vogue*, *Harper's Bazaar*, *Women's Wear Daily* oder *Elle*. Auch nicht an den Wänden des exklusiven Bordells von Madeleine Chandler. Und selbst wenn: In dem Model, das Clay Welles kreiert hatte, hätten sie das kleine Mädchen aus Camden nicht wiedererkannt.

Sie war »Shea« geworden.

Russo und Tracy schauten mir beim Betrachten der Bilder über die Schultern.

Tracy war sichtlich den Tränen nahe.

»Mein Gott!« Sie schüttelte den Kopf. »Wer hätte das gedacht?«

Wir durften zu Shea auf die Intensivstation.

Schläuche verschwanden in ihrer Nase, in ihren Armvenen, das Beatmungsgerät röchelte.

Ich beugte mich über sie und sprach sie leise an. »Anna?«

Wartete ein paar Sekunden und wiederholte es.

»Anna King?«

Ihre Lider zuckten, dann öffnete sie die Augen.

Ich zeigte »Shea« das Kinderfoto.
Ihr wahres Selbst.
Anna King.
»Erinnerst du dich?«, fragte ich.
Sie hatte kaum Erinnerungen. Konnte nicht unterscheiden, was Wirklichkeit war und was Traum.
Oder vielmehr Alptraum.
Der Alptraum vom Eingesperrtsein in einer dunklen Höhle. Ganz allein, keiner hört ihre Schreie, sie ist voller Angst, voller Sehnsucht nach der Mutter, aber Alleinsein ist besser als die Frau, die dann kommt ...
Traum oder Wirklichkeit?
... und ihr wieder und wieder erzählt, sie sei Jennifer, und sie jedes Mal schlägt, wenn sie Anna sagt, und ihr nur zu essen gibt, wenn sie sagt, ich heiße Jennifer, wenn sie sagt, eine Anna hat es nie gegeben.
Dann darf sie essen und trinken, dann darf sie auf die Toilette gehen, dann sagt die Frau, so ist es gut, Jennifer. Und sie hat solche Angst vor der Frau.
Aber noch viel mehr vor dem Mann, der sie immer kontrolliert, der sie nicht anfasst und nicht haut, nur mit dem Ledergürtel in die Luft schlägt oder auf das Campingbett und ihr dann sagt, dass sie schön sei, was ganz Besonderes, so dass sie fragt: Bist du mein Daddy?, und er

antwortet: Nein, ich bin nicht dein Daddy. Du hast keinen Daddy.

Aber das ist nur ein Alptraum, den sie loswerden muss. Mit Tabletten, mit Alkohol und Drogen und Clays Liebe, nur ein Alptraum, denn ...

... aufgewachsen ist sie in Harrisburg, und ihr Stiefvater hat schlimme Sachen mit ihr gemacht, deshalb rannte sie weg, und Clay hat sie gerettet, von der Straße geholt, er hat sie entdeckt, er hat ihr gesagt, du bist so schön, du bist was ganz Besonderes und ...

»Ich bin so durcheinander«, flüsterte sie matt. »Ich weiß nicht, wer ich bin. Bin ich das?«

Sie zeigte auf das Foto von Anna King, und ich nickte.

»Das waren nicht nur Alpträume«, sagte sie.

»Nein«, sagte ich. »Es war viel schlimmer.«

Jetzt wusste ich, dass sie sieben Jahre gequält worden war, bestraft mit dem Entzug von Essen, Wasser, Schlaf, Zuwendung – bis sie die Identität annahm, die man ihr aufdrückte, bis sie jede Geschichte über sich selbst glaubte, die ihr erzählt wurde.

»Das war nicht mein Stiefvater«, flüsterte sie kaum hörbar, »der das mit mir gemacht hat ... das war Clay.«

Es war Welles, der zu »Besuch« kam, nachts, im Dunkeln, und Benson rührte sie nur deshalb nicht an, weil Welles keine »angestoßene Ware« kaufte.

»Es war Clay«, wiederholte sie, und ihre Augen weiteten sich bei der plötzlichen Erkenntnis, die sie nicht länger verleugnen konnte.

Schließlich kam es zur Übergabe, sie wurde von Welles übernommen, mit einer Geschichte im Kopf, an die sie sich ängstlich klammerte, während Welles sie »rettete« und »Shea« aus ihr machte.

Dann sagte sie etwas, was mir das Herz brach.

»O mein Gott, das kleine Mädchen sieht ja aus wie ich!«

Sie sah das Foto von Hailey.

»Wo ist sie?«, fragte ich. »Wo wurde sie hingebracht?«

»Das weiß ich nicht.«

»Du hast dort angerufen«, sagte ich. »Was hast du ihnen gesagt?«

»Ich habe dort nicht angerufen.«

Falls es noch keiner gemerkt hat: Ich bin der komplette Idiot.

Shea hatte nicht bei Benson angerufen.

Sondern Welles, mit ihrem Handy.

Sie wurde ihm langsam zu alt, er verlor das Interesse an ihr, er hatte Ersatz bestellt, bei Gaines und Benson, die ihm das Gewünschte lieferten.

Benson hatte Hailey genauso »abgerichtet« wie Anna.

»Und er würde damit weitermachen«, sagte Tracy, »wenn ihm dieser sture Cop aus Nebraska nicht das Handwerk gelegt hätte.«

Ein netter Versuch, mir was Nettes zu sagen, aber er funktionierte nicht. Der sture Cop aus Nebraska wusste noch immer nicht, wo Hailey steckte, und hatte vielleicht ihren Tod verursacht. Mit meinem Druck auf Welles hatte ich nur erreicht, dass er Benson alarmiert hatte, und nun gab es gleich mehrere Vermisste.

Welles.

Benson.

Hailey.

Die finden wir schon«, sagte Tracy.
»Wir dürfen keine Zeit verlieren«, erwiderte ich.
Wenn Welles geflüchtet war, traf er sich möglicherweise mit Benson. Dass er auf Hailey verzichten musste, war ihm klar. Was wollte er dann bei Benson?
Eher war zu vermuten, dass er den Bensons befohlen hatte, Hailey umzubringen. Und sich irgendwo versteckte.
Vielleicht hatten sie den Befehl verweigert.
Vielleicht brachten sie es einfach nicht über sich.
Vielleicht sagten sie: Das ist nicht unser Job. Du wolltest sie, also nimm sie.
Vielleicht, vielleicht, vielleicht ...
Mit vielleicht half ich Hailey nicht weiter.
Es mussten Antworten her, und zwar schnell.
Ich nahm mir das Dreieck vor und ersetzte Shea durch Welles. Die neue Triade hieß jetzt Welles – Benson – Gaines. Auf Benson hatte ich keinen Zugriff. Also ...

Clay Welles saß an seinem Pool.
In der Behaglichkeit seines Landhauses.
Weißes Hemd, weiße Shorts, die Beine auf dem Lounge Chair ausgestreckt, in der Hand ein Herrenmagazin. GQ.
Er schob die Sonnenbrille hoch, um mich anzusehen.
»Ich war auf John Bensons Farm«, sagte ich.
Er schob die Brille zurück und vertiefte sich in sein Magazin. »John Benson? Kenne ich nicht.«
»Anna King erinnert sich anders.«
Er lächelte. »Wer ist Anna King?«
»Sie wird aussagen.«
»Worüber?«
Er hatte recht, und er wusste es. Sheas Aussage würde kein halbwegs raffiniertes Kreuzverhör überstehen, und Welles konnte sich die teuersten Anwälte leisten.
Die würden sie in Stücke reißen.
Wenn es überhaupt zum Verfahren kam.
Ohne Benson ließ sich Welles weder mit Anna Kings noch mit Hailey Hansens Entführung in Verbindung bringen.
Ich musste es trotzdem versuchen.
»Wir wissen Bescheid«, sagte ich. »Die Bensons haben Hailey Hansen entführt, nach Bearsville gebracht und in

einem Erdloch versteckt – auf Ihre Bestellung und als Ersatz für Shea. Auf der Fahrt nach Bearsville wurde das Treffen an der Tankstelle von Jamestown arrangiert. Dort wurde Hailey aus dem Auto geholt, für Sie zur Besichtigung. Sie haben die Bestellung abgenickt und sind nach New York weitergefahren. Als ich anfing, Sie unter Druck zu setzen, haben Sie alles getan, um mich loszuwerden. Als es eng wurde, haben Sie Sheas Handy benutzt, um den Bensons zu sagen, dass sie mit Hailey fliehen sollten.«

»Tolle Story«, sagte Welles. »Blühender Unsinn, aber tolle Story.«

»Wir haben Benson«, sagte ich.

Welles schüttelte den Kopf. »Noch mal. Ich kenne keinen Benson.«

Ich wusste, dass er log.

Seine Sicherheit konnte er nur aus der Gewissheit beziehen, dass Benson für uns unerreichbar war.

Oder tot.

»Sagen Sie mir, wo Hailey Hansen ist«, sagte ich. »Vielleicht ersparen Sie sich die Giftspritze.«

Den Spruch hatte ich vor Ewigkeiten schon einmal probiert. Bei Gaines.

Welles lächelte. »Ist das alles, was Ihnen einfällt?«

»Nein.«

Ich zog die 38er und richtete sie auf seinen Kopf.

Der Pool hinter ihm war tiefblau und kristallklar.

Ich spannte den Hahn. Ein metallisches Klicken.

Welles zuckte nicht mit der Wimper.

»Ist das nicht ermüdend?«, fragte er. »Immer dieses Pathos?«

Den Feind in Irak habe ich nicht wirklich gehasst. Diese Leute waren Feinde meines Landes, also kämpfte ich gegen sie und tötete sie. Aber kein menschliches Wesen – nicht mal Harold Gaines – habe ich je so gehasst wie Clay Welles in diesem Moment.

Benson war wahrscheinlich tot.

Mit ihm Hailey.

Und Welles hatte den Befehl gegeben.

Ich senkte den Revolver.

Er blätterte um.

Als ich ging, hörte ich ihn lachen.

Mit Welles war ich fertig.

Der Nächste.

Beim Scorpions Motorcycle Club erwartete mich alles andere als ein warmer Empfang. Etliche Rocker hatte ich in den Knast befördert, und Bandenchef Stan Woljewski stand unter Anklage, weil ich ihn überführt hatte – Handel mit Crystal Meth. Er war frei auf Kaution, sah aber einer todsicheren Verurteilung zu fünfzehn bis dreißig Jahren entgegen. Der Mann, der in Stans Ersatzteilladen den Hörer abnahm, als ich anrief, war also nicht übermäßig freundlich.

»Scheiße, Mann, was soll das?«, sagte er. »Ich dachte, Sie haben gekündigt.«

Ich war nicht in Stimmung. »Denken war nie deine Stärke. Hol lieber Stan ans Telefon.«

»Der will aber nicht mit Ihnen sprechen.«

»Doch, das will er«, sagte ich.

»Ach, wirklich?«

»Ja«, sagte ich, »wirklich. Wenn er mich nicht sprechen kann, wird er sich fragen, welcher Idiot ihm seine einzige Chance vermasselt hat, ohne Knast davonzukommen. Also: Hörer hinlegen, Stan holen.«

Er lief los und holte Stan.

Der Strafvollzug von Nebraska war nicht wesentlich beglückter, von mir zu hören.
Ich musste mit dem Gefängnisdirektor reden und zwei Senatoren bearbeiten, damit sie ihren Einfluss geltend machten, aber irgendwann hatte ich Harold Gaines an der Strippe.

»Du bist mein erster Anruf«, sagte ich, als er abnahm. »Mein zweiter und letzter geht an ein paar Leute, die dich totschlagen. Also hör genau zu.«

»Sie sind verrückt, Decker.«

»Pass auf, Gaines«, sagte ich. »Ich habe ein schwebendes Verfahren gegen einen Mann namens Stan Woljewski. Wegen Drogenhandel. Seine Rockergang ist im Gefängnis gut vertreten. Ich habe Stan eben gesagt, dass ich seinen Prozess platzenlasse, wenn er mir eine Gegenleistung bietet.«

Wenn ich meine Zeugenaussage vermurkste, war Woljewski ein freier Mann und konnte sich weiter dem Handel mit Crystal Meth widmen, aber ich sagte mir: Wer das Zeug nimmt, nimmt es freiwillig. Hailey Hansen dagegen ist nicht freiwillig mit ihrem Entführer mitgegangen.

Ethisch betrachtet, war die Sache eindeutig.

»Du bist die Gegenleistung«, sagte ich zu Gaines. »Du kriegst Iso-Haft im Todestrakt, aber die Rocker wissen,

wie sie in deine Zelle kommen. Wenn sie genug Zeit haben, rammen sie dir die Eisenstange in den Arsch, mit der sie dir die Knochen brechen. Und ich bin sicher, die Wachen drücken alle Augen zu. Wie siehst du das?«
»Sie machen mir keine Angst«, sagte er.
Aber seine Stimme hörte sich anders an.
»Na, wie bin ich?«, sagte ich. »So, wie du klingst, findest du mich beeindruckend.«
»Die Anrufe werden aber abgehört«, sagte Gaines.
»Mir egal. Du hast zwei Minuten – und zwar jetzt –, um dein beschissenes Leben zu retten. Wenn du mich wieder anlügst, machen sie dir auch noch Feuer unterm Arsch.«
»Was wollen Sie von mir?«
»Du und John Benson«, sagte ich. »Ich weiß, dass du ihm bei der Entführung von Hailey Hansen geholfen hast. Ich weiß, warum ihr sie entführt habt – es war eine Bestellung. Aber warum die Entführung von Brittany Morgan?«
Sendepause. Gaines überdachte seine Optionen. Ich musste ihm klarmachen, dass es nur eine gab. »Die rösten Marshmallows in deinem Arsch, während du verblutest. Und du kannst ihnen dabei zugucken.«
Lange Sendepause. Dann sagte er: »Kleine blonde Mädchen bringen Geld.«
»Von wem?«
Ich hörte förmlich, wie es in ihm arbeitete.
»Gleich lege ich auf, Gaines. Drei, zwei, eins –«
Dann spuckte er es aus.

Ich ging hinaus auf die riesige Terrasse.
Der Central Park breitete sich als sattgrüner Teppich unter mir aus, doch über der Stadt hing ein brauner Schleier aus Smog.

Addie Van Wyck nippte an einem Glas mit Eistee. In appetitlich weißer Tenniskluft.

»Ich wollte gerade in die Hamptons aufbrechen«, sagte sie.

»Dem Verkehr ein Schnippchen schlagen.«

»Nun, wir haben einen Helikopter.«

»Meine Rede.«

»Was kann ich für Sie tun, Mr. Decker?«, fragte sie.

»Fassen Sie sich kurz, die Wache ist schon auf dem Weg nach oben.«

»Die würde ich abbestellen, wenn ich Sie wäre.«

»Sie sind aber nicht ich«, sagte sie. »Eine einfache Tatsache des Lebens, die Sie anscheinend nicht begreifen. Sie sind weder ich, noch sind Sie Clayton Welles, und Sie werden es nie sein. Nicht annähernd.«

»Gott sei Dank«, sagte ich.

Und fügte hinzu: »Viele Grüße von Harold Gaines.«

Sie gab sich ahnungslos, dann empört, dann drohte sie mit ihren Anwälten, dem Bürgermeister, dem Gouverneur ...

Ich ließ sie einfach reden.

So ist das bei den Vollblutstuten, dachte ich. Du musst die Zügel lockern und ihnen freien Lauf lassen. Als sie fertig war, glitzerte ein feiner Film aus Schweiß – oder sollte ich sagen Transpiration? – auf ihrer perfekten Haut.

»Sie sind stille Teilhaberin von Madeleine Chandler«, sagte ich. »Sie und Clay Welles und der Massarano-Clan. Und ›Modefotografen gegen Krebs‹ dient der Geldwäsche. Die erwachsenen Frauen, mit denen Sie handeln, sind mir egal. Die können für sich selbst entscheiden. Nicht egal sind mir die auf Bestellung entführten kleinen Mädchen. Ein lukrativer Nebenverdienst, wie ich vermute.«

Wer das Geld hat, kann sich alles kaufen.

Sogar Kinder. Man braucht nur das Geld und die richtigen Beziehungen.

Hat man das Geld, geht man zum Makler und gibt seine Bestellung auf – Hautfarbe, Augenfarbe, Haarfarbe, Größe, Alter, Gewicht. Wie das lief, hatte mir Gaines in seiner Todesangst erzählt. Brittany Morgan war eine Bestellung gewesen, aber er konnte sich nicht zusammenreißen.

Er wurde zu grob.

Addie Van Wyck hörte mir zu.

»Wenn Sie irgendwelche Beweise hätten«, sagte sie. »Wäre jetzt die Polizei hier und nicht Sie.«

»Ich komme ohne Polizei, weil ich etwas von Ihnen will, was ich auf legalem Weg nicht bekomme«, sagte ich.

Reiche Leute riechen immer einen Deal, und sei er noch so abwegig.

»Nicht, dass ich auch nur einen Moment akzeptiere, was Sie da postulieren, aber –«

»Lassen Sie's stecken«, sagte ich. »Ich verhandle nicht mit Ihnen. Ich sage, was Sie zu tun haben: Sie rufen Madeleine Chandler an, und Madeleine Chandler benachrichtigt Benson, dass sie einen neuen Käufer für Hailey Hansen hat. Weil Clay Welles verzichtet.«

Addie rang um Fassung und kehrte den alten New Yorker Geldadel hervor, aber sie war nicht annähernd so gut darin wie Welles. Trotzdem, sie versuchte es, reckte Nase und Kinn in die Höhe und sagte nur das eine Wort: »Oder?«

»Wirklich?«, rief ich. »Sie wollen wirklich wissen, was die Alternative ist? Okay. Oder ich komme mit ein paar sehr wütenden Cops, und Sie werden festgenommen wegen Menschenhandels, Entführung, Freiheitsberaubung, Vergewaltigung und Beihilfe zum Mord an einem kleinen Mädchen namens Brittany Morgan.«

»Sie können nichts davon beweisen.«

»Das muss ich auch nicht«, sagte ich. »Vielleicht bringe ich Sie nicht hinter Gitter, aber ich mache Ihnen das Leben zur Hölle. Wie viele Ihrer feinen Freunde würdigen Sie noch eines Blickes, wenn diese Story in der Zeitung steht? Sie werden sich nicht mehr auf die Straße wagen.«

Ihre schönen Augen wurden böse und hässlich. »Sie Schweinehund!«

»Ja, ich bin ein schrecklicher Mensch, Addie.«

Sie drehte sich weg und blickte auf den Park hinaus, der einen bezaubernden Anblick bot. »Ist das alles, was ich tun muss?«

»Ich will die Namen von anderen Minderjährigen«, sagte ich. »Wann und wo. Alles, was wir brauchen, um diese Kinder zu finden. Dann halte ich Sie aus der Sache raus, und wenn ich mich für den Rest meines Lebens dafür hasse.«

Brittany Morgan, vergib mir.

Manchmal opfert man die Toten für die Lebenden.

Das ist ein Deal, der machbar ist.

Kein toller Deal, aber man kann ihn vertreten.

»Meine Partner wissen dann, dass ich kooperiert habe«, sagte Addie. »Die fallen über mich her.«

»Das ist Ihr Problem«, sagte ich. »Wenn Sie wollen, kann ich Schutzgewahrsam für Sie beantragen.«

Das wollte sie vermutlich nicht, aber sie machte einen letzten verzweifelten Versuch. »Ist Ihnen denn gar nicht klar, dass es den meisten Mädchen bessergeht?«

»Wie bitte?«

»Ihre Mütter waren drogenabhängig«, sagte Addie. »Alkoholikerinnen, Crack-Huren, gewalttätig. Und jetzt leben die Mädchen in guten Verhältnissen. Sie haben eine *Zukunft!*«

»Da haben die Eltern von Brittany Morgan aber Glück«, sagte ich. »Ich werde es ihnen ausrichten. Also, wie haben Sie entschieden?«

»Das muss ich mir erst überlegen.«

»Sie haben zehn Sekunden«, sagte ich. »Aber acht davon beten Sie lieber zu Gott, dass Hailey Hansen noch am Leben ist.«

Meine schlimmste Befürchtung war, dass Benson die Nerven verloren und Hailey getötet hatte. Aber sie war eine wertvolle Ware, und ich rechnete auf Bensons Gier. Was für eine Welt, in der man die größten Hoffnungen auf die niedersten Instinkte setzt.

Traurig, aber wahr: Wer seine letzten Chips verwettet, setzt am besten auf Schwarz.

»Zehn.«

Addie nickte zustimmend.

Jetzt war ich dran mit Beten.

Ich war aus der Übung, was meinen Dialog mit Gott betraf.

In Falludscha waren wir zu einer halbwegs gütlichen Trennung gelangt. Etwas, worin ich ziemlich gut bin, wie es aussieht.

Aber als Addie über die Terrasse schritt, das Handy am Ohr, bat ich Gott, für Hailey Hansen ein Wunder zu tun. Ihr junges Leben war in Gefahr, sie brauchte dringend ein Wunder.

Du und ich, wir sind uns nichts schuldig, sagte ich zu ihm. Ich will keine Vergünstigungen von dir, und du kannst mit mir machen, was du willst.

Aber du hast schon zu viele kleine Kinder zu dir geholt. Schenk diesem einen das Leben.

*S*ie spürt, dass der Van hält.
Die Schiebetür geht auf, sie umklammert Magic.
Der Mann packt sie beim Ellbogen und holt sie heraus.
Sie sind in einer Art Park.
Der Mann hält sie am Arm fest und geht mit ihr unter die Bäume.
Die Frau bleibt hinter ihnen zurück, und sie weint leise.
»Ich kann das nicht«, sagt die Frau.
»Wir müssen«, sagt der Mann. Er bleibt stehen und dreht sich zu ihr um.
Während er das tut, reißt sie sich los und rennt davon. Irgendwie spürt sie, dass sie um ihr Leben rennt.
Flieg, Magic, flieg!, ruft sie, und Magic hebt sie hoch, sie fliegen durch die Bäume, schneller und schneller, immer weiter weg.
Dorthin, wo niemand ihr was tun kann.
Dann holt der Mann sie ein.
Packt sie und wirft sie brutal zu Boden.
»Augen zu«, sagt er.
Er hält was hinter dem Rücken versteckt.
Sie starrt einfach zu ihm hoch.
»Ich sagte, Augen zu«, brüllt er.
Jetzt ist er richtig wütend.
Sie schließt die Augen und klammert sich an Magic.

Fleht ihn an, sie wegzuholen.
»Tut mir leid«, sagt der Mann.
Dann, aus weiter Ferne, hört sie ein Handy klingeln.
Und die Frau, die schreit:
»John! John, hör auf. Tu's nicht!«

Es dauerte Stunden.
Ich wartete auf der Dachterrasse.
Endlich kam Addie zurück.
»Sie wird zu Madeleine gebracht«, sagte sie. »Morgen früh, sechs Uhr.«
Danke, lieber Gott.
Hailey war am Leben.
Zumindest behaupteten sie es.
Glauben, beschwor ich mich.
Du musst glauben.
»Heute noch«, sagte ich.
»So schnell schaffen sie das nicht«, sagte sie. »Benson ist völlig fertig. Die Polizei ist hinter ihm her, und er hatte Angst, er würde umgebracht.«
»Und? Hatten Sie das vor?«
»*Ich* doch nicht!«
»Was kostet ein sechsjähriges Mädchen?«, fragte ich.
»Anderthalb Millionen verlangt er. Er braucht das Geld für die Flucht, sagt er.«
»Und Sie haben ihm gesagt, Sie werden zahlen.«
»Madeleine hat es gesagt.«
»Ich möchte, dass sie das Geld in bar bereithält. Für den Fall, dass Benson es sehen will, bevor er Hailey freigibt.«
»Glauben Sie etwa, an einem Freitagnachmittag be-

kommt man anderthalb Millionen Dollar einfach so von der Bank?«

»Ich denke, Sie finden einen Weg.«

Addie fragte: »Haben wir dann einen Deal?«

»Solange Sie sich dran halten.«

Sie nickte und ging.

In die Hamptons fuhr sie heute nicht.

Ich fuhr zurück ins Krankenhaus.
DeVonne King war von Tracy benachrichtigt worden. Sie beugte sich über Sheas Bett, hielt sie weinend in den Armen.

»Sie haben mein Kind gefunden, ich kann es nicht glauben, sie haben mein Kind gefunden!«

DeVonne war kaum älter als Ende dreißig, doch ihr Gesicht wirkte gezeichnet. Wie es aussah, war sie weder high noch auf Entzug, und sie war gut gekleidet – weiße Bluse, schwarzer Rock. Hätte es gestimmt, dass sie abhängig von Crack war, wäre sie eine der wenigen gewesen, die sich davon befreit hatten. Und ich war glücklich für sie und für Shea.

Tracy zeigte auf mich. »Detective Sergeant Decker hat sie gefunden.«

DeVonne blickte zu mir auf und sagte: »Danke.«

Ich nickte und wusste nicht, was ich sagen sollte. Dass ich eigentlich ein anderes Mädchen suchte?

Aber sie war schneller als ich. »Haben Sie das andere Mädchen gefunden?«

»Noch nicht«, sagte ich. »Aber wir werden sie finden.«

»Ich bete dafür.«

»Das weiß ich zu schätzen.«

»Sie sind ein guter Mensch.«

Ich musste an meinen Deal mit dem Teufel denken und war mir da nicht so sicher.

Shea war noch geschwächt, aber sie fragte: »Hast du Clay gefunden?«

»Er saß an seinem Swimmingpool und sagte, er hätte nichts damit zu tun. Weder mit dir noch mit Hailey.«

»Er lügt.«

Ich wechselte einen Blick mit Tracy.

Wir wussten beide, dass Welles log, aber tun konnten wir so gut wie nichts. »Gibt es Neues zu Benson?«, fragte ich.

Tracy schüttelte den Kopf.

Ich ging zu Shea ans Bett. »Shea –«

»Anna«, korrigierte sie mich.

Ich lächelte. »Anna, jetzt liegt dein Leben vor dir.«

»Ich weiß.«

»Mach was draus, ja?«

»Klar.« Ihr Händedruck war schwach, aber sie erholte sich zusehends. »Danke, Deck.«

»Keine Ursache.«

»Lass von dir hören!«

»Mache ich.«

»Und ich hoffe, Hailey ist gesund und munter, wenn du sie findest.«

»Das hoffe ich auch.«

Ich küsste sie auf die Wange, nickte ihrer Mutter zum Abschied zu und ging hinaus.

Tracy folgte mir.

»Sie wird überall gesucht«, sagte sie. »Wir könnten sie noch lebend finden.«

»Lass uns hoffen«, sagte ich. »Wirklich, ich weiß sehr zu schätzen, dass –«

»Soll das ein Abschied werden?«, fragte sie. »Weil ... ich hab irgendwie gehofft, dass du und ich, wir beide ...«

Ich irgendwie auch.

Aber es war nicht drin. Ich hatte einen Plan, der für mich tödlich enden konnte, und das wollte ich ihr nicht antun. Außerdem ...

»Tracy«, sagte ich. »Du bist phantastisch. Aber die Wahrheit ist ... Ich bin noch nicht fertig mit meiner Frau, und es wäre nicht fair dir gegenüber.«

»Das war doch kein Heiratsantrag, Deck«, sagte sie. »Ich dachte, wir gehen was essen und dann vielleicht ab ins Heu.«

Mir war klar, dass es nicht dabei bleiben würde. Tracy war eine gute Seele. Sie machte ihre Späße über Quickies und One-Night-Stands, aber in Wirklichkeit wollte sie mehr.

Und ich auch.

»Sagt man das noch, ›ab ins Heu‹?«, fragte ich.

»Ich dachte nur, weil du aus Nebraska bist ...«

»Um ehrlich zu sein: ›Im Heu‹ war ich nie.«

»Und deine erste Chance hast du dir nun vermasselt.« Sie wurde wieder ernst. »Was machst du jetzt, Deck?«

Ich musste Tracy und Russo aus der Sache heraushalten, zumindest so lange, bis es vorbei war. Es war okay, wenn ich meine Karriere wegwarf, aber von den beiden konnte ich das nicht erwarten.

Außerdem: Da musste ich alleine durch.

Wenn Benson die Cops auch nur von weitem sah, würde er in Panik geraten, Hailey umbringen und fliehen. Als kiffender Althippie hatte er einen unfehlbaren Riecher für Cops, und jetzt war er hochgradig gefährlich.

Also sagte ich lieber nichts.

»Ich könnte dich verhaften, Deck«, sagte Tracy.»Schon wegen der Waffe.«
»Das wirst du nicht tun«, sagte ich.
Doch sie war drauf und dran. Zu meinem eigenen Besten. Und vielleicht zum Schutz von Hailey.
Dann sagte sie:»Aber treib's nicht zu weit. Und vielleicht, wenn alles ausgestanden ist … falls du nicht glücklich verheiratet bist … und ich auch nicht …«
»Ich hoffe es für dich.«
»Du Esel.«
»Das kam nicht so raus, wie es gemeint war.«
»Ich weiß.«
»Jetzt hau ab«, sagte sie.»Wenn es Neues zu Benson gibt, ruf ich dich an.«
Ich umarmte sie zum Abschied.
Ihr Körper fühlte sich gut an.
Aber sie riss sich los.»Hey, Deck. Wenigstens hast du einer Mutter ihr Kind wiedergegeben. Das muss sich doch gut anfühlen.«
Ja, auch das fühlte sich gut an.
Aber das konnte nicht alles sein.

Ich checkte aus meinem Hotel aus.
Lief durch die Hitze des frühen Abends Richtung Uptown, suchte mir ein Billighotel und zahlte bar, damit mich meine Kreditkarte nicht verriet.

Ich hatte Angst, dass mich Russo – oder Tracy – suchen würden, um mich zu stoppen, und das durfte nicht passieren.

Oder Addie hatte mir nur eine Falle gestellt, und in Wirklichkeit waren Massaranos Gangster schon unterwegs, um ihren Job diesmal richtig zu erledigen. Wie hieß das neuerdings? »Ein präventiver Erstschlag.«

Auch den musste ich verhindern.

Ich ging in ein Deli, kaufte mir ein Roastbeef-Sandwich, eine Tüte Fritten, eine Coke und bunkerte mich in dem muffigen Zimmer ein, bis es Zeit wurde für das Rendezvous auf der Upper East Side.

Falls mich also jemand suchte ...

... war ich vermisst.

Ich glaube, es war elf, als ich Laura anrief.

»Deck?«

Der Klang ihrer Stimme ...

»Ja.«

»Wo bist du?«

»New York. City.«

»Oh. Hast du sie –«

»Noch nicht. Hör zu, Laura, ich wollte dir nur sagen – auch wenn alles dagegen spricht –, dass ich dich liebe und immer lieben werde.«

Sie verstand. Ich hörte es an ihrem Atem.

Dann fragte sie: »Ist alles in Ordnung, Frank?«

»Mir geht's gut«, sagte ich. »Aber wenn du die Scheidung noch willst, unterschreibe ich.«

Das Schweigen hatte die Dauer einer Polarnacht. Dann sagte sie: »Frank, ich liebe dich auch ... aber ...«

Sie fing an zu weinen.

»Ist schon gut«, sagte ich. »Ich unterschreibe die Papiere und schicke sie morgen ab.«

»Es tut mir leid.«

»Dir muss nichts leidtun«, sagte ich. »Mir schon.«

Ich klickte sie weg.

Plötzlich war ich zu Tode erschöpft.

Ich stellte meine Uhr auf fünf, ließ mich aufs Bett fallen, legte mir den Wecker und die 38er auf die Brust.

Und sank sofort in einen traumlosen Tiefschlaf.

Der Morgen in Manhattan kam mit dem Poltern und Zischen eines Müllautos, das die Sünden der Nacht bereinigte.

Oder es versuchte.

Die Sonne ließ sich noch nicht blicken, doch die Hitze war schon da, und selbst im sechsten Stock meines Billighotels roch ich den Müllgestank, der vom Hof aufstieg. Kein Wunder – ich hatte das Fenster geöffnet, um einen Hauch frische Luft zu erhaschen.

Die Hitze dieses endlosen Sommers sammelte sich in dem Betonkasten wie alte, aufgestaute Wut.

Es war Ende August und der Herbst nur eine ferne Verheißung.

Mein weißes Hemd klebte an mir, als ich es überzog. Es war nicht frisch, aber das sauberste, das ich hatte. Ich stieg in die Khakihose, zog Socken und Schuhe an, dann streifte ich die Schussweste über, steckte die 38er Smith & Wesson ins Hüftholster und zwängte mich in den blauen Blazer, um sie zu verbergen.

Es war Zeit, Hailey Hansen nach Hause zu holen.

Sie bringen sie nach Hause.
Die ganze lange Fahrt über wiederholt die Frau mit säuselnder Stimme: »Wir bringen dich nach Hause. Du kriegst ein neues Zuhause.«
Das Mädchen weiß, dass sie lügt.
Es gibt kein Zuhause.

Nichts ist ausgestorbener als eine Stadt am frühen Morgen.

Wie in einem Weltuntergangsfilm, in dem die Menschen schon tot sind, aber sonst ist alles wie immer.

Ein paar Autos waren unterwegs, das eine oder andere Taxi, hier und da Straßenfeger oder ein obdachloser Frühaufsteher. Und manche von denen, die ich sah, waren vielleicht noch und nicht schon wieder auf Achse.

Die Straße führte durch den Central Park, wo sich schon vereinzelte Jogger und Radfahrer tummelten. Auf der East Side fand ich einen Parkplatz gegenüber von Madeleine Chandlers Haus. Ich nahm die Remington 870, Kaliber 12, vom Beifahrersitz und stieg aus.

Ich machte mir nicht die Mühe, das Gewehr zu verstecken.

Eigentlich ist es mein Job, mit den Leuten zu reden, Fragen zu stellen und Antworten zu bekommen.

Das ist es, was ich will. Das ist es, was ich am liebsten tue.

Aber die Zeit zum Reden war vorbei.

Es gab nichts mehr zu sagen.

Nur noch zu tun.

Ich schloss das Auto ab und ignorierte die Parkuhr. Erstens wollte ich nicht lange bleiben, zweitens war mir der Strafzettel egal.

Ich wollte nur eins: Schnell raus aus dieser Stadt.

Der Portier kannte mich schon und griff nach dem Haustelefon. Ich hielt ihm den Lauf unter die Nase und sagte: »Wenn Sie lügen, klebt Ihr Gehirn an der Wand. Wann ist Madeleine reingekommen?«

»Vor einer Stunde.«

»Allein?«

»Nein, mit drei Männern.«

Hatte ich mir gedacht, dass Addie trickste.

»Ist noch jemand gekommen?«

»Zwei Leute mit einem Kind«, sagte er. »Vor einer halben Stunde.«

Gott hatte einen gut bei mir.

»Legen Sie Ihr Handy auf den Tisch und gehen Sie raus. Einfach laufen. Immer geradeaus.«

Er tat wie geheißen.

Ich stieg in den Lift und fuhr in den zweiten Stock.

Der weiße Salon war leer.

Ich lief durch den Korridor und öffnete die Türen, eine nach der anderen. Das erste Zimmer war leer, das zweite auch.

Auch das dritte. Aber ich roch etwas, was mir nur zu vertraut vorkam.

Blut.

Hattest du den Geruch einmal in der Nase, vergisst du ihn nie wieder.

Mein Gott, dachte ich. Komme ich zu spät?

Ich ging hinein.

Es war niemand im Zimmer, doch die Badezimmertür stand einen Spalt offen. Ich stieß sie mit dem Fuß auf, streckte das Gewehr mit der rechten Hand vor und schob mit der linken den Duschvorhang beiseite.

John und Gail Benson lagen in der Badewanne, die Hände mit Kabelbindern hinter dem Rücken gefesselt, die Münder mit Klebeband verschlossen, die Augen ungläubig aufgerissen, und beide hatten sie ein sauberes Einschussloch auf der Stirn. Die Austrittswunden waren nicht so sauber, deshalb hatten ihre Henker sie vorher in die Wanne befördert.

Das verminderte die Sauerei.

Ich kannte mich da aus.

Blauauge und Braunauge wollten die Leichen gemütlich ausbluten lassen, in eine Plastikplane wickeln und entsorgen wie Müll.

Zwei verschiedene Kaliber – zwei Schützen. Die Schmauchspuren verwiesen auf Nahschüsse, ansonsten hatte die Haut noch eine natürliche Färbung, es war also gerade erst passiert.

Ihr Tod juckte mich nicht, mir tat bloß leid, dass sie nicht mehr verraten konnten, wo Hailey steckte.

Doch was mich jetzt befiel, war Angst, Horror. Leute, die auf diese Weise Zeugen beseitigen, schrecken auch nicht davor zurück, ein kleines Mädchen zu ermorden.

Ich ging zurück auf den Korridor.

Wenn sie sich im Büro versteckten, wussten sie, dass ich hier war, sahen mich auf dem Monitor, beobachteten mich wahrscheinlich in diesem Moment.

Also rief ich laut: »Hailey! Hailey, bist du hier?«

*H*ailey! Hailey, bist du hier?«
Mandy hört den Mann rufen, aber sie heißt nicht Hailey. Das könnte der böse Mann sein, der ihr weh tun will. Der andere Mann, der neue, sieht sie an, schüttelt den Kopf und macht »Pst!«.
»Hailey! Hailey, bist du hier?«
Sie ist mucksmäuschenstill.
Der neue Mann dreht sich zu den zwei anderen um, zeigt mit dem Kopf auf die Tür und sagt: »Worauf wartet ihr?«

Braunauge kam schießend aus der Tür. Die Schüsse knallten gegen meine Weste wie Hiebe mit dem Baseballschläger. Ich warf mich hin (eingedrillt in Pendleton: »Wirf dich hin, bevor du fällst«) und feuerte im Fallen.

Ich wollte einfach nicht mit Kabelbinder und Klebeband verarztet in der Wanne landen und auf meine Hinrichtung warten.

Der erste Schuss traf ihn ins Bein, der zweite riss ihm die Schädeldecke weg. Braunauge, oder was von ihm übrig war, prallte vom Türrahmen ab und blieb so dicht vor mir liegen, dass ich sein Billigparfüm roch. Ich blickte hoch und sah Blauauge, geduckt hinter der offenen Tür.

Jetzt war keine Belagerung angesagt und auch kein Katz-und-Maus-Spiel.

Hailey konnte nicht warten.

Blauauge drückte sich hinter der Tür an die Wand und wartete, dass ich in seine Schusslinie kam, aber seine Schuhspitze ragte ein wenig vor. Ein Shoot-out ist kein Baseballspiel. Man wartet nicht auf den perfekten Pitch.

Ich fackelte nicht lange und knallte ihm die Schuhspitze weg.

Blauauge brüllte auf, stolperte in die Türöffnung und ballerte los.

Ich rollte mich nach rechts und setzte zwei Schüsse in die Mitte seines schwarzen Muscle-Shirts.

Rappelte mich hoch, machte einen großen Schritt über ihn hinweg und betrat Madeleines Büro.

Das Aussehen von Madeleine Chandler zu beschreiben, möge man mir ersparen. Vielleicht so viel: Sie war nicht mehr schön, sie war nicht mehr sexy, sie war nicht mehr charmant. Die beiden Mobster hatten sich an ihr ausgetobt. Madeleine hatte ihnen alles erzählt, was sie hören wollten, aber sie wollten sichergehen, dass es wirklich alles war, und waren weit übers Ziel hinausgeschossen.

Jetzt war sie von ihren Schmerzen erlöst.

Sie hatten sie ausgequetscht und ihr dabei das Genick gebrochen.

Ihre Ordner waren verwüstet, ein großer Magnet lag auf der Festplatte, die jemand für alle Fälle mit einem Hammer zertrümmert hatte. Madeleines stille Teilhaber hatten sich aus dem Geschäft zurückgezogen und alle belastenden Spuren vernichtet.

Aber ein »Posten« aus dem Angebot war noch übrig.
Hailey.
Wo war sie?
»Hailey?! Hailey?!«
Keine Antwort.

Dreh dich um«, sagt der Mann. »Sieh mich nicht an.«
Er legt ihr die Hand auf die Schulter und dreht sie um.

»Es tut mir leid«, sagt er. »Es tut mir so leid.«

Das Mädchen spürt etwas Kaltes, Hartes, am Hinterkopf, dann hört sie ein klickendes Geräusch.

Sie drückt Magic an sich.

Der Portier hatte gesagt, dass drei Männer gekommen waren.

Nicht zwei.

Wo war der dritte? Hatte er Hailey?

Madeleines Büro lag am Ende des Korridors. Ich hatte in alle Zimmer hineingesehen, der Mann konnte nicht an mir vorbeigekommen sein.

Hatte er sie vorher weggeführt? Bevor die Morde und die Folter begannen?

Kam ich wieder zu spät?

»Hailey?! Hailey?!«

Aber Moment! Sie hatten Anna King einen anderen Namen gegeben.

Vielleicht wusste Hailey nicht mehr, wie sie hieß?

Ich machte einen verzweifelten Versuch.

»Magic!«

Stille.

»Magic!!«

Magic!!«
Das Mädchen hört den Namen ihres Pferds.
»Magic, bist du da?! Wo bist du?!«
Magic hütet ihr Geheimnis.
Und jetzt gibt er es frei.
Der Mann presst ihr die Hand vor den Mund.
Sie beißt zu, so kräftig, wie sie kann. Und für einen kurzen Moment lässt er sie los.
Sie hört sich schreien: »Ich bin hier! Ich bin hier!«

Es kam durch die Wand.
Durch die Wand hinter dem großen Spiegel.
Ich zielte auf die oberste Ecke und verschoss die letzte Patrone. Der Spiegel überzog sich mit winzigen Rissen, dann fiel er krachend in sich zusammen, und ich sah sie.
Hailey Hansen.
Lebend.
Schreiend wie ein Baby.
Russo hielt sie mit seinem dicken Arm umklammert, die Pistole an ihrem Kopf. In der linken Hand einen Aktenkoffer.
Er drehte die Pistole in meine Richtung und schoss.
Ich duckte mich weg, hinter den Schreibtisch. Geschosssplitter flogen mir ins Gesicht, ich musste mir Blut aus den Augen wischen, und als ich wieder sehen konnte, sah ich ihn fliehen.
Mit Hailey.

*D**as Mädchen strampelt und windet sich, aber der Mann hat sie fest im Griff. Sie kommt nicht mit den Füßen auf den Boden, während er rennt, eine Tür aufreißt, Stufen hinaufstampft.*
Dann hört sie wieder den anderen Mann.
Der nach ihr ruft.
Der nach ihr sucht.
Sie ruft, so laut sie kann:
»Hier oben!«

Ich rannte die Treppe hoch.

Hailey schrie, umklammerte Magic, während er zur Dachtür hinaufrannte.

Ich war vielleicht fünf Stufen hinter ihm, aber als ich ins Freie kam, war Russo schon an der Dachkante, einen Fuß auf dem Geländer. Ich zog die 38er. Er war ein leichtes Ziel. Ich hätte ihn in den Kopf treffen können, ohne Hailey zu gefährden, kein Problem.

Aber er hielt Hailey über die Dachkante.

Fünf Etagen über der Straße.

Mit dem linken Arm umklammerte er sie, mit der rechten Hand presste er ihren Mund zu. Der Aktenkoffer lag zu seinen Füßen. In Panik rief er mir zu: »Ich schwöre bei Gott, das mit den Kindern habe ich nicht gewusst. Erst letzte Nacht.«

»Aber jetzt wissen Sie's.«

Er nickte.

»Geben Sie das Kind frei«, sagte ich.

»Die Sache läuft so: In dem Koffer sind anderthalb Millionen. Die gehören Ihnen, wenn Sie die Waffe weglegen und mich gehen lassen. In zwei Stunden lasse ich sie frei. An einer Tankstelle. Unter der Bedingung, dass ich meinen Namen nicht über Funk höre.«

»Und dann?«

»Gehöre ich zu den Vermissten«, sagte Russo. »Ich will zwei Stunden, mehr nicht. Verdammt noch mal, Decker! Sie kriegen, was Sie wollen. Sie geben das Kind der Mutter zurück.«

Ich antwortete nicht.

»Kann das Kind fliegen, Decker?« Seine Stimme klang schrill. »Wenn sie nicht fliegen kann, dann tun Sie, was ich sage!«

»Wenn das Kind fällt, erschieße ich Sie.«

»Ich hab nichts zu verlieren, oder?«

Gib niemals deine Waffe her, egal, was passiert. Das lernt man als Cop. Aber ich weiß nicht, ob die Ausbilder an der Polizeiakademie jemals zugesehen haben, wie jemand ein Kind über den Abgrund hält.

Ich wusste nur: Wenn ich die Waffe weglege, bin ich wehrlos. Russo kann mich erschießen, und er kann auch Hailey erschießen.

In der Ferne jaulten Sirenen, sie kamen näher.

Auch Russo hörte sie.

»Also was? Die Zeit wird knapp.«

Ich sah Hailey an.

Und sie mich. So wie sie in die Kamera geschaut hatte.

Das bin ich.

Ob ihr wollt oder nicht.

Ich fragte sie. »Kann Magic fliegen?«

Kann Magic fliegen?
Der Mann, der das fragt, sieht freundlich aus.
Sie flüstert Magic zu: »Kannst du fliegen?«
Wie der Wind, flüstert Magic zurück. Ich bin Magic. Ich kann fliegen wie der Wind, und ich nehme dich mit.
Ich bringe dich nach Hause.
Sie nickt dem freundlichen Mann zu.
»Dann hab keine Angst«, sagt der Mann.

Ich sah Russo in die Augen. »Nein«, sagte ich. »Aus dem Deal wird nichts.«

Russo schüttelte langsam den Kopf. »Sie wollten doch das Kind unbedingt haben.«

Ich zuckte die Schulter. »Solche Fälle gibt es zu Tausenden.«

Die Sirenen kamen jetzt von unten. Gleich war es vorbei, so oder so.

Manchmal muss man auf die menschliche Natur setzen.

Es war nicht meine erste Wahl, aber die einzige, die mir blieb.

Ich hob die 38er.

Zielte auf Russos Kopf.

Er sprang übers Geländer.

Vorher ließ er Hailey fallen, und sie plumpste aufs Dach.

Ich legte den Revolver hin und rannte zu ihr.

Nahm sie in die Arme, drückte sie fest an mich. Und spürte, wie meine Tränen flossen.

»Jetzt tut dir keiner mehr was. Ich halte dich fest, und ich bringe dich nach Hause.«

Sie drückte ihr Gesicht an meine Schulter und schluchzte.

So saßen wir noch, als Tracy mit fünf Polizisten aufs Dach gestürmt kam.

Ich klingelte an Cheryls Tür.
Wir waren ohne jedes Aufsehen nach Lincoln geflogen, ohne die Presse zu benachrichtigen. Das hatte Zeit.
Sehr viel Zeit.
Hailey sprach nicht viel auf ihrem Heimflug. Meistens flüsterte sie mit Magic. Aber sie aß mit Appetit – Truthahn-Sandwich, Fritten und einen Apfel.
Dann schlief sie ein.
Um ehrlich zu sein, ich auch.
Jetzt stand ich auf der Veranda und hielt sie bei der Hand.
Cheryl öffnete die Tür.
Ich hatte sie natürlich angerufen. Wollte sie nicht länger warten lassen als nötig, nur um meinen großen Auftritt zu haben. Sie hatte sofort nach New York kommen wollen, aber ich sagte ihr, es sei besser, Hailey von dort weg und so schnell wie möglich nach Hause zu bringen.
Cheryl schloss ihr Kind in die Arme.
Hailey sah nicht aus, als hätte sie ihre Mutter vergessen.
»Mommy!«
Sie umarmten sich, Cheryl weinte.
Einmal blickte sie zu mir hoch und sagte tonlos: »Danke.«
Ich nickte.

Es gab nichts mehr zu sagen, und sie brauchten mich hier nicht. Ich drehte mich langsam weg und ging.

Es war ein netter Spaziergang von fünfzehn Minuten bis zu meinem Haus. Im Schatten der großen alten Bäume, die vor der Augustsonne schützten.

Ich nahm mir Zeit und genoss die Ruhe.

Es war ein komisches Gefühl, vor der eigenen Tür zu stehen und zu klingeln. Aber ich hatte Hemmungen, einfach hineinzugehen. Schließlich wohnte ich hier nicht mehr.

Laura war überrascht.

»Frank, ich ...«

»Hi.«

»Hi«, sagte sie. »Du hast dich ... ich weiß nicht ...«

»Verändert?«

»Ja«, sagte sie. »Als wärst du nicht mehr derselbe.«

Klar. Ich hatte mich verändert.

Laura nicht. Sie sah aus wie an dem Tag, als ich sie verlassen hatte. So schön, dass es weh tat. Ich liebte sie noch immer.

Sie bat mich herein. Gerade hatte sie Eistee gemacht, wir setzten uns in die Küche, schlürften Tee und sprachen miteinander. Es war seltsam, wie ein Fremder am eigenen Tisch zu sitzen und aus dem eigenen Glas zu trinken.

»Du hast das Mädchen gefunden«, sagte sie.

»Ja.«

Sie schüttelte den Kopf. »Frank Decker.«

Wir redeten über dies und das, allerlei Kleinkram, dann fragte sie, fast schüchtern: »Was wirst du jetzt tun?«

»Ich weiß nicht.«

Sie steckte es weg, dann fragte sie: »Denkst du daran, zurückzukommen?«

»Du meinst, nach Lincoln.«

»Ich meine, zu mir.«

Wir wussten beide, dass es nicht ging, selbst wenn wir es wollten. Der gegenseitige Verrat steckte zu tief in uns drinnen, und wenn man sich so nahe war wie wir, kommt man nicht darüber hinweg.

Geht diese Art von Liebe verloren, findet man sie nie wieder.

Sie boten mir meine alte Stelle an, aber ich lehnte ab. Bill Carter ging in Rente, Ron Sanchez rückte nach. Ich glaube, es war eine gute Entscheidung.

Mit Tracy telefonierte ich. Sie redete verworren von einem Deal zwischen Addie Van Wyck und mir, meinte aber, mit ihr laufe so was nicht. Und da mich Addie hintergangen hatte, war der Deal ohnehin geplatzt. Ich hatte meine Zweifel, dass man sie mit den Morden an den Bensons und an Madeleine Chandler in Verbindung bringen konnte, aber für eine Anklage wegen Menschenhandels und Beihilfe zum Kindesmissbrauch reichte es in jedem Fall.

Addie würde ihre Terrasse nie wiedersehen. Von den Hamptons ganz zu schweigen.

Clay Welles kam ungeschoren davon. Doch als seine Putzfrau an einem Septembermorgen putzen kam, trieb er kopfunter im Swimmingpool. Der Gerichtsmediziner stellte eine Überdosis Schlaftabletten fest. Es hieß, bei dem Selbstmord habe jemand »nachgeholfen«. Ich kann dazu nur sagen, dass ich einen Brief aus Bensonhurst bekam. Er enthielt die Meldung aus den *Daily News* mit der knappen Randbemerkung, es sei ein Job für mich frei.

Vermutlich hatte John Massarano nicht gewusst, was seine Leute hinter seinem Rücken trieben, und sich in seiner Ehre verletzt gefühlt.

Er war eben doch alte Schule.

Ich musste zahllose Verhöre bei der New Yorker Polizei und Staatsanwaltschaft über mich ergehen lassen, aber am Ende wollten sie die Sache einfach unter den Teppich kehren und mich gleich mit. Es wurde nie Anklage erhoben, die Erschießung der beiden Gangster ging als Notwehr durch.

Und ich schwor Stein und Bein, dass Russo ein Held war. Dass er an dem Tag mit mir gemeinsam versucht hatte, Hailey zu befreien, dann aber leider die Nerven verlor. Vielleicht war das falsch von mir, aber er hatte Frau und Kinder. Sie brauchten seine Pension und seinen guten Namen.

Die Polizei hat nie herausgefunden, was aus den anderthalb Millionen wurde.

Ich kann nur sagen, dass ein Drittel davon bei DeVonne King landete, ein weiteres Drittel bei Cheryl. Beide Mädchen brauchten eine ordentliche Therapie, und vielleicht half ihnen das Geld, die gestohlenen Lebensjahre nachzuholen.

Und der Rest?

Ich war nicht dabei, aber ich habe ein Foto von Schwester Catherine, wie sie ein FedEx-Paket aufmacht und einen dicken Stapel Banknoten findet.

Ich hoffe, sie sind von Nutzen.

Harold Gaines hockt immer noch in seiner Zelle und wird dort bleiben bis zu seinem Tod. Das ist mehr, als er verdient, aber ich stelle mir die Gefängnishölle gern als Vorgeschmack auf die richtige Hölle vor.

Was wurde aus mir?

Die Medien rückten mir härter zu Leibe als die New Yorker Polizei, aber ich redete nicht. Nach ein paar Tagen zogen sie ab, um der nächsten Story nachzujagen, und das war mir nur recht.

Ich kratzte mein letztes Geld zusammen, fuhr mit dem Blauen an den Platte River und mietete eine kleine Hütte in der tiefsten Wildnis.

Und ehrlich gesagt, weiß ich immer noch nicht, was ich machen werde.

Nur das eine weiß ich …

Manche Leute verschwinden, weil sie es so wollen.

Manche gehen verloren.

Andere werden entführt.

Viele von ihnen sind tot, einige sind noch am Leben.

Aber alle brauchen sie einen, der nach ihnen sucht.

Und der bin wohl ich.